新工科·普通高等教育汽车类系列教材

汽车保险与理赔

主　编　游彩霞
副主编　麻友良　郭健忠
参　编　许小伟　龚京风　孙　锐　张笑一

机械工业出版社

本书依据最新的汽车保险相关法律法规，从保险学的基础知识入手，深入浅出地介绍了汽车保险与理赔涉及的基本理论和操作实务。本书系统阐述了汽车保险基本知识、机动车交通事故责任强制保险、机动车商业保险、汽车保险的承保及理赔实务、交通事故中的损伤评定、汽车保险电子商务，以及汽车保险欺诈与防范，并以图表和典型案例分析的形式对汽车保险与理赔进行了说明。本书内容与现行的机动车商业保险、机动车交通事故责任强制保险条款保持一致，也是校企合作与工学结合的物化。

本书可作为普通高等院校保险类、汽车类、交通运输类等专业的教材，也可作为保险公司、保险公估公司、汽车销售与维修企业等相关岗位人员的培训用书。

图书在版编目（CIP）数据

汽车保险与理赔/游彩霞主编. —北京：机械工业出版社，2020.8
（2022.1 重印）

新工科·普通高等教育汽车类系列教材

ISBN 978-7-111-66081-1

Ⅰ.①汽… Ⅱ.①游… Ⅲ.①汽车保险-理赔-中国-高等学校-教材 Ⅳ.①F842.634

中国版本图书馆 CIP 数据核字（2020）第 123014 号

机械工业出版社（北京市百万庄大街 22 号　邮政编码 100037）
策划编辑：段晓雅　　　　　责任编辑：段晓雅　商红云
责任校对：梁　倩　张　薇　封面设计：张　静
责任印制：常天培
北京机工印刷厂印刷
2022 年 1 月第 1 版第 3 次印刷
184mm×260mm·15.25 印张·374 千字
标准书号：ISBN 978-7-111-66081-1
定价：39.80 元

电话服务　　　　　　　　　网络服务
客服电话：010-88361066　　机　工　官　网：www.cmpbook.com
　　　　　010-88379833　　机　工　官　博：weibo.com/cmp1952
　　　　　010-68326294　　金　书　网：www.golden-book.com
封底无防伪标均为盗版　　机工教育服务网：www.cmpedu.com

前 言

自从 1980 年我国保险业务恢复以来，机动车保险业务已经取得了长足的进步，尤其伴随着汽车进入百姓的日常生活，汽车保险正逐步成为与人们生活密切相关的经济活动，其重要性、公益性和社会性正逐步凸显，社会作用日益明显。

在我国财产保险保费收入中，车险所占比重最大。2011 年以来汽车保险业务量占财产保险总业务量的 70% 以上，已成为我国财产保险公司的龙头险种和经营的生命线。2017 年，财产保险实现原保险保费收入 9834.66 亿元，同比增长 12.7%，其中，车险保费收入占财产保险保费收入的 76.5%。与此同时，随着道路交通的快速发展，以及汽车保有量的大幅提升，2018 年我国机动车保有量已达 3.27 亿辆，其中汽车 2.4 亿辆，汽车保险业务量大、涉及面广，社会对汽车保险专业人才的需求逐年上升。为了培养适应车险市场需求的应用型人才，编者结合近年来的教学实践经验和汽车保险行业发展的新动态、新趋势编写了本书。

本书面向的对象主要为普通高等院校保险类、汽车类、交通运输类等专业的学生，同时也可作为汽车保险与理赔相关工作人员的培训教材。

本书的专业性和实用性较强，依据车险最新条款内容和行业政策，从保险学的基础知识入手，引入汽车保险各险种的介绍，以及查勘、定损、理赔等实践环节的知识，涉及汽车电子商务、汽车保险欺诈的识别与防范以及汽车保险相关法律法规的解释等，各部分辅以实际发生的车险相关案例来加强对理论知识的理解。同时，本书紧跟形势，也对车联网、汽车保险及新能源汽车等进行了探讨。

本书由武汉科技大学游彩霞担任主编，麻友良、郭健忠担任副主编，参加编写的有许小伟、龚京凤、孙锐、张笑一。本书的编写分工情况为：游彩霞编写第 1、5 章，麻友良编写第 4 章，郭健忠编写第 6 章，许小伟编写第 2 章，龚京凤编写第 3 章，张笑一编写第 7 章，孙锐编写第 8 章。

在本书的编写过程中，编者参考了大量的文献、保险领域公众号和网站的相关资料，在此对有关作者表示感谢。同时，本书的编写也得到了陶喜斌、何鹤、邹卫兵等保险从业人员的帮助和支持，在此一并感谢。由于时间仓促及编者水平所限，书中错误和疏漏之处在所难免，恳请广大读者批评、指正，以期后续完善、丰富本书。

编 者

目 录

第1章

认 识 保 险

学习目标：

初步理解风险的内涵，熟悉风险的分类，掌握风险的概念、本质、构成要素和风险的特征，了解风险的管理手段；了解保险的职能作用，掌握保险的相关术语，熟悉按不同角度进行保险分类，熟练掌握保险运行的基本原则。

1.1 风险概述

三国时期，曹操屯兵赤壁欲进攻东吴，周瑜与孔明商量用火攻，可此时季节已过没有东南风。周瑜气得生病，孔明去看他，他说："人有旦夕祸福"，孔明说："天有不测风云"，随后刮起了东风。"天有不测风云，人有旦夕祸福"出自北宋宰相吕蒙正的《破窑赋》，这句话实际上也是人类在与各种灾害斗争的漫长历程中，对自然规律的不可预见性及自身命运无可奈何的概括，形象地表现了风险无处不在、无时不有的特征。风险的这种客观存在性是保险得以产生和发展的充要条件，而保险是防范风险并且减少风险所造成损失的有效手段，因此，要学习保险必须首先认识风险，弄清楚什么样的风险才是可保风险。

1.1.1 风险的内涵

风险的定义是什么？由于不同学者对风险的研究角度不同，对风险的理解也有不同，迄今为止，学术界尚未对风险的定义给出统一的表述。综合起来，对风险的定义可分为两类，一类强调风险本身的不确定性，另一类强调风险造成损失的不确定性。保险学中涉及的风险属于狭义的风险概念，指未来损失的不确定性，从概率论的角度可将其理解为：某个事件 A 在一定的时间、空间条件下发生的概率在 0~1 的开区间，即 $P(A) = (0,1)$。如果 $P(A) = 0$，表示该事件 A 不可能发生，即不存在风险；如果 $P(A) = 1$，表示该事件 A 必然会发生，同保险人经营风险的不确定性的特点相违背，因此不会产生相应的保险供给。所以，一切能够预测到的损失的发生和一切能预测到的后果都不能称为风险，只有当损失具有不确定性的时候，才有风险存在。

风险作为一种客观的存在，独立于人的意识之外，不以人的意志为转移，个人或某些经济组织只能在一定的时间、空间内改变风险发生的条件，降低风险发生的频率或损失程度，不能从根本上消除风险。

案例 1-1　　　　　台风"山竹"横扫珠三角地区

台风"山竹"于 2018 年 9 月 16 日 17 时在广东台山海宴镇登陆，这个来势汹汹的台风巨无霸给我国南方地区带来了狂风暴雨和风暴潮。它登陆时，中心附近最大风力为 14 级，风速达 45m/s，相当于 162km/h。台风"山竹"的覆盖范围很大，最大直径接近 2000km，正面袭击我国经济发达的珠三角地区。台风带来的狂风摧毁了不少建筑物，吹倒和拔出不少大树，很多建筑物的玻璃幕墙也都被吹坏，很多人被狂风吹倒在地，不小心就会被空中飞的玻璃、树枝或者垃圾碎片砸到。截至 18 日 17 时，"山竹"已造成广东、广西、海南、湖南、贵州 5 省（区）近 300 万人受灾，5 人死亡，1 人失踪，还造成 5 省（区）的 1200 余间房屋倒塌，800 余间严重损坏，近 3500 间一般损坏；农作物受灾面积 1744km²。随着台风继续向内陆发展，"山竹"的破坏力造成的各种损失预计超过 1000 亿美元。

案例分析：

台风作为一种自然现象，人们对它并不陌生，党和政府也十分重视台风灾害事故，在"山竹"来临之前就要求做好防范工作，但是此次事故威力太大，防范效果不明显，因此造成巨大损失。台风"山竹"事故也体现了风险的不确定性，即风险事故是否发生不确定，何时发生不确定，风险事故发生后造成的后果不确定。

1.1.2　风险的构成要素及特征

1. 构成风险的要素

构成风险的基本要素包括：风险因素、风险事故和损失。

（1）风险因素　风险因素是指可能引起风险事故发生的因素，或者增加风险事故损失发生可能性的因素，以及扩大风险事故造成的损失幅度的因素。风险因素是引起风险事故发生的潜在条件，也是造成损失产生的内在的、间接的原因。风险因素有很多，根据风险因素的性质大致可分为实质风险因素、道德风险因素、心理风险因素和社会风险因素。

实质风险因素一般表现为有形的风险因素，是指能够引起或增加某种损失发生机会或扩大损失程度的物质条件。例如，人类对某些疾病的免疫力、车辆的转向系统或制动系统、木质结构的建筑物等都是实质风险因素。

道德风险因素是指与人的道德品行相关的风险因素，通常与人的不良企图或恶意行为等不正当的社会行为相联系，例如，保险欺诈、肇事逃逸、纵火、投毒等均属道德风险因素。

心理风险因素是指由人的心理素质、心理状态等潜在的主观条件所产生的风险因素。例如，麻痹大意、责任心缺乏等导致风险事故增加或损失扩大的因素即为心理风险因素。

社会风险因素是指由社会经济状况的改变，科学技术发展引发的生产、生活方式的变化，以及政治变动等原因所产生的风险因素。例如，经营盈亏、通货膨胀、核燃料、AI 智能发展、政权更替、战争等都是社会风险因素。

（2）风险事故　风险事故是指造成人身、生命、财物损失的偶发事件，是造成损失的直接原因。风险事故意味着风险由可能性变为现实，风险只有通过风险事故的发生，才能导致损失。例如，浓雾天气导致道路上的汽车发生追尾，产生车损人伤，其中浓雾天气就是风险因素，追尾就是风险事故。

风险因素和风险事故的区分并不是绝对的。例如台风，如果它的破坏力极强，所到之处房屋摧毁、树木拔出、庄稼破坏等，台风就是风险事故；如果台风风力相对较小，只是造成道路能见度低，或者路面泥泞、道路积水，引起车辆连环追尾事故，台风就是风险因素，连环追尾才是风险事故。

（3）损失 损失指财产本身和人身伤亡的非故意、非预期的减少或消失，有时也包括精神上的伤害。损失通常可分为两种形态，直接损失和间接损失。直接损失是由风险事故导致的人身伤亡以及财物损失，间接损失是由直接损失引起的额外的损失，如费用损失、收入损失等。

风险因素、风险事故和损失共同构成风险的统一体，风险因素可能会引起风险事故，风险事故导致风险损失。

2. 风险的特征

（1）风险存在的客观性 风险是独立于人的意识之外，不以人的意志为转移的客观存在。例如，人类发展所面临的各种各样的自然灾害、瘟疫、疾病、意外事故、战争等，这些都是不以人的意志为转移的客观存在，人们只能在一定的条件下改变风险发生或存在的条件，进而降低风险发生的频率和损失程度，却不能彻底消除风险。

（2）某一风险发生的偶然性 尽管风险是客观存在的，但是某一风险的发生又是偶然的，是一种随机现象。个别风险的不确定性表现在：这种风险事故是否发生不确定；风险发生的具体时间、地点不确定；风险导致的损失的程度不确定。例如，某路段是否会发生交通事故不确定；如果说一定时期内会发生交通事故，具体何时发生不确定；每起交通事故发生后所造成的损失也不确定。

（3）风险的损害性 任何风险的发生都必然会造成一定的经济损失，不造成经济损失或损失微小的状况都不是保险学所指的风险。风险同人们的经济利益密切相关，风险的损害性是指风险发生后对人们的人身、生命或经济方面造成损失。经济方面的损失可以用货币直接衡量，人的健康和生命无价，不能用货币直接衡量，但是人身、生命损害后可以表现为收入的减少或额外支出的增加。

（4）大量风险的可测性 某一风险的发生具有偶然性，通过对大量风险事故的观察会发现，对于标的总体而言，风险的发生是必然的，并带有一定的规律性。运用统计方法去处理大量独立的偶发风险事故，其结果可以比较准确地反映风险的规律性。根据以往的大量资料，利用概率论和数理统计方法可以测算出风险发生的概率以及损失幅度。

（5）风险的变革性 随着社会经济的发展和科学技术水平的提高，风险也在发生变化。人们致力于消除某一风险的同时，又有新的风险出现。例如，工厂里工人操作时间久了容易疲劳，从而引发一些生产安全事故，但是当机器人完全代替人工操作后，人为的安全事故风险消除了，大批熟练工人却由于失业而失去生存保障，又会引发新的社会风险。

1.1.3 风险的类型

不同的风险有不同的特点，它们形成的过程、发生的条件以及发生后所造成的损害程度各不相同。为了更有效地识别、管理风险，从不同角度对风险进行分类十分必要。

1. 按风险的性质分类

（1）纯粹风险　纯粹风险指的是风险发生后，只有造成损失的机会而无获利可能的风险。例如，车辆发生道路交通事故、房屋火灾、水灾等。

（2）投机风险　投机风险指的是风险发生后既有损失机会又有获利可能的风险。其造成的结果有三种：损失，无损失，盈利。例如，购买股票后，股票价格的上涨可使投资者获得利益，股票价格不变则投资者的资产值不变，若股票价格下跌投资者将蒙受损失。

纯粹风险可用数理统计的方法较好地把握其运动规律，因此大多数可以承保。投机风险发生的条件通常无法重现，规律性较差，因此多为不可承保风险。

2. 按风险的影响范围分类

（1）基本风险　基本风险是指由特大自然灾害、经济体制变革或政局变动等引起的风险，风险事故一旦发生，波及范围较广，非人力所能抵御。

（2）特定风险　特定风险是指风险的产生及后果只会影响特定的组织或个人的风险，其结果局限于较小范围，较易防范和控制。例如盗窃、火灾、车祸等。

基本风险和特定风险的界定不是绝对的，会随着时代的发展而变化。例如失业，过去认为是特定风险，现在则看作基本风险。

3. 按引起风险的环境因素分类

（1）静态风险　静态风险是指社会经济正常运转的条件下，因自然力的不规则运动或人的过失、恶行等导致的风险。例如海啸、台风、地震、偷盗、疾病等。

（2）动态风险　动态风险是指与政治、经济、科技发展及社会变动有关的风险，如政局更替、经济体制改革、新技术的实施等都可能引起此类风险。

4. 按风险损害的对象分类

（1）财产风险　财产风险是指可能导致财产损毁、灭失或贬值的风险。例如汽车在使用过程中发生火灾、碰撞等造成的损失均属于财产风险。

（2）人身风险　人身风险是指可能导致人的身体或生命遭受疾病、伤残或死亡的风险。人身风险事故一旦发生，将给当事人及其家属带来经济和精神上的双重损失。

（3）信用风险　信用风险是指债权人因为债务人的政治、经济或个人信用原因不履行或不能履行偿付责任而遭受损失的风险。例如贸易活动中，买方未按合同要求及时支付货款，从而造成卖方承受经济损失的风险。

（4）责任风险　责任风险是指个人或团体因过失造成他人遭受财产损失或人身伤害，从法律上应负损害赔偿责任的风险。例如驾驶汽车撞毁财物，医生玩忽职守造成患者病情加重等均为责任风险。

5. 按风险能否承保分类

（1）可保风险　可保风险是指符合保险人承保条件的风险。保险人一般承保纯粹风险，但是并非所有纯粹风险都有可保性。构成可保风险必须具备以下条件：

1）适用大数法则，承保人能比较精确地预测损失的频率和幅度。

2）损失程度高，损失发生的概率小。潜在损失小的风险事件发生，其后果完全在人们的承受限度以内，因此，这类风险不会给人们带来过大的经济困难和不便。而潜在损失程度较高的风险事件一旦发生，就会给人们造成极大的经济困难。对此类风险事件，保险便成为一种有效的风险管理手段。可保风险还要求损失发生的概率较小。因为损失发生概率大意味着纯保费相应很高，加上附加保费，总保费与潜在损失将相差无几，保险就失去了转移风险的意义。

3）损失是可以确定和测量的。损失是可以确定和测量的，是指损失发生的原因、时间、地点都可以被确定，并且损失金额也可以测定。在保险合同中，对保险责任、保险期限等都做了明确规定，赔偿额以实际损失金额为限，所以，损失的确定性和可测性尤为重要。

4）损失不能同时发生，如果保险标的多数在同时遭受损失，如战争、地震、洪水等巨灾风险，计算的期望损失值与风险一旦发生所造成的实际损失值将相差很大，保险分摊损失的职能也随之丧失。

（2）不可保风险　不可保风险是指不符合保险人承保条件，保险人不予以承保的风险。动态风险、投机风险等都是不可保风险。例如，战争、叛乱、政权更替、赌博等均属不可保风险。

1.1.4　风险管理

风险管理是指社会经济单位如何在一个肯定有风险的环境里把风险减至最低的管理过程。通过对风险的认识、衡量和分析，选择最有效的方式，主动地、有目的地、有计划地处理风险，是一种以最小成本争取获得最大安全保证的管理手段。

1. 风险管理的措施

（1）避免风险　避免风险是指风险管理者放弃某项活动以达到避免该活动可能导致的损失发生的行为。避免风险是最简单、最彻底的风险管理措施，也是一种消极的控制型方法，在避免了某项活动可能带来损失风险的同时，也放弃了该活动将会带来的利益，所以避免风险的可行性是有限的。例如，在某地新建一个化工厂可能会对环境造成严重污染，取消该计划就可以避免环境污染的风险，但是也放弃了新建化工厂将会带来的利益。

（2）预防风险　预防风险是指在实际损失发生之前，风险管理者事先有针对性地采取适当措施，减少或消除风险事故发生的概率或损失发生的可能性。例如，建筑防火结构的设计、对堤坝进行加固防止洪水损坏等均属预防风险。

（3）风险控制　风险控制是指风险事故发生时或发生后为防止损失扩大而采取的措施，也是风险管理的有效手段。风险控制方法的一种延伸形态就是风险隔离，它包括两种方式：其一是风险分散，它是将风险单位划分成许多独立的小单位从而达到缩小损失程度的方法；其二是备份风险单位，它是指再准备一份经济单位正常运行所需的部件或设备，在原部件或设备不能正常运行时，风险的备份单位有助于降低损失的程度。

（4）风险转移　风险转移是指个人或经济组织为避免承担风险带来的损失，有意识地将风险或与风险损失相关的财务后果转移给其他经济组织或个人的风险管理措施。例如，个人或单位通过签订保险合同，将面临的人身或财物损失风险转嫁给保险人的风险管理办法就是风险转移。

（5）风险保留　风险保留是指个人或经济组织自己承担风险成本的一种风险管理措施。通常，当风险所致的损失概率和程度较低，短期内可以预测损失，以及最大损失不影响财务稳定时，采用风险保留的方法。

2. 风险管理的程序

（1）风险识别　风险识别是风险管理的基础。存在于个人或单位周围的风险错综复杂，多种多样，这些风险存在的条件以及损害发生的可能性都是风险识别应关注的问题。

（2）风险估测 风险估测是在风险识别的基础上，对所搜集的大量损失资料进行分析，运用概率论和数理统计方法对损失概率和幅度做出估计，作为选择风险管理措施的依据。

（3）风险评价 风险评价是在前两项风险管理程序的基础上，结合其他因素综合考虑风险发生的概率和损失程度，得出系统发生风险的可能性及其危害程度，并与公认的安全指标比较，决定是否需要采取控制措施。

（4）选择风险管理技术 风险管理技术的选择是风险管理中最重要的一个环节，风险管理者在对风险识别、估测的基础上，结合风险评价的结果，并根据自身的资源状况选择最佳的风险管理方式。

（5）风险管理效果评价 风险管理实施效果的好坏，取决于是否以最小成本获得最大的安全保障。风险管理效果评价实际上是对风险管理者选择的风险管理方式的科学性、收益性情况的分析、修正及评估。

1.2 保险基础

1.2.1 保险的起源和发展

1. 古代的保险思想与保险实践

（1）外国传统保险思想 现代保险业发达的资本主义大国并非保险思想的发源地，保险思想起源于处在东西方要道上的文明古国，如古代巴比伦（今伊拉克幼发拉底河流域）、埃及，而后传至今黎巴嫩境内，再传入古希腊。在公元前 2000 多年，古代巴比伦的《汉谟拉比法典》中就有冒险借贷的规定：商人可以雇用一个销货员去外国港口销售货物，当这个销货员航行归来，商人可以收取一半的销货利润；如果销货员未归，或者回来时既无货也无利润，商人可以没收其财产，甚至可以把销货员的老婆孩子作为债务奴隶；但如果货物是被强盗劫夺，可以免除销货员的债务。据说这就是海上保险的起源。公元前 19 世纪，巴比伦国王曾命令僧侣、官员等征收一种专门税，用作救济火灾的基金。在古埃及，在横越沙漠的商队之间，对于丢失骆驼的损失，采用互助共济的方式进行补偿。

在古罗马的历史上，也有过类似于现代养老保险的丧葬互助会组织，还出现过一种缴付会费的士兵团体，在士兵调职或退役时发放旅费，在士兵死亡时发给其继承人抚恤金。在古希腊，曾盛行过一种团体，即组织有相同政治、哲学观点或宗教信仰的人或同一行业的工匠入会，每月交付一定的会费形成一笔公共基金，当入会者遭遇意外事故或自然灾害造成经济损失时，由该团体给予救济。这些都是人身保险的原始形态。

到了中世纪，各种行会组织陆续在欧洲各国的城市中出现，它们具有互助性质。共同互助救济的范围包括沉船、盗窃、火灾、死亡、疾病、伤残等财产和人身损失事故，这种行会或基尔特制度在 13 世纪至 16 世纪特别盛行，并在此基础上产生了相互合作的保险组织。

（2）我国古代的保险思想 据国外一些保险书籍记载，早在公元 3000 年以前，即商朝末期周朝初期，一些在扬子江（长江下游河段的旧称）上做生意的商人，不将个人的全部货物集放于一条船，而是分散在几条船上，以避免货物全部遭受损失的风险，这是我国海上保险起源的最早实例。在我国数千年的奴隶社会和封建社会的历史中，贯穿着积粮备荒的传统保险后备的思想，例如春秋战国时期的"委积"制度、汉朝的"常平仓"制度。我国古代的保险思想在隋朝进入成熟时期，到唐朝发展到空前鼎盛的阶段，例如"义仓"制度。此外，宋朝和明朝还出现了相互保险形式的民间"社仓"制度，在宋朝还有专门赡养老幼贫病的"广惠仓"，这些都是我国原始形态的人身救济后备制度。

在古代中国，由于受中央集权的封建制度和重农抑商的传统观念影响，尽管保险思想和救济后备制度产生很早，但碍于商品经济发展缓慢，又缺乏经常性的海上贸易，因此在古代中国社会中没有产生商业性保险。

2. 我国保险的发展简况

现代形式的保险随着英帝国主义经济入侵输入我国，1835年，英商首先在香港开设友宁保险公司，次年又在广州开设广东保险公司。1885年，在李鸿章"须华商自立公司，自建行栈，自筹保险"的主张下，由轮船招商局拨银20万两，在上海创办"仁和"和"济和"两家保险公司，承保招商局所有轮船、货栈及运输货物。这是我国民族保险业的开创。1911年辛亥革命成功后，曾在英商永年人寿保险公司任职的吕岳泉辞职，创办我国第一家实力雄厚的人寿保险公司——华安合群保寿公司。

1949年10月，中国人民保险公司成立，由中国人民银行总行领导，经营的主要业务是火灾保险和运输保险。1958年全国人民公社化的高潮中，由于对保险的积极作用认识不足，国内保险业务开始停办。

1980年起，国内保险业务开始恢复，1988年3月，经中国人民银行批准，由深圳蛇口工业区招商局等单位合资创办我国第一家股份制保险企业——平安保险公司，1992年9月，平安保险公司更名为中国平安保险公司，成为我国第三家全国性、综合性的保险公司。

1995年6月，《中华人民共和国保险法》（以下简称《保险法》）颁布。1998年11月，中国保险监督管理委员会正式成立。《中国保险业发展"十三五"规划纲要》在保费规模、保险深度和密度、保险业总资产等方面提出了定量目标。2016年6月，上海保险交易所正式揭牌运营，我国保险业进入高速发展时期。

1.2.2 保险术语

1. 保险的概念

《中华人民共和国保险法》第一章第二条规定："本法所称保险，是指投保人根据合同约定，向保险人支付保险费，保险人对于合同约定的可能发生的事故因其发生所造成的财产损失承担赔偿保险金的责任，或者当被保险人死亡、伤残、疾病或者达到合同约定的年龄、期限等条件时承担给付保险金责任的商业保险行为。"所以广义的保险是指保险人向投保人收取保险费，建立专门用途的保险基金，对约定灾害事故发生所致的经济损失或人身伤亡，对被保险人负有法律或合同规定范围内的赔偿和给付责任的一种经济保障制度。

2. 保险的相关术语

（1）保险人 保险人又称承保人，通常称为保险公司，以法人经营为主，是指经营保险业务收取保险费以及在保险事故发生后负责保险金给付的人。保险人的形式有保险股份有限公司、相互保险公司、相互保险社、保险合作社、国营保险公司及专业自保公司。

（2）投保人 投保人是指对保险标的具有可保利益，与保险人订立保险合同，并负有缴纳保险费义务的人。投保人可以是自然人，也可以是法人。

（3）被保险人　被保险人是指其财产或人身因保险事故受到损失时，受保险合同保障，并享有保险金请求权的人。

投保人和被保险人是否一致视具体的保险情况而定。如车主给自己的机动车辆投保，则这种情况下投保人和被保险人一致。若其他人（例如机动车辆的承包者、保管者、使用者等利益关系者）为不属于自己的机动车辆投保，这种情况下的投保人和被保险人即不一致。

（4）保险标的　保险标的是指保险合同保障的目标和实体，也就是保险合同权利义务指向的对象，是保险利益的载体，具体是指作为保险对象的财产及其有关利益或人的寿命和身体。

（5）保险责任　保险责任即保险合同中约定的应由保险人承担的危险责任范围，是指保险人承担的经济损失补偿或人身保险金给付的责任。

保险责任的内涵包括：损害必须发生在危险责任范围内；损害发生的时间在保险期限内；保险人赔偿或保险金给付以保险金额为限度。

（6）除外责任　除外责任也称"责任免除"，是指保险合同规定的保险人不负赔偿责任的风险事故及其损失范围。其表示方式有列举式和不列举式两种。列举式，即在保险条款中明文列出保险人不负赔偿责任的范围。不列举式，即所谓倒扣法，凡是未列入承保责任范围的均属"除外责任"。由这些除外责任造成的经济损失，保险人不负赔偿责任。

（7）保险利益　现行《保险法》第十二条第六款中，定义保险利益，是指投保人或者被保险人对保险标的具有的法律上承认的利益。

《保险法》第十二条对关于保险利益的规定："人身保险的投保人在保险合同订立时，对被保险人应当具有保险利益；财产保险的被保险人在保险事故发生时，对保险标的应当具有保险利益。"自此，明确了考察是否具有保险利益时应当区分人身保险和财产保险，二者时间上的要求有所不同。不同情况下保险利益的适用范围如下：

1）财产保险的保险利益。由于财产保险标的是财产及有关利益，因此，财产保险的保险利益产生于财产的不同关系。根据民法债权和物权基本理论，这些不同关系依此产生不同利益：现有利益、预期利益、责任利益和合同利益。

① 现有利益。现有利益是投保人或被保险人对财产已享有且继续可享有的利益。投保人对财产具有合法的所有权、抵押权、质权、留置权、典权等关系且继续存在者，均具有保险利益。现有利益随物权的存在而产生。

② 预期利益。预期利益因财产的现有利益而存在，依法律或合同产生的未来一定时期的利益。它包括利润利益、租金收入利益、运费收入利益等。

③ 责任利益。责任利益是被保险人因其对第三者的民事损害行为依法应承担的赔偿责任，它是基于法律上的民事赔偿责任而产生的保险利益，如职业责任、产品责任、公众责任、雇主责任等。根据责任保险险种划分，下述人员有责任保险利益：各种固定场所的所有者、经营者或管理者；制造商、销售商、修理商；雇主；各类专业人员等。例如，汽车在行驶中因驾驶人过错撞伤他人，加害人依法对受害人应负的赔偿责任；医生行医时，因其过失对病人依法应负的赔偿责任等。

④ 合同利益。合同利益是基于有效合同而产生的保险利益。

2）人身保险的保险利益。在人身保险中，投保人对被保险人的寿命和身体具有保险利益。人身保险的保险利益虽然难以用货币估价，但同样要求投保人与保险标的（寿命或身体）之间具有经济利害关系，即投保人应具有保险利益。人身保险的可保利益可分为两种情况。

① 为自己投保。投保人以自己的寿命或身体为保险标的投保，当然具有保险利益。

② 为他人投保人身保险。保险利益有严格的限制规定，主要包括：血缘、婚姻及抚养关系；债权债务关系；业务关系等。各国法律规定不一，大致有两种，一种是利害关系论，一种是同意或承认论。《保险法》第三十一条规定，投保人对本人，配偶、子女、父母，与投保人有抚养、赡养或抚养关系的家庭其他成员、近亲属具有保险利益；与投保人有劳动关系的劳动者具有保险利益；其他被保险人同意投保人为其订立合同的，视为投保人对其具有保险利益。

（8）保险金额 保险金额是指一个保险合同项下保险人承担赔偿或者给付保险金责任的最高限额。保险金额是保险利益的货币表现，也是保险人收取保险费的计算基础。

（9）保险价值 财产保险合同中，保险价值是指保险标的在某一特定时期内以金钱估计的价值总额，也是投保人或被保险人对保险标的所享有的保险利益用货币估计的价值额。保险价值的确定有两种方式：定值保险和不定值保险。

定值保险是指保险双方当事人在保险合同中事先约定保险标的的固定价值作为保险金额的保险。在保险事故发生时，保险人按保险财产的约定价值，而不是实际价值计算赔偿，全部损失时按照约定金额全额支付，部分损失时按照比例支付。不定值保险是定值保险合同的对称，指双方当事人在订立合同时只列明保险金额，不预先确定保险标的的价值，须至危险事故发生后，再行估计其价值从而确定其损失的保险合同，这种采用不定值合同的保险即为不定值保险。

（10）赔偿限额 保险单中约定的，当保险人负有赔偿责任的风险损失发生时，保险人所承担的最高赔偿金额。

（11）保险公估人 保险公估人是依照法律规定设立的第三方机构，指受保险人、投保人或被保险人委托办理保险标的的查勘、鉴定、估损以及赔款理算，并向委托人收取酬金的人。

保险公估人不代表任何一方的利益，使保险赔付趋于公平、合理，有利于调停保险当事人之间关于保险理赔方面的矛盾。保险公估人的主要任务是：在保险合同订立时对投保风险进行查勘，在风险事故发生后判定损失的原因及程度，并出具公估报告。公估报告不具备强制性，但它是保险争议处理的权威性依据。

（12）保险经纪人 保险经纪人是代表投保人、被保险人利益的保险中介组织，受投保人或被保险人委托，代其办理风险评估索赔诉讼等项目的法人或个人。

（13）保险代理人 保险代理人是指根据保险人的委托，向保险人收取代理手续费并在保险人授权的范围内办理保险业务的单位或者个人。通俗的说法，代理人就是保险公司的代表，拿保险公司佣金的保险推销员。

1.2.3 保险的分类

随着社会经济的发展和科技的进步，保险业的发展日新月异，涉及的领域不断扩大，人们对保险的认识也在不断提高，保险的分类也呈现多元化的状态，尽管目前人们对保险的分类还没有形成固定的原则和标准，现代保险业务大致可按以下角度进行分类：

1. 按保障的对象分类

（1）财产保险 财产保险是以风险事故可能会造成损害的被保险人的财产或相关利益为保险标的，有广义和狭义之分。广义的财产保险是指各种财产损失保险、责任保险、信用保证保险等保险业务，狭义的财产保险仅指各种财产损失保险业务。

（2）人身保险 人身保险是以人为对象，以人的身体和寿命为保险标的的险种。人身保险合同成立后，当被保险人发生疾病、伤残、死亡或者达到人身保险合同约定的年龄、期限时，由保险人承担给付保险金的责任。人身保险按照保障的范围不同又可分为人身意外伤害保险、健康保险、人寿保险等。

人身意外伤害保险是指被保险人因意外伤害事故导致死亡、伤残时，保险人负责给付保险金的一种人身保险。健康保险是指以被保险人的身体为保险标的，因疾病或风险事故造成被保险人残疾、死亡、医疗支出以及工作能力丧失而使收入损失时，由保险人给付保险金的一种人身保险。人寿保险是指以被保险人的寿命为保险标的，当被保险人死亡或达到合同约定的年龄、期限时，保险人按照合同约定向被保险人或被保险人的受益人给付保险金的一种人身保险。传统寿险的典型形式为：死亡保险、生存保险和两全保险（又称储蓄保险或养老保险，是死亡保险和生存保险的综合）。

（3）信用保险 信用保险所承保的是一种信用风险，是指权利人向保险人投保债务人的信用风险的一种保险。信用保险是以第三者对被保险人履约责任为标的的险种。例如进出口信用保险、商业信用保险和投资保险。

（4）保证保险 保证保险是指保险人承保因被保证人行为使被保险人受到经济损失时应负赔偿责任的保险形式。保证保险是在约定的保险事故发生时，被保险人需在约定的条件和程序成熟时方能获得赔偿的一种保险方式，其主体包括投保人、被保险人和保险人。投保人和被保险人就是贷款合同的借款方和贷款方，保险人是依据保险法取得经营保证保险业务的商业保险公司，保证保险常见的有诚实保证保险和消费贷款保证保险。

（5）责任保险 责任保险是以被保险人的民事损害赔偿责任为保险标的的保险。保险人在被保险人依法应对第三者负赔偿民事责任，并被提出赔偿要求时，承担赔偿责任。责任保险仅承保被保险人的过失侵权民事责任，对故意行为造成的损害不负责任。同时，责任保险在合同中无保险金额，只规定赔偿限额。

2. 按保险单保额的确定方式分类

（1）定值保险 定值保险是指保险双方当事人在保险合同中事先约定保险标的固定价值作为保险金额的保险。在保险事故发生时，保险人按保险财产的约定价值而不是实际价值计算赔偿，全部损失时按照约定金额全额支付，部分损失时按比例支付。

（2）不定值保险 不定值保险是定值保险的对称，指双方当事人在订立合同时只列明保险金额，不预先确定保险标的的价值，而在危险事故发生后，再行估计其价值从而确定其损失的保险，这种采用不定值合同的保险即为不定值保险。

3. 按经营主体分类

（1）公营保险 公营保险是指由政府出面经营的保险，一般包括国家经营的保险和地方政府或自治团体经营的保险，包括国家强制设立的保险机关经营的保险或国家机关提供补助金的保险。公营保险的目的有两种：一是营利，即将保险作为增加财政收入的手段；二是非营利，即作为实施某项政策的手段。

（2）私营保险 私营保险是指私人投资经营的各种保险业务。私营保险的组织形态较多，按照是否以营利为目的可分为两大类：第一类是具有营利性质的保险，主要包括公司保险和个人保险；第二类是非营利性质的保险，主要包括合作保险和相互保险。在发达的资本主义国家，保险主要由私营保险组织经营。

4. 按实施形式分类

（1）自愿保险 自愿保险是指投保人和保险人在平等、互利、自愿、有偿的原则基础上，通过协商一致和订立保险合同所建立的保险关系。换句话说，投保人是否投保、参加什么保险，保险人是否承保、以什么样的条件承保等，完全由保险双方自愿自主决定，不受任何第三者干预。

（2）强制保险 强制保险又称法定保险，是指根据国家颁布的有关法律和法规，强制实施的保险。凡是在法规规定范围内的单位或个人，不管愿意与否都必须参加强制保险。如我国现行车险模式中的机动车交通事故责任强制保险。

5. 按保险性质分类

（1）商业保险 商业保险是通过订立保险合同运营，以营利为目的的保险形式。商业保险的经营主体是商业保险公司。商业保险的对象可以是人和物，具体标的有人的生命和身体、财产以及与财产有关的利益、责任、信用等。

（2）政策保险 政策保险是指政府机构在一定时期和一定范围，为了促进有关产业的发展，以政策或财政补贴等手段对某些领域给予保护或扶持的特殊形态的保险业务。如农业保险，出口信用保险等。

6. 按业务的承保方式分类

（1）原保险 原保险就是投保人与保险人之间直接订立保险合同所形成的保险关系。

（2）再保险 再保险也称"分保"，是保险的保险，是指保险人在原保险合同的基础上，通过签订分保合同，将其所承保的部分或全部风险及责任向其他保险人进行保险的行为。再保险的基础是原保险，再保险的产生，正是基于原保险人经营中分散风险的需要。再保险是不同保险人之间的一种保险业务活动，再保险合同独立于原保险合同。

《保险法》第二十八条规定："保险人将其承担的保险业务，以分保形式部分转移给其他保险人，为再保险。"当原保险合同项下发生赔款，由再保险人按照再保险合同规定补偿原保险人。

（3）重复保险 《保险法》第五十六条规定：重复保险是指投保人对同一保险标的、同一保险利益、同一保险事故分别与两个以上保险人订立保险合同，且保险金额总和超过保险价值的保险。重复保险的各保险人的赔偿保险金的总和不得超过保险价值。除合同另有约定外，各保险人按照其保险金额与保险金额总和的比例承担赔偿保险金责任。

（4）共同保险 共同保险又称"共保"，是指投保人与两个或两个以上保险人就同一标的的保险利益、同一风险共同订立一个保险合同，而且保险金额不超过保险标的的价值的保险。

重复保险与共同保险都存在多个保险人，但共同保险的投保人和多个保险人之间只签订一份保险合同，保险金额不高于保险价值，而重复保险的投保人和不同保险人之间签订数份保险合同，保险金额超出保险价值。

1.3　保险运行的原则

保险运行的原则是在保险发展过程中逐渐形成并被人们公认的基本原则。保险运营活动中，坚持这些基本原则有利于维护保险双方的合法权益，有利于更好地发挥保险的职能和作用。

1. 保险利益原则

保险利益，又称可保利益，是指投保人或被保险人对保险标的具有的法律上认可的利益。综合国际惯例和我国立法，可以将保险利益通俗地表述为：保险利益是一种合法的经济利益，反映了投保人或被保险人同保险标的以及承保风险之间的经济上的利害关系，是一种合法的可以投保的权益。

（1）保险利益原则存在的意义　保险利益的存在，是保险法的一个基本原则，其主要意义在于：

1）避免使保险行为变成一种赌博行为。保险因其"分散风险和损失补偿"的职能而具有积极的社会意义，任何人和组织均不应通过保险获得无损失的利益或超过损失的利益。保险和赌博的主要区别在于保险中存在保险利益，赌博中不存在保险利益。如果允许无保险利益的人以他人人身或财产作为保险标的，自己作为受益方投保，一旦风险事故发生，本无利益关系的受益方就会获得远远超过保险费的保险金，保险活动就成了赌博投机行为，丧失了风险转移的根本作用。

2）在补偿性保险中限制损害补偿的程度。保险利益的存在，可以正确评估被保险人受到的损失，保险赔偿的最高限额以保险金额为限，保险金额又以保险利益为基础。被保险人所主张的赔偿金额不得超过其保险利益的金额或价值，否则将会获得和自身所受损失不相称的利益，这将损害保险人的合法利益，或者说减损保险活动本身的价值。

3）防止道德风险，保护被保险人或财产标的的安全。道德风险是指被保险人为了获得保险人的赔款，故意促使风险事故的发生或在风险事故发生时放任损失的扩大。例如，有人为了获得巨额保险赔偿或保险金给付，采用纵火、投毒、谋财害命等手段，故意制造风险事故，增加道德风险事故的发生。保险利益原则的限制，可以较好地避免保险欺诈以及其他违法行为，维护社会安定和善良风俗。

正是基于上述法理，各国立法都将保险利益规定为保险合同生效或保险责任承担的重要条件。只有对保险标的具有保险利益的人才有投保的资格，或者才有权请求保险赔偿。《保险法》第十二条对人身保险和财产保险分别作了明确规定，即"人身保险的投保人在保险合同订立时，对被保险人应当具有保险利益。财产保险的被保险人在保险事故发生时，对保险标的的应当具有保险利益"。

（2）构成保险利益的条件　构成保险利益应当具备以下三个条件：

1）保险利益必须合法，是法律上承认并且可以主张的利益。投保人不得以非法所得的利益或法律上不认可的利益作为保险合同的标的，保险利益必须符合法律规定。如果投保人以非法律认可的利益投保，则保险合同无效。例如，在汽车保险中，投保人对保险标的的所有权、使用权、收益权或对保险标的承担的责任等，必须是依照法规或相关合同等合法取得、合法享有的利益。若是给偷盗、走私等非法得来的汽车投保，保险合同是无效的。

2）保险利益必须是确定的，是客观存在的利益。确定的保险利益包括投保人对保险标的的现有利益和由现有利益产生的预期利益。仅由投保人主观上认定存在，而在客观实际中并不存在的利益，不得作为保险利益。现有利益是指客观上或事实上存在的利益，如投保人或被保险人对已经取得所有权或运营权的汽车具有的利益。预期利益是指客观上或事实上尚不存在，根据有效合同或法律规定，由现有利益产生的将来一段时间内可以获得的利益，如出租房屋预期可以获得的租金收入，维修厂预期可以得到的修理费收入，汽车营运预期可以获得的运营收入等。

3）保险利益必须是经济上的利益。由于保险是以补偿损失为目的，所以保险利益必须是可以用金钱计算或估价的利益。若不能用货币形式来计算其价值，发生损失后无法用金钱给予补偿的利益，不能作为保险利益。如精神创伤、声誉诋毁、信誉丧失、仕途打击等，虽然和当事人有直接利害关系，但无法用金钱估算其价值，不能构成保险利益。

（3）保险利益的时限　保险利益的时限分以下两种情况：

1）财产保险保险利益的时限。财产保险的保险利益，时间上一般要求从保险合同订立到保险事故发生时始终要有保险利益。如果合同订立时具有保险利益，而当保险事故发生时保险利益不存在，则保险合同无效。如某汽车的车主甲在投保汽车的车辆损失保险后，将该汽车出售给乙，如果出售前没有办理批改手续，发生保险责任范围内的损失时，因该车辆损失保险保单的被保险人甲对保险标的的已没有保险利益而不能向保险人请求赔偿。

海上货运保险比较特殊，投保人在投保时可以不具有保险利益，但当损失发生时必须具有保险利益。这种规定是为了适应国际贸易的习惯做法。买方在投保时，货物所有权往往尚未转移到自己手中，但因其货物所有权的转移是必然的，所以可以投保海上货物运输保险。

2）人身保险保险利益的时限。人身保险的保险利益只要求在保险合同订立时存在，而不要求在保险事故发生时一定存在。在保险合同订立时，要求投保人对保险标的的必须具有投保利益，而发生保险事故时，则不追究是否具有保险利益。如某投保人为其配偶投保人身险，即使在保险期限内该夫妻离婚，保险合同依然有效。该规定是基于人身保险的保险标的是人的寿命和身体，同时人寿保险具有储蓄性。

案例 1-2　　　　　车辆私自交易后，保险利益是否存在

2017 年 6 月 25 日，王某将自己的车向某保险公司投保了车辆损失险和全车盗抢险。2017 年 9 月 30 日，他又将自己的车转卖给了同事李某，并协助李某办妥了车辆的过户手续，王某随后把车辆的保险单也交给了同事李某，但没有将车辆过户的情况通知保险公司。2017 年 12 月 23 日，李某在使用该车过程中，发生一起交通事故，导致车辆受损。请问，王某和李某谁有权向保险公司索赔？

案例分析：

根据《保险法》第十二条、第四十八条、第四十九条规定可知，投保人或被保险人对保险标的的一旦失去保险利益，并且保险标的的转让没有通知保险人，如果保险标的出险，保险公司可拒赔。本案中，王某与李某已达成买卖该车的协议，形成事实上的买卖关系，李某虽然是保险标的的事实上的所有者，但并非保险单上列明的被保险人，因而无权索赔，王某也未因该起交通事故受到损失，已经对该车无保险利益，所以王某也无权索赔。

案例 1-3   **保险利益不存在，合同亦无效**

男青年 A 与女青年 B 为恋人关系，两人感情深厚。B 的生日快要到了，为了给她一份特殊的生日礼物，A 悄悄为 B 投保了一份人寿保单，打算在生日当天送给她。B 在生日来临之际意外遭遇交通事故，不幸当场死亡，A 在悲痛之余想到自己为 B 投保的保单，遂向保险公司请求死亡赔偿金 10 万元。保险公司核保时，得知 B 这份人寿保单是在本人不知情的情况下，由 A 私自购买，保险公司便以 A 对 B 没有保险利益为由，拒绝给付保险金。请问，保险公司的做法是否合理？

案例分析：

我国《保险法》第十二条规定，投保人对保险标的应当具有保险利益。投保人对保险标的不具有保险利益的，保险合同无效，保险利益体现了投保人和保险标的之间的利害关系，投保人因保险标的发生保险事故而受经济损失，如果没有这种关系的存在，谁都能以毫无关系的人或财产去投保，并以自己作为受益人，这会产生极大的道德风险。

我国《保险法》第三十一条，对人身保险的保险利益人范围做出了规定，投保人对下列人员具有保险利益：本人；配偶、子女、父母；前项以外与投保人有抚养、赡养或者抚养关系的家庭其他成员，近亲属。除前款规定外，被保险人同意投保人为其订立合同的，视为投保人对被保险人具有保险利益。A 和 B 仅仅是恋爱关系，A 对 B 并无法律上认可的保险利益，如果 A 在投保时征得 B 的同意，那么 A 对 B 的保险利益就获得了法律上的支持，保险公司就没有理由拒绝给付死亡赔偿金。

结论：保险公司拒付保险赔偿金的做法是合理的。

2. 近因原则

所谓近因，并非是指在时间上或空间上与损失最接近的原因，而是指在风险和损失之间，导致损失的最直接、最有效的起决定作用或支配性作用的原因。

（1）近因原则的含义   近因原则是判断风险事故与保险标的损失之间的关系，从而确定保险赔偿责任的一项基本原则。其含义为只有在导致保险事故的近因属于保险责任范围内时，保险人才应承担保险责任，若造成保险标的损失的近因不属于保险责任范围，则保险人不负赔偿责任。

《保险法》中规定的近因原则的含义为："保险人对于承保范围的保险事故作为直接的、最接近的原因所引起的损失，承担保险责任，而对于承保范围以外的原因造成的损失，不负赔偿责任。"按照该原则，承担保险责任并不取决于时间上的接近，而是取决于导致保险损失的保险事故是否在承保范围内，如果存在多个原因导致保险损失，其中起决定性的、最有效的以及不可避免会产生保险事故作用的原因即是近因。

（2）近因的识别   近因的识别可以从以下原因入手：

1）单一原因。如果导致保险标的损失的原因只有一个，该原因即为损失的近因。如果该原因属于保险责任，保险人应对损失负赔偿责任；如果该原因属于除外责任，则保险人不负赔偿责任。例如，某驾驶人操作失误撞断道路护栏，碰撞即为损失的单一原因。

2）多数原因。近因的多数原因又包括以下情况：

① 同时发生。造成保险事故的多个风险原因同时发生，而且这些原因对保险标的的损失均有直接的、实质的影响，它们均为保险标的损失的近因。此时有三种可能：其一，多种

原因全部属于保险责任范围，保险人承担全部赔偿责任。其二，多种原因全部不属于保险责任范围，保险人不承担赔偿责任。其三，在多个原因中，有的是在保险责任范围内，有的又属于除外责任，此时，保险人是否承担赔偿责任要根据损失是否可以进行划分来确定。能划分开的，保险人仅承担所保风险导致的损失，如果无法划分的，保险人可与投保人协商赔付。

② 连续发生。如果损失的发生由具有因果关系的连续、不间断的多种原因所致，保险人是否承担赔付责任要依据两种情况：第一，如果这些原因均为保险责任范围内的原因，则保险人应负赔付责任。第二，如果这些原因中既有保险责任，又有除外责任，则要看损失的前因是否属于保险责任。如果前因属于保险责任，后因是除外责任，且后因是前因的必然结果，则保险人应承担赔付责任；相反，如果前因是除外责任，后因是保险责任，且后因是前因的必然结果，保险人不承担赔付责任。

③ 间断发生。造成损失的多个风险原因先后出现，各风险原因之间不相关联，若其中一项原因是造成损失的独立近因，该近因属于保险责任范围，保险人应承担赔付责任。反之，保险人不承担赔付责任。但是，在该项独立原因出现之前，存在保险责任范围内的风险原因导致的损失，保险人也应该对这部分损失进行赔付。

案例 1-4　　　　　　摔伤和肺炎，哪个是近因

李某给自己投保了人身意外伤害保险（疾病是除外责任）。某天，李某在跟驴友野外探险活动时不慎摔伤无法行走，在树林里等待救援，结果又因受凉感冒引发肺炎，最后因肺炎死亡。请指出本例中的近因。保险公司应该承担赔偿责任吗？

案例分析：

所谓近因是指在损失和风险之间，导致损失的最直接、最有效的起决定作用或支配性作用的原因。依据《保险法》的相关精神，只要造成损害的近因属于保险责任范围之内，保险公司就应当履行赔付责任，而如果近因不在保险合同约定的范围之内，保险公司就不履行赔偿的义务。

本案的近因为意外摔伤，虽然李某死于肺炎，但是肺炎只是摔伤的合理延续，因此摔伤为近因，保险公司应该赔付。

案例 1-5　　　　　　如何判定事故的近因

2015 年 4 月 17 日上午 9 时，某企业 A、B 两台吊车共同吊装一件工程设备，A、B 吊车吊装吨位分别为 30t、25t，被调设备重约 35t，当货物被调离地面约 70cm 时，B 吊车吊绳突然崩断，被吊设备失去平衡，造成 A 吊车负重侧翻，A 吊车及设备均受损。A、B 吊车均在保险公司投保了汽车损失保险及第三者责任保险，该企业向保险公司索赔时被拒赔。

案例分析：

该起事故是由 B 吊车吊绳绷断造成设备失衡，进而 A 吊车超负荷倾覆，A 吊车和设备均受损这一连串发生的环节构成的，风险由 B 吊车逐步转移到 A 吊车。A 吊车发生倾覆是事故的结果，但不是起因。根据近因原则，前因不属于保险责任，后因属于保险责任，但后因是前因的必然结果，则事故不属于保险责任。A 吊车倾覆是因 B 吊车吊绳断裂所致，虽然倾覆属于汽车损失保险承保的风险，但造成损失的近因是 B 吊车吊绳断裂，这种意外事故不属于汽车损失保险的保险责任范围，另外，两台吊车共同起吊一台设备，属于违章作业，所以保险公司不承担赔偿责任。

3. 损失补偿原则

损失补偿原则是指保险期间内，保险标的发生保险责任范围内的损失时，保险人按照保险合同约定的条件，根据保险标的的实际损失，在保险金额内进行补偿。损失补偿原则主要适用于财产保险合同。

损失补偿原则包含两层含义：一是无损失、无补偿。保险期间内，保险补偿以保险责任范围内的实际损失发生为前提；二是损失必须是保险责任范围内的风险事故造成的，保险赔偿以实际损失为限，不得超过保险价值，超过部分无效。

损失补偿是保险的基本职能，所以补偿原则是保险的重要原则。补偿原则一方面使被保险人在损失发生后尽快恢复到受损前的经济状态，另一方面可以限制被保险人通过保险获得超过保险标的价值的保险金。保险补偿是以被保险人对保险标的的保险利益为前提，坚持损失补偿原则，有利于维护保险双方的正当权益，避免不当获利的可能性，防止道德风险的发生。

损失补偿原则有两个派生原则，即重复保险的分摊原则和代位原则。在重复保险的条件下，为了避免被保险人因保险事故获得超额赔偿，被保险人最终所能得到的赔偿金应由重复保险涉及的各保险人采用适当的比例分摊，从而使被保险人得到的总赔偿金不超过实际损失额度。代位原则指保险人按照法律规定或合同约定条件，对被保险人遭受的损失进行赔偿后，依法取得对造成损失的第三者的追偿权或对有关保险标的的所有权。

案例 1-6　　　　　　　　　车辆损失后，保险赔偿金额如何确定

2012 年 9 月，高先生花费 27.8 万元购买了一辆私家车，同时向保险公司投保了车辆损失险和全车盗抢险，保险金额均注明为 36 万元，保险期限为一年。2013 年 4 月的某天，高先生的车在住宅楼下被盗，60 天后车辆仍然没有被追回。7 月上旬，高先生向保险公司索赔，请求赔付扣除 20% 免赔款后的 28.8 万元。三个月过去，高先生还没有收到保险公司的赔付。随后他找到保险公司，保险公司向他解释道，之所以没有按他的要求支付给他赔偿金，是因为高先生在投保时没有如实申报汽车的价值，保险公司调查后决定只能按汽车的实际价值 27.8 万元来计算赔付，另外，由于高先生没有向保险公司提供车辆的购车原始发票，应增加 0.5% 的免赔率，保险公司表示只愿按车辆的实际价值 27.8 万元的 79.5% 赔付。双方无法协商一致，高先生诉至法院。

案例分析：

损失补偿原则的运用，一方面可以当保险标的发生保险责任范围内的损失时，使被保险人在损失发生后尽快恢复到受损前的经济状态，另一方面可以限制被保险人获得超过保险标的的价值的保险金。保险补偿是以被保险人对保险标的的保险利益为前提，有利于维护保险双方的正当权益，防止道德风险的发生。

本案中，双方订立的保险合同的保险金额高于保险车辆的保险价值，超过部分应该

无效。另外，保险公司本应返还高先生因为多保的 8.2 万元而花费的保险费，但是高先生没有向法院提出，法院不对这部分进行判处，所以，保险公司的赔付方案是合理的。

4. 最大诚信原则

（1）最大诚信原则的含义　诚信就是诚实、守信，最大诚信原则要求保险合同当事人订立合同及在合同有效期内，应依法向对方提供足以影响对方做出订约与履约决定的全部实质性重要事实，同时绝对信守合同订立的约定与承诺。《保险法》第五条规定："保险活动当事人行使权利、履行义务应当遵循诚实信用原则。"在保险合同关系中，对当事人诚信的要求比一般民事活动更严格，要求当事人具有"最大诚信"。保险合同是最大诚信合同，最大诚信的含义是指当事人真诚地向对方充分而准确地告知有关保险的所有重要事实，不允许存在任何虚假、欺骗、隐瞒行为。而且不仅在保险合同订立时要遵守此项原则，在整个合同有效期间和履行合同过程中也都要求当事人具有"最大诚信"。

（2）最大诚信原则的主要内容　最大诚信原则的内容大致包含以下三个方面：

1）告知。告知是指在合同订立前、订立时及在合同有效期内，投保人应将保险标的相关实质性事实实事求是地告知保险人，保险人也应将与投保人利害相关的重要条款内容据实告知投保人。投保人与保险人的告知也是投保人与保险人应当履行的义务之一。《保险法》第十六条第一款规定："订立保险合同，保险人就保险标的或者被保险人的有关情况提出询问的，投保人应当如实告知。"

所谓实质性重要事实是指那些影响保险双方当事人做出是否签约、签约条件、是否继续履约、如何履约的每一项事实。对保险人而言，是指那些影响谨慎的保险人承保决策的每一项事实；对于投保人而言，则是指那些会影响投保人做出投保决定的事实，如有关保险条款、费率以及其他条件等。

投保人的告知形式有无限告知和询问回答告知两种。无限告知是指法律或保险人对告知的内容没有明确性的规定，投保人应将保险标的的危险状况及有关重要事实如实告知保险人。询问回答告知是指投保人只对保险人所询问的问题如实回答，而对询问以外的问题投保人无须告知。在我国，保险立法要求投保人采取询问回答的形式履行其告知义务。

保险人的告知形式有明确列明和明确说明两种。明确列明是指保险人只需将保险的主要内容明确列明在保险合同之中，即视为已告知投保人；明确说明是指保险人不仅应将保险的主要内容明确列明在保险合同之中，还必须对投保人进行正确的解释。

2）保证。保证是指保险人和投保人在保险合同中约定，投保人或被保险人在保险期限内担保对某种特定事项的作为或不作为或担保某一事项的真实性。可见，保险合同保证义务的履行主体是投保人或被保险人。

保证对投保人或被保险人的要求主要表现在：投保人按时缴纳保险费，维护保险标的的安全、保险标的发生风险事故时及时施救、保险标的出险后维护现场并积极配合有关部门调查等。保证对保险人的要求主要体现在：保险人在保险责任范围内的风险事故发生或合同约定条件满足后，按合同约定履行赔偿或给付义务。保证是保险人接受承保或承担保险责任所需投保人或被保险人履行某种义务的条件，因此，保证是影响保险合同效力的重要因素，保险保证的内容是合同的组成部分。

保证通常分为明示保证和默示保证。明示保证主要用于保险合同当中，以书面形式载于或附于保险单内、要求投保人（被保险人）必须作为或不作为或者保证某项事实的真实性的特约条款。投保人（被保险人）必须遵守明示保证条款，否则保险合同无效。例如，我国机动车辆保险条款列明：被保险人必须对保险车辆妥善保管、使用、保养，使之处于正常技术状态。

明示保证又可分为确认保证和承诺保证。确认保证要求投保人或被保险人对过去或投保时的事实做出如实的陈述，不涉及该事实以后的发展情况。例如，某人确认他投保的车子没有出过大的交通事故，车况良好。承诺保证是指投保人（被保险人）对将来某一特定事项的作为或不作为。例如，某人承诺今后一定妥善保管所投保的车辆，正常使用和保养该车辆，使之处于正常技术状态。

默示保证是保证的一种，指虽然在保单中无文字，但习惯上已被社会公认为投保人或被保险人应该遵守的事项。与明示保证不同，默示保证不通过文字来说明，而是根据有关的法律、惯例及行业习惯来决定。虽然没有文字规定，但是被保险人应按照习惯保证作为或不作为。因此，默示保证与明示保证具有同等的法律效力。

3）弃权与禁止反言。弃权是保险合同一方当事人放弃主张某种权利的行为，通常是指保险人放弃合同解除权与抗辩权等。构成弃权必须具备两个条件：首先，保险人须有弃权的意思表示。这种意思表示可以是明示的，也可是默示的。其次，保险人必须知道有权利存在。如果保险人不知道有违背约定义务的情况，其作为或不作为均不得视为弃权。禁止反言也称禁止抗辩，是指保险合同一方既然已放弃他在合同中的某种权利，就不得要求再向他方主张这种权利。禁止反言与弃权有紧密联系，如果保险人放弃法律或合同中规定的某项权利，例如承保权解除保险合同的权利等，就不得向投保人或被保险人主张这种权利。

弃权与禁止反言的限定，不仅可约束保险人的行为，要求保险人为其行为及其代理人的行为负责，同时也维护了投保人和被保险人的权益，有利于保险双方权利、义务关系的平衡。

案例 1-7　　　　　以家庭自用车名义投保的营运车出险（一）

2016 年 3 月，家在某乡镇的李某买来一辆面包车计划从事营运，同时李某到保险公司以家庭自用车名义为该车购买了一年期保险，包括车辆损失险和第三者责任险。同年 11 月下旬，李某面包车装载 11 人，在开往县城途中因操作不当，撞到路边石墩，导致一人死亡、两人受伤、车辆受损。事故发生后，李某共对死伤人员给予 15 万元赔偿，并到保险公司按双方签订的保险协议进行索赔。请问，保险公司会对李某的损失进行赔付吗？

案例分析：

营运车辆以家庭自用车辆的名义投保，是一种常见的投保人不履行诚信原则的现象。本案中，李某将家庭自用性质投保的车辆用于营运，擅自改变保险车辆用途，导致保险标的发生了重大变化，违背了保险诚信原则，因此保险公司不承担赔偿责任。

---

5. 权益转让原则

权益转让原则是指保险人按照保险合同约定对保险标的的损失履行了赔偿义务之后，依法从被保险人那里取得向对损失负有责任的第三者进行追偿的权利，或者取得被保险人对保险标的所有权。这一原则是民法中代位原则在保险中的体现，代位原则由权利代位和物上代位两部分组成，其依据是保险损失补偿原则。

权益转让原则是由补偿原则派生出来的，仅适用于财产保险，而不适用于人身保险。《保险法》规定：人身保险的保险人不得向第三者行使追偿权利。对于财产保险而言，权益转让原则，系指保险事故发生，保险人向被保险人支付了赔偿金之后，取得有关保险标的的所有权或者向第三者的索赔权。

（1）权利代位 权利代位指保险标的的损失由第三者造成，依法应由第三者承担赔偿责任，保险标的的损失是保险责任范围内的损失，保险人按照合同约定赔偿保险金后，依法取得向对于损失负有责任的第三者进行追偿的权利。

（2）物上代位 物上代位指的是，保险标的发生保险责任范围内的事故遭受损失，保险人履行对被保险人的赔偿义务后，依法取得对受损标的的所有权，物上代位实际上是一种物权的转移。

案例 1-8 以家庭自用车名义投保的营运车出险（二）

2012 年 10 月 18 日，某公司将其所有的车辆向某保险公司投保车辆损失险、全车盗抢险的险种，保险金额均为 50 万，保险期间自 2012 年 10 月 19 日起至 2013 年 10 月 18 日止。2013 年 5 月 5 日晚，驾驶人张某将该车停放在某物业公司经营管理的停车场内，交由该停车场保管，该停车场将取车凭证交给了驾驶人。次日上午，张某取车时发现车辆被盗，停车场也出示证明，证实该车是在其停车场内被盗的，该公司随后向公安机关报案。两个月后，公安机关出示证明，证实未能侦破此案，被保险人某公司依据车辆保险合同向保险公司提出索赔。保险公司依据合同约定，向该公司支付 40 万元的盗窃险赔偿金，同时该公司也向保险公司出示了权益转让书，将该车项下 40 万元的权益转让给了保险公司，保险公司遂向法院提起诉讼，要求停车场赔偿该车 40 万元的损失，而停车场认为保险公司无权向停车场索赔，请问法院该如何判决？

案例分析：

停车场因保管不善，造成某保险公司的车辆被盗，停车场应承担赔偿责任。保险公司按照合同约定，对被盗车辆给予保险赔偿金后，依法取得相对损失负有责任的停车场进行追偿的权利，因此，保险公司有权向停车场一方追偿，经营停车场的物业公司应赔偿保险公司 40 万元。

---

6. 分摊原则

分摊原则也是损失补偿原则派生出来的原则，适用于财产保险中的重复保险。分摊原则是指投保人对同一保险标的、同一保险利益、同一保险事故，同时向两个或两个以上保险公司投保同一险种，其保险金额的总和超过保险标的的保险价值，构成重复保险，为了防止被保险人在发生损失时，获得超过实际损失以外的不当利益，在保险人之间根据不同比例分摊此损失金额。

目前常用的分摊方式为比例责任制，即遇到损失发生情况时，将各保险人为投保人保险的金额相加，得出每家保险人应分摊的比例，然后按照比例计算出应分摊损失的金额。

案例 1-9　　　　　　　重复保险的损失赔偿计算

王某为自己的私家车分别在 A、B、C 三家保险公司投保车辆损失险，保险金额分别为 30 万元、30 万元、30 万元，该车的保险价值为 30 万元。保险期间内，该车发生保险责任范围内的事故，车辆全损，A、B、C 三家保险公司应如何赔偿损失？

案例分析：

根据分摊原则常用的比例责任制的分摊方式计算，A、B、C 三家保险公司各应赔偿车辆损失的 1/3，即 10 万元。

巩固与思考

1. 什么是风险？风险的要素有哪些？
2. 什么是保险？保险涉及的常见术语有哪些？
3. 常见的保险分类方式有哪些？
4. 保险运行的基本原则有哪些？如何理解保险运行的各项原则？

第2章

汽车保险基础

学习目标：

了解汽车保险的职能和特点；了解汽车保险的起源和汽车保险在国内外的发展情况；掌握我国汽车保险的模式和分类；掌握汽车保险合同的内容与形式，熟悉汽车保险合同的法律特点以及汽车保险合同的成立与生效；掌握从人主义和从车主义的汽车保险费率模式；熟悉我国汽车保险现行的服务体系。

2.1 汽车保险的职能与特点

汽车保险是以保险汽车的损失、保险汽车的所有人或者驾驶人因使用保险汽车发生交通事故所负的责任为保险标的的保险，它是财产保险的一种。

2.1.1 汽车保险的职能

组织经济补偿和实现保险金的给付是汽车保险的基本职能，同样也是机动车辆保险的基本职能。生产力水平的提高、科学技术的发展使人类社会走向文明，然而，汽车文明在给人类生活带来交通便利的同时，也带来了因汽车使用中的碰撞、倾覆等意外事故造成的财产损失和人身伤亡。不仅如此，随着生产力水平的提高以及科学技术的进步，风险事故所造成的损失也越来越大，对人类社会的危害也越来越严重。机动车辆在使用过程中遭受自然灾害风险和发生意外事故的概率较大，特别是在发生涉及第三者责任的道路交通事故中，其损失赔偿是人们难以承受的。

机动车辆在使用过程中的各种风险及风险损失难以通过对风险的避免、预防、分散、抑制以及风险自留来解决，必须通过保险转嫁方式将其中的风险及风险损失得以在全社会范围内分散和转移，以最大限度地抵御风险。汽车用户以缴纳保险费为条件，将自己可能遭受的风险成本全部或部分转嫁给保险人。机动车辆保险是一种重要的风险转嫁方式，在大量的风险单位集合的基础上，将少数被保险人可能遭受的损失后果转嫁到全体被保险人身上，而保险人作为被保险人之间的中介对其实行经济补偿。通过机动车辆保险，拥有机动车辆的企业、家庭和个人所面临的种种风险及其损失后果在全社会范围内分散与转嫁。

综上所述,汽车保险是现代社会处理风险的一种非常重要的手段,是风险转嫁中一种最重要、最有效的技术,是不可缺少的经济补偿制度。

2.1.2 汽车保险的特点

汽车保险的特点,可以概括为以下几点:

1. 汽车保险标的出险率高

众所周知,汽车是人们日常生活中的主要交通工具,但是由于其流动性的特点,使用过程中很容易发生碰撞以及其他意外事故,造成人身伤亡或财产损失,导致汽车发生风险事故的概率增大。同时,由于汽车保有量的迅速增加,一些国家的道路交通设施及机动车辆管理水平跟不上车辆的发展速度,再加上使用者的过失、疏忽等人为原因,导致汽车交通事故发生频繁,因此,汽车保险相对其他财产保险而言出险率较高。

2. 汽车保险的业务量大、投保率高

由于汽车保险标的出险率较高的特点,汽车的所有者需要以保险方式转嫁风险。各国政府在不断改善交通设施、严格制定交通规章的同时,为了保障道路交通受害人的利益,对第三者责任保险实施强制保险,例如我国的机动车交通事故责任强制保险。再加上机动车辆保有量的逐年增加,使得汽车保险的需求量非常大。同时,保险人为了适应投保人转嫁各种风险的不同需要,致力于为被保险人提供更全面的保障,在实施车辆损失险、第三者责任险、车上人员责任险和全车盗抢险四个主险的基础上,推出了一系列附加险种,使汽车保险成为财产保险中业务量较大、投保率较高的一个险种。

3. 保险对象具有广泛性和差异性的特点

汽车保险对象的广泛性和差异性的特点,是针对汽车保险的被保险人和保险标的自身特点而言的。

(1)被保险人方面　汽车保险被保险人的广泛性具体表现为,随着汽车日益成为人们主要的交通工具,汽车与每一个人的生活息息相关。企业和个人更加广泛地拥有汽车,尤其是私人拥有车辆数量的不断增加,使汽车逐步成为人们生活中的必需品。正是因为汽车拥有者的广泛性特点,汽车保险被保险人必然存在差异性,不同类型的企业、不同类型的家庭、不同的个人、不同的职业、不同的风险倾向均是这种差异性的体现。

(2)保险标的方面　广泛性的特点使汽车已经成为现代社会的标志,人们的生产和生活已经无法离开汽车,汽车从纯粹的生产工具逐步成为生产和生活工具。与此同时,汽车的差异性逐步体现。首先,汽车的类型逐年增多,同类型车辆的车型品种繁多,性能各异。其次,生产厂家也从进口零部件组装到进口整车,从合资建厂生产到独资生产。最后,汽车的价格也根据车型、产地、品牌、功能等不同差异较大,从几万元到几百万元不等。

4. 汽车保险使得保险的利益得到扩大

在汽车保险中,针对汽车的所有者与实际的使用者有可能不同的特点,汽车保险条款一般规定:不仅被保险人使用保险标的时发生保险事故保险人要承担赔偿责任,而且被保险人允许的驾驶人在使用保险标的时,也视为其对保险标的具有保险利益关系,如果发生保险合同约定的保险责任范围内的事故,保险人同样要承担事故造成的损失。保险人方面须说明汽车保险的规定以"从车"主义为主,凡经被保险人允许的驾驶人使用被保险人的保险标的造成保险事故的损失,保险人均须负赔偿责任。此规定是为了对被保险人提供更充分的保障，并非违背保险利益原则。但如果在保险合同有效期内，被保险人将保险车辆转卖、转让或者赠送他人，被保险人应当书面通知保险人并申请办理批改手续。否则，保险标的发生事故时，保险人对被保险人不承担赔偿责任。

5. 被保险人自负责任与无赔款优待

汽车保险中，为了督促投保人和被保险人对保险标的履行安全防损的义务，使保险标的保持安全行驶的技术状态，并督促驾驶人注意安全行车，以减少交通事故，保险合同上一般规定驾驶人在交通事故中所负的责任，车辆损失险和第三者责任险等险种在符合赔偿规定的金额内实行绝对免赔率。如果保险车辆在保险期限内无赔款记录，续保时可以按保险费的一定比例享受无赔款优待。以上两项规定，也是汽车保险区别于一般财产保险的特点，尽管它们分别是对被保险人的惩罚和优待，但要达到的目的是一致的。

2.2 汽车保险的发展历程

2.2.1 汽车保险的起源

国外汽车保险起源于19世纪中后期。当时，随着汽车在欧洲一些国家的出现与发展，因交通事故而导致的意外伤害和财产损失随之增加。尽管各国都采取了一些管制办法和措施，汽车的使用仍对人们的生命和财产安全构成了严重威胁，因此引起了一些精明的保险人对汽车保险的关注。

1896年11月，由英国的苏格兰雇主保险公司发行的一份保险情报单中，刊载了为庆祝"1896年公路机动车辆法令"的顺利通过而于11月14日举办伦敦至布赖顿的大规模汽车赛的消息。在这份保险情报中，还刊登了"汽车保险费年率"。

最早开发汽车保险业务的是英国的"法律意外保险有限公司"，1898年该公司率先推出了汽车第三者责任保险，并可附加汽车火险。到1901年，保险公司提供的汽车保险单已初步具备了现代综合责任险的条件，保险责任也扩大到了汽车的失窃。

2.2.2 汽车保险在国外的发展

20世纪初期，汽车保险业在欧美得到了迅速发展。1903年，英国创立了"汽车通用保险公司"，并逐步发展成为一家大型的专业化汽车保险公司。

1906年，成立于1901年的汽车联盟也建立了自己的"汽车联盟保险公司"。

到1913年，汽车保险已扩大到了20多个国家，汽车保险费率和承保办法也基本实现了标准化。

1927年是汽车保险发展史上的一个重要里程碑。美国马萨诸塞州制定的举世闻名的强制汽车（责任）保险法的颁布与实施，表明了汽车第三者责任保险开始由自愿保险方式向法定强制保险方式转变。此后，汽车第三者责任法定保险很快波及世界各地。第三者责任法定保险的广泛实施，极大地推动了汽车保险的普及和发展。车损险、盗窃险、货运险等业务也随之发展起来。

自20世纪50年代以来，随着欧、美、日等地区和国家汽车制造业的迅速扩张，机动车辆保险也得到了广泛的发展，并成为各国财产保险中最重要的业务险种。到20世纪70年代末期，汽车保险已占整个财产险的 50% 以上。

2.2.3 我国汽车保险的发展进程

1. 萌芽时期

我国汽车保险业务的发展经历了一个曲折的过程。汽车保险进入我国是在鸦片战争以后，但由于我国保险市场处于外国保险公司的垄断与控制之下，加之旧中国的工业不发达，我国的汽车保险实质上处于萌芽状态，其作用与地位十分有限。

2. 试办时期

新中国成立以后的 1950 年，创建不久的中国人民保险公司就开办了汽车保险业务。但是因宣传不够和认识的偏颇，不久就出现了对此项保险的争议，有人认为汽车保险以及第三者责任保险对于肇事者予以经济补偿，会导致交通事故的增加，对社会产生负面影响。于是，中国人民保险公司于 1955 年停止了汽车保险业务。直到 20 世纪 70 年代中期，为了满足各国驻华使领馆等外国人拥有的汽车保险的需要，中国人民保险公司又开始办理以涉外业务为主的汽车保险业务。

3. 发展时期

我国保险业恢复之初的 1980 年，中国人民保险公司逐步全面恢复中断了近 25 年之久的汽车保险业务，以适应国内企业和单位对于汽车保险的需要，并适应公路交通运输业迅速发展、事故日益频繁的客观需要。但当时汽车保险仅占财产保险市场份额的 2%。人保集团现时已发展成一综合保险企业，以规模保费计仍以财产保险业务占多。集团财产保险产品丰富，涵盖不同范畴，其中以汽车保险业务最为重要。以原保险保费收入计，汽车保险业务占财产保险业务的约七成。

改革开放以来，社会经济和人民生活发生了巨大的变化，机动车辆迅速普及和发展，机动车辆保险业务也随之得到了迅速发展。1983 年，汽车保险改为机动车辆保险，使其具有更广泛的适应性，在此后的近 20 年中，机动车辆保险在我国保险市场，尤其在财产保险市场中始终发挥着重要的作用。到 1988 年，汽车保险的保费收入超过了 20 亿元，占财产保险份额的 37.6%，第一次超过了企业财产险（35.99%）。从此以后，汽车保险一直是财产保险的第一大险种，并保持高增长率，我国的汽车保险业务进入了高速发展的时期。2014 年上半年，人保财险车险营业额达 907.75 亿元，同比增长 14.4%。

与此同时，机动车辆保险条款、费率以及管理也日趋完善，尤其是中国银保监会的成立，进一步完善了机动车辆保险的条款，加大了对于费率、保险单证以及保险人经营活动的监管力度，加速建设并完善了机动车辆保险中介市场，对全面规范市场、促进机动车辆保险业务的发展起到了积极的作用。

2.3 我国汽车保险产品的体系

我国现行的汽车保险产品体系可分为机动车辆商业保险和机动车交通事故责任强制保险（俗称交强险）。其中商业保险又包括主险和附加险两个部分。

随着经济发展以及公众法制观念的增强，与 2007 版车险商业条款相关的投诉和纠纷增多，为了从根源上解决问题，2014 版车险商业条款相应产生，它包括总则、主险、附加险、通用条款和释义几个部分。《机动车综合商业保险示范条款》（2014 版）总则第一条规定，主险又包括机动车损失险、机动车第三者责任险、机动车车上人员责任险、机动车全车盗抢险共四个独立的险种，投保人可以选择投保全部险种，也可以选择投保其中部分险种。保险人依照本保险合同的约定，按照承保险种分别承担保险责任。附加险不能独立投保，附加险条款与主险条款相抵触之处，以附加险条款为准，附加险条款未尽之处，以主险条款为准。

2.3.1 机动车交通事故责任强制保险

2004 年 5 月 1 日起实施的《中华人民共和国道路交通安全法》首次提出"建立机动车第三者责任强制保险制度，设立道路交通事故社会救助基金"。2006 年 3 月 21 日国务院颁布《机动车交通事故责任强制保险条例》，机动车第三者责任强制保险从此被"交强险"代替，条例规定自 2006 年 7 月 1 日起施行。

《机动车交通事故责任强制保险条例》（2016 修订）规定：本条例所称机动车交通事故责任强制保险（简称交强险），是指由保险公司对被保险机动车发生道路交通事故造成本车人员、被保险人以外的受害人的人身伤亡、财产损失，在责任限额内予以赔偿的强制性责任保险。

交强险的赔付分有责任和无责任两种情况。机动车在道路交通事故中有责任的赔偿限额分别为（2008 年 2 月 1 日之前实施）：

死亡伤残赔偿限额：50000 元人民币

医疗费用赔偿限额：8000 元人民币

财产损失赔偿限额：2000 元人民币

机动车在道路交通事故中无责任的赔偿限额分别为：

死亡伤残赔偿限额：10000 元人民币

医疗费用赔偿限额：1600 元人民币

财产损失赔偿限额：400 元人民币

机动车在道路交通事故中有责任的赔偿限额分别为（2008 年 2 月 1 日后实施）：

死亡伤残赔偿限额：110000 元人民币

医疗费用赔偿限额：10000 元人民币

财产损失赔偿限额：2000 元人民币

机动车在道路交通事故中无责任的赔偿限额分别为：

死亡伤残赔偿限额：11000 元人民币

医疗费用赔偿限额：1000 元人民币

财产损失赔偿限额：100 元人民币

2.3.2 机动车辆商业保险的主险

1. 机动车辆损失险

机动车辆损失险（简称车损险）是指被保险车辆遭受保险范围内的自然灾害或意外事故，造成保险车辆本身损失，保险人依照保险合同的规定给予赔偿的一种保险。

2. 机动车辆第三者责任险

机动车辆第三者责任险（简称三责险），是指保险期间内，被保险人或其允许的驾驶人在使用被保险机动车过程中发生意外事故，致使第三者遭受人身伤亡或财产直接损毁，依法应当对第三者承担的损害赔偿责任，且不属于免除保险人责任的范围，保险人依照本保险合同的约定，对于超过机动车交通事故责任强制保险各分项赔偿限额的部分负责赔偿。

3. 机动车车上人员责任险

机动车车上人员责任险（简称车上人员责任险），是指保险期间内，被保险人或其允许的驾驶人在使用被保险机动车过程中发生意外事故，致使车上人员遭受人身伤亡，且不属于免除保险人责任的范围，依法应当对车上人员承担的损害赔偿责任，保险人依照本保险合同的约定负责赔偿。

4. 机动车全车盗抢险

机动车全车盗抢险（简称盗抢险），是指保险期间内，被保险机动车的下列损失和费用，且不属于免除保险人责任的范围，保险人依照本保险合同的约定负责赔偿。机动车全车盗抢如图 2-1 所示。

1) 被保险机动车被盗窃、抢劫、抢夺，经出险当地县级以上公安刑侦部门立案证明，满 60 天未查明下落的全车损失。

2) 被保险机动车全车被盗窃、抢劫、抢夺后，受到损坏或车上零部件、附属设备丢失需要修复的合理费用。

3) 被保险机动车在被抢劫、抢夺过程中，受到损坏需要修复的合理费用。

图 2-1　机动车全车盗抢示意图

2.3.3　机动车辆商业保险的附加险种

附加险条款的法律效力优于主险条款。附加险条款未尽事宜，以主险条款为准。除附加险条款另有约定外，主险中的责任免除、免赔规则、双方义务同样适用于附加险。

1. 玻璃单独破碎险

投保了机动车损失险的机动车，可投保本附加险。玻璃单独破碎险的保险责任是指保险期间内，被保险机动车风窗玻璃或车窗玻璃发生单独破碎，保险人按实际损失金额赔偿。

2. 自燃损失险

投保了机动车损失险的机动车，可投保本附加险。自燃损失险的保险责任是指保险期间内，在没有外界火源的情况下，由于本车电器、线路、供油系统、供气系统等被保险机动车自身原因或所载货物自身原因起火燃烧造成本车的损失；如果全部损失，保险人在保险金额内计算赔偿；如果部分损失，保险人在保险金额内按实际修理费用计算赔偿。

3. 新增加设备损失险

投保了机动车损失险的机动车，可投保本附加险。在保险期间内，投保了本附加险的被保险机动车因发生机动车损失险责任范围内的事故，造成车上新增加设备的直接损毁，保险人在保险单载明的本附加险的保险金额内，按照实际损失计算赔偿。

4. 车身划痕损失险

投保了机动车损失险的机动车，可投保本附加险。在保险期间内，投保了本附加险的机动车在被保险人或其允许的驾驶人使用过程中，发生无明显碰撞痕迹的车身划痕损失，保险人按照保险合同约定负责赔偿。

5. 发动机涉水损失险

本附加险仅适用于家庭自用汽车、党政机关用车、事业团体用车、企业非营业用车，且只有在投保了机动车损失险后，方可投保本附加险。保险期间内，投保了本附加险的被保险机动车在使用过程中，因发动机进水导致的发动机的直接损毁，保险人负责赔偿。

6. 车上货物责任险

投保了机动车第三者责任险的机动车，可投保本附加险。保险期间内，发生意外事故致使被保险机动车所载货物遭受直接损毁，依法应由被保险人承担的损害赔偿责任，保险人负责赔偿。

7. 不计免赔率险

投保了任一主险及其他设置了免赔率的附加险后，均可投保本附加险。保险事故发生后，按照对应投保的险种约定的免赔率计算的、应当由被保险人自行承担的免赔金额部分，保险人负责赔偿。

8. 修理期间费用补偿险

只有在投保了机动车损失险的基础上方可投保本附加险，机动车损失险责任终止时，本保险责任同时终止。保险期间内，投保了本条款的机动车在使用过程中，发生机动车损失险责任范围内的事故，造成车身损毁，致使被保险机动车停驶，保险人按保险合同约定，在保险金额内向被保险人补偿修理期间费用，作为代步车费用或弥补停驶损失。

9. 精神损害抚慰金责任险

只有在投保了机动车第三者责任险或者机动车车上人员责任险的基础上方可投保本附加险，相应地保险人只负责赔偿第三者的精神损害抚慰金或者车上人员的精神损害抚慰金。保险期间内，被保险人或其允许的驾驶人在使用被保险机动车的过程中，发生投保的主险约定的保险责任内的事故，造成第三者或车上人员的人身伤亡，受害人据此提出精神损害赔偿请求，保险人依据法院判决及保险合同约定，对应由被保险人或被保险机动车驾驶人支付的精神损害抚慰金，在扣除机动车交通事故责任强制保险应当支付的赔款后，在本保险赔偿限额内负责赔偿。

10. 机动车损失险无法找到第三方特约险

投保了机动车损失险后，可投保本附加险。投保了本附加险后，对于《中国人民保险机动车辆损失保险条款》第十一条第二款列明的，被保险机动车损失应当由第三方负责赔偿，但因无法找到第三方而增加的由被保险人自行承担的免赔金额，保险人负责赔偿。

2.4 汽车保险合同

2.4.1 汽车保险合同的概念及法律特点

1. 汽车保险合同的概念

依据《中华人民共和国合同法》（以下简称《合同法》），合同是指平等主体的自然人、法人、其他组织之间设立、变更、终止民事权利义务关系的协议。保险合同，又称保险契约，是联系投保人、被保险人和保险人之间权利与义务关系的纽带。汽车保险合同是保险合同中的一种，指车辆所有者、使用者、保管者、租用者等有保险利益关系者向保险人支付保险费，保险期间内当保险标的发生保险责任范围内的保险事故时，保险人承担赔偿保险金责任的保险合同。

2. 汽车保险合同的法律特点

汽车保险合同属于保险合同的一种，与其他保险合同一样，通过汽车保险合同所建立起来的保险关系属于民事法律关系的范畴。汽车保险合同一经成立即受法律保护，对合同各方具有约束力。因此，汽车保险合同既具有一般保险合同的普遍法律特征，又具有其自身的法律特点。汽车保险合同具有的普遍法律特征如下：

（1）保险合同是双方当事人意思表示一致的法律行为　合同双方当事人的法律地位平等，任何一方不能把自己的意志强加给另一方。任何单位和个人不得非法干预汽车保险合同的订立、生效或履行。

（2）双方签订汽车保险合同的目的在于转移保险标的可能会面临的风险损失　一旦保险事故造成保险责任范围内的损失，即可取得保险人对意外损失的经济补偿。保险人承保投保人转移的风险的目的，是通过分担风险收取保险费的方式取得企业的经营利润和社会效益。

（3）汽车保险合同双方当事人订立的保险合同必须合法　如果有违法情况存在，即使合同已经签订也是无效的。合同成立生效后，双方必须依照约定履行合同，否则要承担相应法律责任。

汽车作为保险标的所具有的自身特点，使汽车保险合同除了具有一般合同的普遍特征之外，还有其自身的法律特点：

（1）汽车保险合同是综合性保险合同　汽车保险合同的保险标的可以是保险汽车本身，还可以是当保险车辆发生保险事故后，被保险人依法应该承担的民事赔偿责任，所以说汽车保险合同是一项综合性的保险合同。

（2）汽车保险合同是双务合同　按照合同双方的权利、义务关系，可把合同分为双务合同和单务合同。双务合同的双务性主要表现在合同一方的权利与另外一方的义务相对应，即当事人双方均享有权利，同时都承担相应义务。与双务合同对应的是单务合同，单务合同是指只有合同一方享有权利，而另一方仅负有义务。汽车保险合同是双务合同，在保险合同成立时，投保人要履行及时缴纳保险费的义务，保险人享有收取保险费的权利。在保险合同生效后，投保人要按约定履行防灾防损、危险增加的通知等义务，一旦保险事故发生，被保险人享有保险金的请求权，而保险人的义务是履行赔偿责任，同时协助被保险人防灾防损等。

（3）汽车保险合同是要式合同　要式合同是指法律规定必须采取一定形式的合同，相应的，非要式合同是指法律不要求采取某种特定形式的合同。汽车保险合同是要式合同，体现在投保人与保险人签订保险合同时，不能采取随意的方式，必须采用法律规定的形式。在我国，投保人在购买汽车保险时，必须接受保险人拟定的全部单证，不能更改合同条款的内容。

（4）汽车保险合同是射幸性合同　汽车保险合同是一种射幸性合同，或者说机会性合同。保险合同中，合同的效果在订立合同时是不确定的，这是由风险事故发生的偶然性决定的。投保人向保险人交付保险费后，得到的只是将来获得损失补偿的机会，其最终能否获得补偿在于保险期间内，保险标的是否发生保险责任范围内的风险事故损失。由此可见，从一定意义上看，投保人通过支付数额较小的保险费，来换取将来可能获得数倍于保险费的赔偿金的"机会"。因此，保险合同是一种射幸性合同。

（5）汽车保险合同属于不定值保险合同　不定值保险合同是相对于定值保险合同而言的，定值保险合同是指合同双方当事人在合同订立时即已确定保险标的的价值，并将其载于合同当中的保险合同。不定值保险合同是指双方当事人在订立合同时不预先确定保险标的的实际补偿价值，仅载明保险金额作为保险事故发生后的赔偿最高限额。在不定值保险合同中，保险标的的价值从保险合同成立至保险事故发生这段时间内可能会随市场变动或其他原因发生变化，因此保险标的的实际价值是在保险事故发生后才进行估算的。在保险实践中，通常以市场价格为标准来确定保险事故发生时的保险标的的保险价值。在不易用市场价格确定保险价值时，也可用重置成本减去使用后折旧的方法或其他的估价方法来确定保险价值。不定值保险合同适用于多数以有形财产为保险标的的财产保险合同。

在汽车保险合同中，保险汽车损失的保险金额可以按照投保时保险标的的实际价值确定，也可以由投保人或被保险人与保险人协商确定，并将投保金额作为保险补偿的最高限额，第三者责任险将投保人选择的投保限额作为保险责任的最高赔偿限额。保险标的的实际价值是在保险事故发生后进行估算，具有不定值保险合同的特点。我国现行的机动车辆保险条款中，明确规定了汽车保险合同是不定值保险合同。

（6）汽车保险合同是标准的、附和性合同　保险合同是一种典型的附和合同，它的附和性表现在，当事人双方对于合同的具体事项一般并不进行协商，合同一方纯粹被动地接受另一方所提出的条件。汽车保险合同的附和性，在实践中与保险人一方对保险业务享有法律上或事实上的经营垄断有关。同时，汽车保险合同的附和性也缘于投保人和保险人双方对汽车保险认知水平的不对称性。汽车保险合同的订立并非投保人与保险人自由协商的结果，而是由保险人事先拟定合同条款，投保人对条款内容表示"同意"或者"不同意"。

（7）汽车保险合同属于条件性合同　汽车保险合同属于条件性合同，它的条件性主要表现在两个方面：一是只有在合同所规定的条件得到满足的情况下，合同当事人一方才履行自己的义务，即如果投保人没有满足合同要求，则保险人可以不履行义务；二是汽车保险合同对保险标的的情况以及保险利益是有条件限制的，每一份汽车保险合同的条款都明确规定自己的保险保障的责任范围以及除外责任，也就是说汽车保险合同不可能承担所有的风险事故。

（8）汽车保险合同的保险人享有对第三者的追偿权　汽车保险合同的保险人享有对第三者的追偿权主要表现在，当保险汽车发生保险责任范围内的事故时，尽管保险汽车的损失可能是由第三者责任引起的，被保险人还是可以从保险人处取得赔款，但被保险人应该将向第三者的追偿权让与保险人，以防被保险人获得双重的经济补偿。而人身保险则有所不同，基于人的生命的无价性，当因第三者原因导致保险责任事故时，被保险人在获得保险人的赔偿以后，还可以向第三者请求赔偿，也就是说被保险人允许获得双重的经济补偿，保险人不存在代位追偿的问题。

（9）汽车保险合同属于最大诚信合同　《保险法》规定，保险活动当事人行使权利、履行义务应当遵循诚实信用原则。《合同法》也规定，采取欺诈、胁迫等手段订立的合同，法律不承认其法律效力。最大诚信合同又称最大善意合同，是指保险合同当事人在订立合同时及在合同履行的有效期间内，应依法向对方提供可能影响对方是否缔结合同以及缔约条件的重要事实，同时严格信守合同中的各项承诺。基于保险法对诚实信用原则的要求比民法更高，诚实信用原则在保险法上习惯上被称为最大诚信原则。最大诚信原则主要表现为投保方的如实告知义务，保险方的说明义务以及弃权和禁止反言规则等。

（10）汽车保险合同是属人性合同　汽车保险合同是属人性合同表现在，保险合同保障的对象并不是遭受损失的保险标的本身，而是被保险人的利益或者说被保险人本人。既然是属人性合同，投保人必须符合保险人认可的条件，未经保险人同意转让或出售保险标的给他人的，保险合同可能面临失效，因为新的所有人可能不符合保险合同规定的承保标准。例如：汽车作为保险标的被转卖时，投保人或被保险人必须对保险合同办理批改手续。

（11）汽车保险合同的可保利益较大　对于汽车保险合同，不仅投保人、被保险人使用保险标的时拥有保险利益，被保险人允许的合格驾驶人在使用保险标的时，也同样享有保险保障的利益。

（12）汽车保险合同是有名合同　在日常的经济活动中，有很多合同没有被法律直接赋予某种合同的具体名称，但是汽车保险被法律赋予了"机动车保险"的名称，因此它是有名合同。

2.4.2　汽车保险合同的内容与形式

汽车保险合同的组成要素主要包括：主体部分、客体部分、合同的条款以及其他声明事项。其中合同的条款又分为：基本条款、附加条款、法定条款以及保证条款。汽车保险合同的形式主要有：投保单、暂保单、保险凭证、保险单、批单等。

1. 汽车保险合同的条款

汽车保险合同的基本条款，是指保险人根据不同的汽车保险险种所承保风险特点制定的有关保险合同双方当事人权利义务关系的事项，基本条款通常印制在保险单上，是构成保险合同的基本内容。附加条款是指汽车保险合同双方当事人基于基本条款，对双方权利义务的补充规定。需要附加条款的情况下，一般由保险人提供拟定好的条款格式，双方就特别约定事项达成一致后附在保险单上。保证条款，是指保险合同中投保人或被保险人为了享受合同保障的权利而承诺对某些行为的作为或不作为。依据《保险法》第十八条规定，汽车保险合同的法定条款应当包括以下事项：

（1）保险人的名称和住所　保险人的名称务必和工商管理机构批准和登记的一致，保险人的住所实际上指其营业场所的位置。

（2）投保人、被保险人的名称、住所　填写投保人、被保险人的名称，目的是明确保险合同相关义务、权利的承担者、享有者。住所的填写是为了明确合同若遇到纠纷或诉讼时的管辖区。

（3）保险标的　保险标的是合同双方权利和义务指向的对象，必须在合同中载明。

（4）保险责任和责任免除　保险责任是保险人承担损失补偿或保险金给付的责任，由于汽车保险合同并非承担保险汽车的所有风险事故责任，因此，合同要列明双方约定的保险责任。责任免除是指保险人对一些风险事故不承担赔偿责任的事项，保险人应在条款中明确说明。

（5）保险期间和保险责任开始时间　保险期间是保险合同双方约定的保险合同有效的期限。保险责任开始时间即是被保险人享有损失补偿权利、保险人负有赔偿或保险金给付责任的时间。

（6）保险金额　保险金额是指保险人承担赔付的最高限额，汽车保险的保险金额可由双方协商确定，不得超过保险标的的实际价值。

（7）保险费以及支付方式　保险费是保险商品的价格，必须在合同中载明具体金额、支付时间和支付方式。保险费支付方式可以采用上门收取、银行转账以及现金支付等，目前较常用的是手机微信或支付宝转账。

（8）保险金赔偿或者给付方式　对于财产保险来说，保险标的的损失可以采取保险金给付或修复重置等办法补偿，明确保险金赔偿或者给付方式可减少争议。

（9）违约责任和争议处理　违约责任是指保险合同双方当事人因未按规定履行合同义务时应承担的法律责任。争议处理是指保险事故引发合同双方争议时的处理方式，包括协商、调解、仲裁和诉讼。

（10）订立合同的年、月、日　汽车保险合同的具体订立时间，对保险合同的效力以及保险责任的认定等有重要意义。

2. 主体和客体

汽车保险合同的主体主要包括保险人、投保人和被保险人。保险合同的客体是指保险利益。

（1）保险人　保险人又称承保人，是指与投保人订立保险合同，享有收取保险费的权利，并在保险事故发生后承担赔偿或者给付保险金责任的保险公司。《保险法》第六十八条规定，设立保险公司应当具备下列条件：

1）主要股东具有持续盈利能力，信誉良好，最近三年内无重大违法违规记录，净资产不低于人民币二亿元。

2）有符合本法和《中华人民共和国公司法》规定的章程。

3）有符合本法规定的注册资本。

4）有具备任职专业知识和业务工作经验的董事、监事和高级管理人员。

5）有健全的组织机构和管理制度。

6）有符合要求的营业场所和与经营业务有关的其他设施。

7）法律、行政法规和国务院保险监督管理机构规定的其他条件。

《保险法》第一百一十六条规定，保险人及其工作人员在保险业务活动中不得有下列行为：

1）欺骗投保人、被保险人或者受益人。

2）对投保人隐瞒与保险合同有关的重要情况。

3）阻碍投保人履行本法规定的如实告知义务，或者诱导其不履行本法规定的如实告知义务。

4）给予或者承诺给予投保人、被保险人、受益人保险合同约定以外的保险费回扣或者其他利益。

5）拒不依法履行保险合同约定的赔偿或者给付保险金义务。

6）故意编造未曾发生的保险事故、虚构保险合同或者故意夸大已经发生的保险事故的损失程度进行虚假理赔，骗取保险金或者牟取其他不正当利益。

7）挪用、截留、侵占保险费。

8）委托未取得合法资格的机构从事保险销售活动。

9）利用开展保险业务为其他机构或者个人牟取不正当利益。

10）利用保险代理人、保险经纪人或者保险评估机构，从事以虚构保险中介业务或者编造退保等方式套取费用等违法活动。

11）以捏造、散布虚假事实等方式损害竞争对手的商业信誉，或者以其他不正当竞争行为扰乱保险市场秩序。

12）泄露在业务活动中知悉的投保人、被保险人的商业秘密。

13）违反法律、行政法规和国务院保险监督管理机构规定的其他行为。

（2）投保人　投保人是指与保险人订立保险合同，并按照保险合同规定负有缴纳保险费义务的人。投保人可以是法人也可以是自然人，投保人必须对保险标的具有保险利益。

（3）被保险人　汽车保险的被保险人是指受保险合同保障的人，保险事故发生时，被保险人享有保险金请求权。

（4）保险合同的客体　《保险法》第十二条规定："投保人对保险标的应当具有保险利益。"投保人对保险标的不具有保险利益的，保险合同无效。因此，保险合同的客体实质上是保险利益，即合同双方当事人权利和义务共同的指向。保险合同的客体不是保险标的本身，而是投保人对保险标的所具有的法律上承认的利益。汽车保险合同并不能保障保险标的本身不受损失，它实际上是保障投保人的利益在保险标的发生风险事故后不变。保险合同履行期间或者保险事故发生后，如果相应的投保人或被保险人对保险标的的保险利益消失，保险合同也即失效。所以，汽车保险合同的客体是保险利益。

3. 汽车保险合同的形式

保险合同是要式合同，合同的订立经历从投保人提出要约到保险人做出承诺的一系列过程。《保险法》第十三条规定，投保人提出保险要求，经保险人同意承保，保险合同成立。保险人应当及时向投保人签发保险单或者其他保险凭证。保险单或者其他保险凭证应当载明当事人双方约定的合同内容。当事人也可以约定采用其他书面形式载明合同内容。依法成立的保险合同，自成立时生效。投保人和保险人可以对合同的效力约定附条件或者附期限。由此，保险合同的书面形式由投保单、保险单、保险凭证、暂保单和批单以及特别约定组成。

（1）投保单　投保单也称投保书、要保书，是由保险人事先缮制、格式统一的文件，投保单由投保人填写，是投保人申请订立汽车保险合同的书面凭证。投保人应该遵循最大诚信原则，对投保单上的各个项目据实填写，保险人将以此决定是否接受投保和以什么样的条件承保。投保单上的内容也是保险合同的一部分，具有法律效力。保险人一般要求投保人在投保单上填写如下内容：

1）投保人、被保险人的姓名和地址。投保人、被保险人的姓名应填写相应自然人或法人的称谓，法人填写全称（与公章名称一致），个人填写姓名（应与身份证一致）。另外，要详细填写投保人、被保险人的住址全称。

2）保险标的相关信息，包括保险汽车的厂牌型号、车辆类型、号牌号码、发动机号码及车架号、使用性质、行驶证初次登记时间、保险价值等。

3）标的数量。投保人应在投保单上列明投保人或被保险人名下的标的车数量。

4）投保的汽车保险险种。投保人应该把所投保的汽车保险险种列明，包括机动车交通事故责任强制保险以及商业车险的主险和附加险种。

5）各险种的保险金额或赔偿限额。投保人应该把所投保的汽车保险险种的保险金额或赔偿限额列明。

6）保险期限。投保人应在投保单上列明所投保险种的生效和终止时间。

7）特别约定。特别约定处一般是注明保险合同的未尽事宜，由保险人和投保人协商一致后填写，特别约定内容应符合法律法规要求。

8）投保人签章。以上信息填写完毕，投保人应在投保单相应位置签章。

（2）保险单　保险单是保险人与投保人签订保险合同的书面证明。保险单的主要内容包括：投保人、被保险人信息，保险险别，保险金额，保险期限，保险费等；保险责任；附注条件，指保险单的变更、转让、终止以及索赔期限、索赔手续、争议处理等；除外责任，指保单规定的保险人不负赔偿责任的风险事故及其损失范围。

（3）保险凭证　保险凭证也称保险卡，实质上是一种简化的保险单，是保险人发给投保人的用以证明保险合同已经订立或保险单已经签发的一种便于携带的凭证。保险凭证的法律效力与保险单相同，保险凭证上未列明的事项以保险单为准。

（4）暂保单　暂保单又称临时保险单，是保险人出立正式保单以前签发的临时保险合同，用以证明保险人同意承保。暂保单并不是保险合同订立的必经程序，只是特定情况下保险人出具的证明，暂保单的有效期较短，一般只有30天，正式保单出立后暂保单自动失效。但在暂保单的有效期内，其法律效力等同于保险单。

（5）批单　批单是指保险合同内容变更的一种书面证明，一般附在保险单或保险凭证上。根据保险法规定，在汽车保险合同有效期间，合同双方可以协商变更保险合同的部分内容。批单的法律效力优于保险单的同款项目，如果存在多次批改的情况，最近一次批改的效力优于之前的批改。

2.4.3　汽车保险合同的订立与生效

1. 汽车保险合同订立的程序

汽车保险合同的订立是指投保人与保险人之间基于意思表示一致而进行的法律行为，包括要约和承诺两个阶段。汽车保险合同的订立必须遵循一定的原则：首先，自愿原则，是指合同双方当事人在订立保险合同时完全出于自愿，不受他人的干涉与强迫；其次，平等一致原则，是指在保险合同订立过程中，当事人法律地位应完全平等，同时，双方充分协商意思表示一致；最后，互利原则，是指保险合同的订立，应当对合同双方当事人都有利，即要求双方当事人所享有的权利与承担的义务对等。汽车保险合同订立的程序如下：

（1）投保人申请　投保人以填具投保单作为必要的申请条件。投保申请为保险合同之要约，投保人为订立保险合同的要约人。

（2）保险人审核　投保人做出书面要约后，保险人根据投保人的告知情况对投保单进行审核，如确认符合风险责任的承保条件，即表示同意承保。保险人同意承保的方式是在投保单上签字盖章，以此作为承诺行为。

（3）合同订立　保险人根据已成立的保险合同向投保人出具保险单或者其他保险凭证，

并以此作为被保险人享有保险赔偿权利和将来进行索赔的依据。

2. 汽车保险合同的成立与生效

《保险法》第十四条规定:"保险合同成立后,投保人按照约定交付保险费,保险人按照约定的时间开始承担保险责任。"由此可知,汽车保险合同的成立与生效是两个不同的法律概念。

从保险合同订立的程序看,保险合同的订立要经过要约与承诺两个阶段,投保是一种要约,保险人的承保是一种承诺,承诺生效时意味着双方就合同的主要条款达成一致,保险合同即成立。保险合同成立解决了保险合同是否存在的问题,但并不意味着保险合同同时生效。保险合同的生效是指合同开始发生效力,当事人开始受该合同条款的约束。也就是说,即使保险合同已经成立,如果不符合保险合同规定的生效要件,仍然不能产生法律效力。例如,汽车保险合同成立后,只有投保人按时缴纳了保险费后保险合同才能生效,对于保险合同成立后和生效之前发生的保险事故损失,保险人不承担赔偿责任。

2.4.4 汽车保险合同的履行

1. 投保人或被保险人的义务

投保人或被保险人除了在订立保险合同前有如实告知保险标的情况的义务,在汽车保险合同成立后,还应承担以下义务:

(1) 按时支付保险费 按照保险合同约定的期限和方式支付保险费,是投保人应尽的基本义务。保险合同的成立并不意味着保险合同生效,以财产保险为例,以交付保险费为保险合同生效条件的,如果投保人未履行该义务,那么保险合同不生效。《机动车辆保险条款》第五条规定,除保险合同另有约定外,投保人应在保险合同成立时一次交清保险费。保险费交清前发生的保险事故,保险人不承担保险责任。

(2) 安全管理义务 保险合同订立后,汽车保险合同的投保人应当遵守国家有关安全、生产操作、消防等方面的规定,维护保险汽车的安全。若投保人、被保险人未按约定履行其对保险标的安全的应尽义务时,保险公司有权要求增加其保险费或解除保险合同。《保险法》第五十一条规定,被保险人应当遵守国家有关消防、安全、生产操作、劳动保护等方面的规定,维护保险标的的安全。保险人可以按照合同约定对保险标的的安全状况进行检查,及时向投保人、被保险人提出消除不安全因素和隐患的书面建议。投保人、被保险人未按照约定履行其对保险标的的安全应尽责任的,保险人有权要求增加保险费或者解除合同。保险人为维护保险标的的安全,经被保险人同意,可以采取预防措施。

(3) 及时申请批改的义务 在汽车保险合同有效期内,保险标的危险因素变动,或者转卖、转让、赠予他人、使用性质改变的,投保人或被保险人应当事先通知保险人并申请批改,保险人可根据实际情况增加或减少保险费。《保险法》第五十二条规定,在合同有效期内,保险标的的危险程度显著增加的,被保险人应当按照合同约定及时通知保险人,保险人可以按照合同约定增加保险费或者解除合同。

(4) 出险后的通知义务 投保人、被保险人在知道保险事故发生后,应当及时将事故发生的时间、地点、原因以及保险标的的情况、单证号码等以书面或口头的形式通知给保险公司,以利于保险公司及时查清事故真相,确定相应损失和赔偿责任。《保险法》第二十一条规定,投保人、被保险人或者受益人知道保险事故发生后,应当及时通知保险人。故意或者因重大过失未及时通知，致使保险事故的性质、原因、损失程度等难以确定的，保险人对无法确定的部分，不承担赔偿或者给付保险金的责任，但保险人通过其他途径已经及时知道或者应当及时知道保险事故发生的除外。

（5）防止损失扩大的义务　保险事故发生后，投保人、被保险人不仅要及时地通知保险公司，还应当采取各种必要的措施对保险标的进行施救，避免或减少损失的扩大。因投保人未履行施救义务而扩大的损失，应由投保人承担责任。《保险法》第五十七条规定，保险事故发生时，被保险人应当尽力采取必要的措施，防止或者减少损失。保险事故发生后，被保险人为防止或者减少保险标的的损失所支付的必要的、合理的费用，由保险人承担。

（6）追加其他保险合同的告知义务　保险合同订立后，投保人、被保险人对保险标的追加签署相同风险事故及保险期限的其他保险合同时，投保人或者被保险人有将此行为告知保险人的义务。

（7）协助保险人追偿的义务　在汽车保险活动中，由于第三方的责任造成保险标的发生事故的，投保人或被保险人应当保留对保险事故责任方请求赔偿的权利，同时协助保险人行使代位追偿权。投保人或被保险人还应向保险人提供代位追偿所需的文件，若投保人或被保险人放弃了对于第三方的追偿权，那么保险人可以拒绝对其履行赔偿责任。《保险法》第六十三条规定，保险人向第三者行使代位请求赔偿的权利时，被保险人应当向保险人提供必要的文件和所知道的有关情况。

（8）提供必要的索赔单证　汽车保险合同约定的保险事故发生后，被保险人在索赔时，应当按照保险合同规定提供与确认保险事故性质、原因、损失程度有关的证明和资料，主要包括：保险单或保险凭证的正本、已缴纳保费的凭证、有关能证明保险标的或当事人身份的原始文本、索赔清单、出险证明、其他根据保险合同规定应当提供的文件。

（9）对因自己违法取得赔偿或给付有退赔的义务　《保险法》第二十七条规定，未发生保险事故，被保险人或者受益人谎称发生了保险事故，向保险人提出赔偿或者给付保险金请求的，保险人有权解除合同，并不退还保险费。投保人、被保险人故意制造保险事故的，保险人有权解除合同，不承担赔偿或者给付保险金的责任；保险事故发生后，投保人、被保险人或者受益人以伪造、变造的有关证明、资料或者其他证据，编造虚假的事故原因或者夸大损失程度的，保险人对其虚报的部分不承担赔偿或者给付保险金的责任。投保人、被保险人有前三款规定行为之一，致使保险人支付保险金或者支出费用的，应当退回或者赔偿。

2. 保险人的义务

在汽车保险合同订立前和合同履行过程中，保险人的主要义务包括以下几种：

（1）说明义务　保险合同订立时，保险人有向投保人说明合同条款内容的义务，尤其对保险合同中的除外责任条款，保险人应当在投保单、保险单或者其他保险凭证上做出足以引起投保人注意的提示，并对该条款的内容以书面或者口头形式向投保人做出明确说明。

（2）及时签发保险单证的义务　投保人提出要约，保险人如果核保后同意承保保险汽车的相关风险责任，应在规定时间内及时签发保险单证。

（3）确认是否属于保险责任的义务　保险责任的确认是保险人履行赔偿义务的前提。保险标的发生风险事故后，保险人应该依据保险合同的条款规定，确认事故损失是否属于保险责任范畴。

（4）承担赔偿的义务　保险期间内，保险责任事故发生后，保险人要积极履行损失赔偿或保险金给付的义务。这一义务表现在两个环节：一是保险人对被保险人因保险事故遭受的各种损失的赔偿；二是被保险人因保险事故发生引起的其他费用，包括支付的施救费、调查费、仲裁或诉讼费等。

（5）承担对投保人、被保险人保密的义务　保险人对于保险业务中涉及的投保人、被保险人个人隐私情况（如联系方式、财产状况、健康状况、婚姻状况等），还有保险标的的情况负有保密义务。

（6）履行退还保费的义务　对于汽车保险合同中的商业险种，如果投保人、被保险人在保险责任开始前或开始后申请解除保险合同，或者保险合同的全部、部分出现无效，对于符合保险合同解除条件的，保险人应按规定退还相应保费。《保险法》第五十四条规定，保险责任开始前，投保人要求解除合同的，应当按照合同约定向保险人支付手续费，保险人应当退还保险费。保险责任开始后，投保人要求解除合同的，保险人应当将已收取的保险费，按照合同约定扣除自保险责任开始之日起至合同解除之日止应收的部分后，退还投保人。

除此之外，《保险法》第五十三条规定，有下列情形之一的，除合同另有约定外，保险人应当降低保险费，并按日计算退还相应的保险费：

1）据以确定保险费率的有关情况发生变化，保险标的的危险程度明显减少的。

2）保险标的的保险价值明显减少的。

2.4.5　汽车保险合同的变更、无效与终止

1. 汽车保险合同的变更

保险合同的变更是指在合同的保险期间内，当事人根据实际情况的变化，对保险合同的某些条款进行修改。保险合同变更的内容主要包括以下几个方面：

（1）主体的变更　投保人或被保险人将保险标的的所有权或经营权转移，此时需要变更投保人或被保险人。保险人如有分立或合并时，可以变更保险人。

（2）客体的变更　保险合同的客体是保险利益，当保险标的自身价值发生变化，会引起保险利益变化。

（3）合同内容的变更　保险合同内容的变更主要表现在保险标的的种类、用途、保险险种、保险期限、保险责任、保险金额等内容的变更。

（4）保险合同效力的变更　保险合同存续期间，会发生效力变更的问题，保险合同效力的变更包括合同的无效、解除、终止等情况。

（5）保险合同变更的形式　保险合同变更的形式包括批注、批单和书面协议。批注是指保险合同变更时，由保险人在正副本上同时手写或打印变更事项及日期。批单是指保险人事先制定的专门的业务用纸，由保险人在批单上手写或打印变更事项及日期。当保险合同变更事项复杂而且重要时，须由投保人和保险人共同签章，一般采用订立保险合同变更书面协议的方式。

2. 汽车保险合同的无效

同保险合同生效对立的是保险合同的无效，它是指当事人缔结的保险合同因不符合法律规定的生效条件而不产生法律效力。保险合同无效的原因如下：

（1）主体、客体不合法　保险合同的主体不合法、客体不合法或者主体与客体同时不合法时，则合同无效。汽车保险合同的主体不合法是指保险人、投保人或被保险人等不符合

法律的规定资格。例如，投保人是无民事行为能力或限制民事行为能力的自然人。客体不合法是指投保人或被保险人对保险标的没有保险利益关系，则其订立的保险合同无效。

（2）合同内容或目的不合法　合同内容或目的不合法时，导致合同无效。如果投保人投保的风险本身是非法的，如违反国家利益和社会公共利益、违反法律强制性规定等，即使合同签订也是无效的。

（3）意思表示不真实　如果合同当事人中的任何一方以欺诈、胁迫或乘人之危的方式致使对方做出违背自己意愿的意思表示，均构成缔约中的意思表示不真实。例如，汽车保险合同中，保险人或投保人不履行如实告知义务，故意隐瞒真实情况或者故意告知虚假情况，诱使对方做出错误意思表示的行为，此种情况下订立的保险合同无效。

3. 汽车保险合同的终止

保险合同终止是指保险合同成立后因法定或约定事由发生，使合同确定的权利义务关系消失。保险合同的终止原因包括：

（1）保险合同因期限届满而终止　保险合同终止的最普遍的原因，就是保险合同期限届满时的自然终止。

（2）保险合同因履行而终止　在保险合同有效期间内，发生保险事故后，保险人按约定履行了全部保险金赔偿或给付义务而导致合同终止。

（3）因保险标的灭失而终止　这里所说的保险标的灭失是指保险事故以外的原因造成的保险标的的灭失。例如，地震造成车辆的全损。如果保险标的灭失，投保人就不再具有保险利益，保险合同也就因客体的灭失而终止。

（4）保险合同因解除而终止　保险合同有效期间内，当事人依据合同约定或法律规定提前终止合同效力的法律行为即为合同的解除。保险合同解除可以分为约定解除、协商解除、法定解除和裁决解除。

1）约定解除。约定解除是指保险合同双方当事人在订立保险合同时约定，合同履行过程中，当某种情形出现时，一方当事人可行使解除权，使合同的效力解除。

2）协商解除。协商解除是当事人经协商同意解除保险合同的行为，指在保险合同履行过程中，某种未曾预料的情况出现，导致合同双方当事人无法履行各自的责任或合同履行的意义被影响，合同当事人通过友好协商解除保险合同。

3）法定解除。法定解除是指在保险合同履行过程中，出现法律规定的解除情形时，合同一方当事人有权解除保险合同，终止合同效力。法定解除是法律赋予合同当事人的一种单方解约权利。

4）裁决解除。裁决解除是指保险合同订立后，产生解除保险合同的纠纷，当事人根据合同约定或法律规定提请仲裁或向人民法院提起诉讼时，人民法院或仲裁机构裁决解除保险合同。

2.4.6　汽车保险合同的争议处理方法

1. 汽车保险合同的解释

汽车保险合同的解释实质上也就是对合同条款的说明。在汽车保险业务中，发生的赔案一般比较复杂，造成汽车保险事故的原因多种多样，究竟哪些原因属于保险责任范围，哪些原因不属于保险责任范围，在保险人和投保人、被保险人之间容易产生分歧，争议在所难免。例如，投保人、被保险人与保险人之间就保险责任的划分、损失赔偿金额的确定以及对保险条款的理解等较易产生合同争议。对于合同当事人之间的争议问题，不论采用何种争议处理方式，都应该遵循以下保险合同解释原则：

（1）专业解释原则　对合同中运用的专业术语，应该按照所属专业的特点含义来解释。汽车保险合同中，除了保险术语、法律术语，还会涉及其他专业术语，由于专业术语具有特定含义，必须按照所属学科或行业的标准定义解释。

（2）依法解释原则　当汽车保险合同当事人出现分歧时，对相关条款的解释不得违反法律法规的强制规定。汽车保险合同虽属民事法律关系的范畴，但它的客体不是保险标的本身，而是投保人或者被保险人对保险标的具有的法律上承认的利益关系。因此，汽车保险合同不仅符合《保险法》的规定，同时还应当受《合同法》《中华人民共和国民法总则》以及《中华人民共和国道路交通安全法》等的制约。汽车保险合同的成立一定要符合民事法律行为的要件和合同的成立要件。

（3）遵循国际惯例的原则　汽车保险业务是一种专业性极强的业务，在长期的业务经营活动中积累了大量术语和行业习惯用语，并为世界各国保险经营者接受和承认，成为国际保险市场的通行用语，因此，对保险合同条款进行解释时，也要遵循国际惯例的原则。

（4）意图解释原则　保险合同的内容应是当事人意思一致的表示，在没法应用文义解释方式时，通过其他背景材料进行逻辑分析，进而判断合同当事人订立保险合同时的真实意图，由此解释保险合同条款的内容即是意图解释。意图解释只适用于合同的条款用词不准确、语义混乱不清等情况。

（5）文义解释原则　文义解释原则即按合同条款的文字含义并结合上下文来解释，它是解释保险合同条款的主要方法。

（6）补充解释原则　补充解释原则是指当保险合同条款约定内容有遗漏或不完全时，借助商业习惯、国际惯例、公平原则等对保险合同的内容进行务实、公道的补充解释，以便合同继续履行。

（7）批注优于正文、后加批注优于先加批注的解释原则　批注优于正文、后加批注优于先加批注的解释原则，是为了满足不同情况下投保人或保险人的实际需要，在汽车保险合同的订立和履行过程中，在有些情况下，投保人需要增减险种和保险金额、改变用途等，在有些情况下，保险人要在印制的保险单上加批注或修改等，不管当事人以哪种方式更改条款，只要前后条款内容有矛盾或相互抵触，后加的批注、条款应当优于原本的条款，手写批注优于打印批注，加贴批注优于征文批注。

（8）有益于被保险人的解释原则　当汽车保险合同当事人对合同条款产生争议时，法院或仲裁机关应做出有益于被保险人的解释。《保险法》第三十条规定，采用保险人提供的格式条款订立的保险合同，保险人与投保人、被保险人或者受益人对合同条款有争议的，应当按照通常理解予以解释。对合同条款有两种以上解释的，人民法院或者仲裁机构应当做出有利于被保险人和受益人的解释。

2. 汽车保险合同的争议处理方法

《合同法》对合同争议的处理方式做出了明确规定。其中，第一百二十八条规定，当事人可以通过和解或者调解解决合同争议。当事人不愿和解、调解或者和解、调解不成的，可以根据仲裁协议向仲裁机构申请仲裁。涉外合同的当事人可以根据仲裁协议向中国仲裁机构或其他仲裁机构申请仲裁。当事人没有订立仲裁协议或者仲裁协议无效的，可以向人民法院起诉。当事人应当履行发生法律效力的判决、仲裁裁决等，拒不履行的，对方可以请求人民法院执行。因此，汽车保险合同的争议可以采用和解、调解、仲裁和诉讼等方式解决。

（1）和解　和解是保险合同双方当事人在无第三人参加的情况下，基于互谅互让的基础上，就争议内容进一步协商，互相做出让步，形成双方均可接受的协议。当汽车保险合同的投保人、被保险人和保险人发生意见分歧时，解决纠纷的首选方法是和解，因为这种方法不仅省时省力，而且不伤和气，有利于合同的继续履行。

（2）调解　调解是保险合同双方出现争议后，自愿将争议提交给第三方（一般是法院或合同管理机关），在第三方主持下，双方依据自愿合法的原则，在明辨是非、分清责任的基础上达成协议，从而解决纠纷的方法。如果在司法机构或仲裁机关的主持下，双方当事人就争议内容达成一致意见，这就是司法调解。经司法调解达成的和解协议，一旦生效就具有强制执行的效力，只要一方不执行协议，另一方就可以申请法院强制执行。

（3）仲裁　仲裁是双方当事人在发生争议之前或者发生争议之后，把争议事项递交给仲裁机关由仲裁机关进行裁决，从而解决争议的法律制度。由仲裁机构的仲裁员对当事人双方发生的争执、纠纷进行居中调解，并做出裁决。仲裁机构实行"一裁终局"制，其做出的裁决，由国家规定的合同管理机关制作仲裁决定书，具有法律效力，当事人必须执行。申请仲裁必须以双方在自愿基础上达成的仲裁协议为前提。仲裁协议可以是订立保险合同时列明的仲裁条款，也可以是在争议发生前或发生时或发生后达成的仲裁协议。

仲裁是解决保险合同争议的重要方法，遵照我国仲裁法的程序和原则进行。仲裁以自愿为基本原则，以仲裁协议为基础。只有合同双方当事人就以仲裁的方法解决纠纷达成一致意见，才可以将双方的争议提交仲裁，而一旦选择仲裁作为解决双方争议的方式，就不能再向法院提起诉讼。仲裁机关做出仲裁裁决之后，生效的仲裁裁决对争议双方都具有法律约束力，每一方都必须执行，任何一方当事人都不得要求重新仲裁或者向人民法院起诉，只有当某一方没有执行仲裁决议时，另一方才可以申请法院强制其执行。

（4）诉讼　诉讼是指合同双方将争议诉至人民法院，由人民法院依法定程序解决争议、进行裁决的方式。保险合同纠纷案属民事诉讼法范畴，法院在受理案件时，实行级别管辖和地域管辖、专属管辖和选择管辖相结合的方式。根据《中华人民共和国民事诉讼法》第二十六条的规定，因保险合同纠纷提起的诉讼，由被告住所地或者保险标的物所在地人民法院管辖。

我国现行保险合同纠纷诉讼案件与其他诉讼案件一样，实行的是两审终审制，且当事人不服一审法院判决的，可以在法定的上诉期内向高一级人民法院上诉申请再审。第二审判决为最终判决。一经终审判决，立即发生法律效力，当事人必须执行；否则，法院有权强制执行。当事人对二审判决还不服的，只能通过申诉和抗诉程序解决。

2.4.7　汽车保险合同的法律要求

汽车保险合同是依据《保险法》《合同法》的相关规定而制定的，为了保证其能够在法律上强调执行，汽车保险合同必须合乎以下法律要求。

1. 保险合同双方当事人必须具有法定资格

《合同法》第九条规定，当事人订立合同，应当具有相应的民事权利能力和民事行为能力，当事人依法可以委托代理人订立合同。汽车保险合同的双方当事人必须具有订立合同的法定权利。依据《中华人民共和国民法通则》规定，年满18周岁而且具备辨认自己行为的中国公民具有完全民事行为能力；年满16周岁但不到18周岁的公民，如果以自己的劳动收入为主要生活来源，可视为完全民事行为能力者；其他情况则被视为不具有完全民事行为能力或限制民事行为能力。对于汽车保险合同的投保人来说，法人一般都具有民事行为能力，自然人中的大多数成年人有民事行为能力，少数成年人中，如不能辨认自己行为的精神病患者以及经常酗酒、吸毒的人则不能订立保险合同。经营汽车保险的保险人一般是法人，都有订立合同的法定资格。

2. 要约和承诺

要约是指当事人一方以订立合同为目的面向对方做出的意思表示，该意思表示应当符合一定要求：首先，要约的内容应该具体确定；其次，应该表明受要约人做出承诺之后，要约人即受该意思表示的约束。在订立汽车保险合同之前，汽车保险的投保人首先应对自己面临的风险以及所需要的风险保障进行全面评估，然后结合自身的经济状况明确所要投保的汽车保险险种，最后以填写投保单的方式向保险人或保险代理人提出投保的申请，即完成了投保人的要约。与此同时，保险人也可以是要约人，例如，投保人提出要约之后，保险人对投保人所要转移的风险责任进行审核与风险评估，在保险人同意接受投保人的要约的前提下，向投保人提出承保其风险责任的附加条件，并且要求投保人在和保险人订立合同时添上那些附加条件，此时保险人也是要约人。

投保人或保险人的要约完成后可以撤回，但是撤回要约的通知应当在要约到达受要约人之前或者与要约同时到达受要约人。《合同法》第十九条规定，有下列情形之一的，要约不得撤销：

1）要约人确定了承诺期限或者以其他形式明示要约不可撤销。

2）受要约人有理由认为要约是不可撤销的，并已经为履行合同做了准备工作。

《合同法》第二十条规定，有下列情形之一的，要约失效：

1）拒绝要约的通知到达要约人。

2）要约人依法撤销要约。

3）承诺期限届满，受要约人未做出承诺。

4）受要约人对要约的内容做出实质性变更。

承诺是指受约人在收到要约后，对要约的全部内容表示同意并做出愿意订立合同的意思表示。在投保人提出投保申请后，保险人通过对投保单的审核、对保险标的的查勘以及对投保人的询问，确定承保的具体条件，对投保人做出承保的承诺。保险人做出承诺的表示方式有以下几种：

1）保险人在投保单上签章。

2）保险人向投保人出具保险费收据。

3）保险人以其他书面形式表示同意承保。

4）保险人向投保人出具保险单或暂保单等保险凭证。

保险人对投保人做出的承诺同样可以撤回。撤回承诺应该满足的条件是，撤回通知应当在承诺通知到达要约人之前或者与承诺通知同时到达要约人。《合同法》的第三十条规定，承诺的内容应当与要约的内容一致。受要约人对要约的内容做出实质性变更的，为新要约。

有关合同标的、数量、质量、价款或者报酬、履行期限、履行地点和方式、违约责任和解决争议方法等的变更，是对要约内容的实质性变更。第三十一条规定，承诺对要约的内容做出非实质性变更的，除要约人及时表示反对或者要约表明承诺不得对要约的内容做出任何变更的以外，该承诺有效，合同的内容以承诺的内容为准。

3. 保险利益关系是保险合同成立的前提

《保险法》第十二条中规定，财产保险的被保险人在保险事故发生时，对保险标的应当具有保险利益。保险利益是指投保人或者被保险人对保险标的具有的法律上承认的利益。汽车保险合同的成立，以投保人对保险标的具有保险利益为前提条件。保险事故发生后，被保险人享有保险金请求权的前提条件是对保险标的应当具有保险利益。

4. 保险合同的目的必须合法

汽车保险合同的目的必须合法有效。只有保险合同有效，才能对合同双方当事人具有法律约束力，被保险人才能享有索赔权。汽车保险合同的合法性是指合同的主体、客体、内容、订立的程序等必须符合相关法律法规要求，同时，汽车保险合同还必须涉及合法的保险标的。涉嫌鼓励、诱导或促进社会不道德行为或非法行为的保险合同是不能依法执行的保险合同。例如，承保投保人盗窃、抢劫手段获得或违禁走私的保险汽车时，保险合同无效；承保保险责任明显违反公共利益的保险合同无效；可能产生鼓励投保人或被保险人错误行为后果的保险合同也无效。

5. 保险合同双方当事人的法律地位必须平等

《保险法》第十一条规定："订立保险合同，应当协商一致，遵循公平原则确定各方的权利和义务。除法律、行政法规规定必须保险的外，保险合同自愿订立。"合同当事人的法律地位平等表现为公民的民事权利能力平等。不同民事主体之间建立民事法律关系时，其法律地位也相同，不存在国家机关高于私有机构、法人组织高于自然人等的情况。汽车保险合同是双务合同，不是单方当事人的法律行为，合同双方当事人必须在意思表示一致的前提下自愿达成协议。如果一方试图将自己的意志强加给对方，该行为就不会产生法律效力。汽车保险合同成立后，任何单位或个人不得非法干预。

6. 合法有效的对价

对价是指合同一方作为交换给予另一方的有价值物品、服务或承诺等。换言之，对价是指保险合同双方承担的义务和享受的权利是对等的。在订立汽车保险合同的过程中，投保人的对价是按时支付保险费和同意遵守合同规定的条件；保险人给予投保人或被保险人的对价，是指如果保险标的发生保险责任范围内的事故，即被保险人发生承保范围内的损失，按保险合同的约定履行赔偿义务的承诺。保险人的对价并不是他所承担的赔偿责任，而仅仅是对履行赔偿责任的一项承诺。

2.5 汽车保险的费率模式

2.5.1 保险费率的内涵以及费率厘定的基本原则

1. 保险费率的内涵

保险费率是保险人按保险金额向投保人收取保险费的比例，通常用"‰"表示。保险费率也是保险人为承担约定保险责任向投保人收取费用的标准，以及投保人为转移风险、取得保险公司对约定保险事故承担赔付责任支付的主要对价，是计算保险费的依据。保险费率由纯费率和附加费率两部分构成。纯费率也称"净费率"，是保险费率的主要部分，依此计算的保险费用以弥补财产损失和给付保险金。财产保险纯费率的计算依据是保险金额平均损失率，即一定时期内的赔款金额总和与一定时期内的保险金额总和之比。

2. 厘定保险费率的基本原则

在保险产品开发中，保险费率的厘定对于保险消费者合法权利的保护以及保险行业的稳定发展具有重要意义，因此厘定保险费率时要遵循一定的原则：

（1）公平性原则　公平性原则是指保险费率厘定的水平应与被保险人和保险标的的风险特征相匹配，投保人缴纳保险费的多寡应与保险的种类，保险期限，保险金额，被保险人的年龄、性别、职业、驾龄等相对称，保证投保人所负担的保费应与被保险人所获得的保险权利相一致。风险性质相同的被保险人应承担相同的保险费率，风险性质不同的被保险人则应承担有差别的保险费率，不得根据风险特征以外的因素进行歧视性的费率安排。

（2）充分性原则　充分性原则的核心是保证保险人有足够的偿付能力，是指保险人所收取的保险费应该足以支付保险金的赔付及合理的营业费用、税收和公司的预期利润，保险费率水平不得危及保险公司的财务稳健和偿付能力或妨碍市场公平竞争。

（3）合理性原则　合理性原则是指保险费率厘定应尽可能合理，不可因保险费率过高而使保险人获得与其承保风险不相称的超额利润，保险人也不得在费率结构中设置与其所提供服务不相符合的高额费用，从而损害投保人、被保险人的合法利益。保险费率厘定应与保险条款相匹配，并有利于激励投保人、被保险人主动进行风险控制。

（4）稳定灵活原则　稳定灵活原则是指保险费率确定后应当在一定时期内保持稳定，保证保险公司的信誉；同时，保险费率也要随着风险的变化、保险责任的变化和市场需求等因素的变化而适时调整，具有一定的灵活性。

（5）促进防损原则　促进防损原则是指保险费率的厘定有利于促进投保人、被保险人加强防灾防损工作，对防灾工作做得好的投保人、被保险人，在续保时可降低其费率；对保险期间内无损或损失少的投保人、被保险人，实行优惠费率；而对防灾防损工作做得差的投保人、被保险人，可实行高费率或续保加费。

2.5.2 现行的车险费率模式

影响汽车保险费率厘定的因素有很多，科学的方法是通过全面综合地考虑这些风险因子后确定费率。因此，经营汽车保险的保险人在费率厘定时，不但要考虑汽车本身相关的因素，还要考虑使用汽车的人的因素。

1. 从车费率模式

从车费率模式是指在确定汽车保险费率的过程中，主要以被保险车辆的风险因子作为影响费率确定因素的模式。目前，我国采用的汽车保险的费率模式就属于从车费率模式，影响费率的主要因素是与被保险汽车有关的风险因子。现行的从车费率模式的保险费率体系中，影响费率的主要变量为车辆的使用性质（营业性车辆与非营业性车辆）、车辆生产地（进口车辆与国产车辆）和车辆的种类（客车、货车、特种车等）。除此之外，跟汽车相关的风险因子还有：车辆的行驶区域、行驶里程数、车龄、车辆的实际价格、车辆的安全装备等。

由于我国在引入汽车保险的初期，涉及被保险的车辆绝大多数是"公车"，驾驶人与保险车辆不存在必然的联系，也就不具备采用从人费率模式的条件。从车费率模式具有体系简单、易于操作的特点。但是，从车费率模式的缺陷也是显而易见的，因为在汽车的使用过程中，对于风险的影响起到决定性作用的是与车辆驾驶人有关的风险因子，尤其是从车费率模式下，将汽车保险特有的无赔款优待与车辆联系起来，而不是与驾驶人联系，显然不利于调动驾驶人的主观能动性，其本身也与设立无赔偿优待制度的初衷相违背。

此外，我国现行的从车费率模式在一定程度上违反了公平合理的保险经营原则。汽车保险合同是有偿合同，等价有偿是保险合同的基本特征之一，即投保人支付的保险费应当与获得的保险保障匹配。我国车险费率的厘定仅与车辆的使用性质、车龄、类型等有限的风险因子相关，这种粗放的费率定价模式，导致现在的车险市场产品同质化严重，车险精确定价难以深入，最终使得各保险人陷入价格战的泥潭，影响了整个行业的可持续发展。同时，客观上也导致那些"高零整比"和"高出险率"的车型车辆在相同费率下获得了比"低零整比"和"低出险率"的车型车辆高得多的赔款或者更为优惠的保险费率，相当于由"低零整比"和"低出险率"车型车辆的投保人对他们进行了保费上的补贴。而那些有着"高零整比"和"高出险率"车型的车辆，实际上属于较高档的车型，这就使得保险公司客观上进行了"劫贫济富"，实质上损害了相当一部分车主的合法利益。公平合理的厘定保险费率是保险经营的基本原则之一，要求保险人在厘定保险费率时，真实反映保险标的的损失概率，使保险费率与保险标的的风险状况相匹配。

2. 从人费率模式

从人费率模式是指在确定保险费率的过程中主要以被保险车辆驾驶人的风险因子作为影响费率确定因素的模式。目前，大多数国家采用的汽车保险的费率模式均属于从人费率模式，影响费率的主要因素是与被保险车辆驾驶人有关的风险因子。

目前，世界各国采用的从人费率模式考虑的风险因子也不尽相同，主要有驾驶人的年龄、职业、性别、驾驶年限、安全行驶记录、教育程度、婚姻状况等。例如：驾驶人的安全行车记录直接反映其驾驶技术水平；驾驶年限直接影响到发生风险事故的概率，通常认为初次领证后的1~3年为事故多发期；性别方面，研究表明女性群体的驾驶行为倾向较为谨慎，为此，相对于男性她们为低风险人群。

从以上对比和分析可以看出，从人费率相对于从车费率具有更科学和合理的特征，所以，我国正在积极探索，逐步将从车费率的模式过渡到从人费率的模式。

3. 车型定价模式

车型定价模式是目前保险业较为发达的国家普遍采取的一种定价模式。它是指在厘定费率时，将车型作为最重要的定价风险因子之一，充分考虑不同车型之间的风险差异，一定程度上忽略新车购置价和实际价值的概念，从而使得投保人能以与自己风险匹配的费率购买风险保障，最大限度地实现公平。车型定价模式，根据不同车型的零配件价格、出险率以及赔付率的差异，设计差异化的费率标准，更能体现公平合理的保险经营原则，使得车险费率厘定更为科学、精确。

同时，由于车型定价模式在客观上会引导消费者选购风险更低的车型，这又倒逼汽车生产企业努力提高汽车质量，增加安全系数，从而间接促进了汽车制造业的技术发展。

综上所述，随着互联网时代大数据产业的发展，未来我国的车险定价模式必然会如同发达国家那样，将车与人的风险因子进行有机统一，使费率尽可能地与风险保持一致，从而最终建立统一开放、竞争有序的市场体系。

2.6 我国汽车保险的服务体系

2.6.1 保险的组织机构

所谓组织机构，是指全体组织成员为实现一定的组织目标进行分工协作时，在权力、责任、职务范围等方面形成的结构体系。具体到保险公司，通常做法是建立以经理为首的业务经营管理系统，根据保险公司自身发展的特点，设置不同部门。例如业务发展部门、业务管理部门、内部控制部门、行政管理部门等，并且明确规定公司各部门的职责和权限。中国太平洋保险（集团）股份有限公司的组织架构如图 2-2 所示。

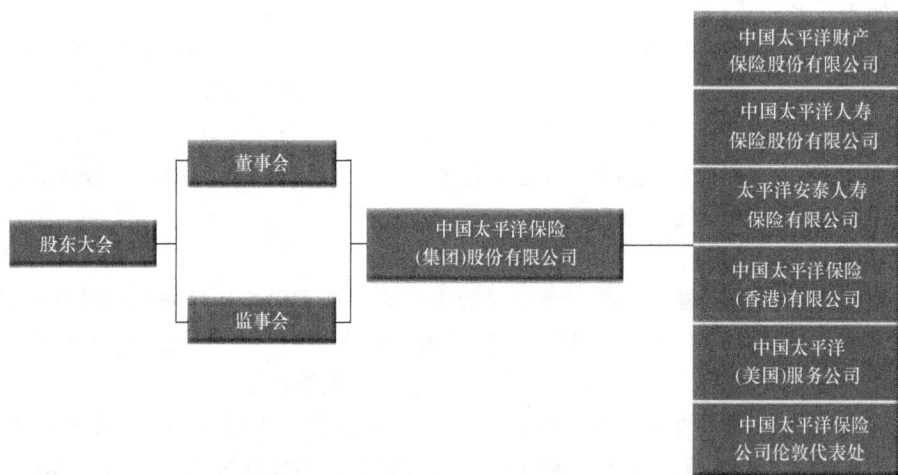

图 2-2　中国太平洋保险（集团）股份有限公司的组织架构

我国经营汽车保险业务的保险组织机构主要有中国人民财产保险股份有限公司、中国平安财产保险股份有限公司、中国太平洋财产保险股份有限公司、中华联合财产保险股份有限公司、阳光财产保险股份有限公司、永安财产保险股份有限公司、中国太平保险集团有限公司、中国大地财产保险股份有限公司、天安财产保险股份有限公司、香港民安保险有限公司、美亚保险公司上海分公司、丰泰保险（亚洲）有限公司上海分公司、美国联邦保险股份有限公司上海分公司、皇家太阳联合保险公司上海分公司等。2018 年部分财险公司盈利排名见表 2-1。

表 2-1　2018 年部分财险公司盈利排名　　　　　　　　　　（单位：亿元）

1	人保财险	163	8	永安财险	2.96
2	平安产险	122.74	9	太平财险	2.9
3	太保产险	34.84	10	铁路自保	2.47
4	中华联合	11.31	11	阳光农业	2.35
5	阳光财险	10.57	12	国寿财险	2.24
6	英大财险	6.04	13	中银保险	2.05
7	鼎和财险	4.14	14	美亚财险	1.55

从表中可以看出，中国人民财产保险股份有限公司2018年净利润达163亿元，为财险市场第一。另外，排名前三的人保财险、平安产险、太保产险"三巨头"合计净利润320.58亿元。中华联合和阳光财险净利润较高，均超10亿元。2018年盈利的42家财险公司合计盈利共380亿元。中国保险市场虽然初步形成竞争的格局，但这种以国有独资保险公司高度垄断市场的局面，特别是以少数几家保险公司寡头垄断市场的局面，就是目前中国保险市场的特点之一。

经营汽车保险业务的各组织机构提供的产品服务有所不同，下面以中国平安财产保险股份有限公司（以下简称中国平安）的车险发展过程为例进行简单介绍：

中国平安财产保险股份有限公司于1988年诞生于深圳蛇口，目前是中国第二大财产保险公司。自1993年正式开办车险以来，平安产险始终以客户为中心，不断开拓创新，获得了长足发展，现今车险规模占整体车险市场的23.2%。2006年，中国平安率先推出电话营销这一新型营销模式，车主只要拨打95511电话就可享受到价格低于其他渠道15%的车险投保费率。电话营销不仅符合市场的多元化需求，更是市场走向有序竞争的产物。

2018年，平安产险持续深化"科技+金融"，科技驱动不断加码，人工智能、区块链、云计算、大数据等技术已在平安产险多个业务节点应用落地。例如，车险AI持续优化业务流程，目前已实现96.4%的现场案件5~10分钟极速处理；智能闪赔实现秒级定损定价，2018年12月27日在广东地区试点的平安信任赔服务，截至目前最快一单理赔仅耗时49.8秒，平均耗时不到3分钟；车险理赔触点客户净推荐率高达80%以上。"平安好车主"APP通过聚合广泛优质的车生态服务资源，为用户提供车保险、车服务、车生活一站式服务，截至2018年12月31日，注册用户已突破5500万，绑车用户数突破3400万，2018年12月当月活跃用户突破1100万。同时，平安产险通过大数据、物联网等创新应用，聚合多项服务能力，打造大数据风控开放平台——"KYR风险管理云"（KYR-Know Your Risk），以"保险+风控""线上+线下"的创新模式，持续提升风险管控能力，向客户提供专业化、科技化的风控服务。

2.6.2 保险的中介机构

保险中介是指介于保险经营机构之间，或者保险经营机构与投保人之间，专门从事保险业务咨询与销售、风险管理与安排、价值衡量与评估、鉴定与理算等中介服务活动的企业或个人，保险中介从中依法获取佣金或手续费。

保险中介主要包括专业保险中介机构（例如保险代理公司、经纪公司、公估公司）、兼业代理机构、保险营销员以及其他保险中介机构如保险精算师事务所、保险会计师事务所、保险律师事务所等为保险市场提供中介服务的机构。保险中介机构是现代保险市场的重要组成部分，也是促进保险交易、扩大保险供给渠道、维护市场公平的重要组成部分。汽车保险中介机构存在的意义如下：

1）提升汽车保险服务质量。汽车保险中介机构组织可以运用自身优势，为消费者提供专业服务，一定程度上弥补保险人在客户服务上的不足。

2）保护消费者权益。部分消费者对汽车保险产品及其可以享有的各项服务并不十分了解，需要专业人士提供相关咨询服务。汽车保险中介在保险人和消费者之间搭起了桥梁，保障了投保人作为消费者的权益。

3）加快汽车保险产品的开发。汽车保险中介机构同汽车保险客户接触多，了解客户的各种需求，同时与保险人的合作密切，这有利于开发更多符合客户要求的保险产品。

4）分担汽车保险产业风险。汽车保险中介机构的存在，增加了保险市场中服务供应商的数量，承担了过去完全由保险公司承担的经营风险。

2.6.3 保险的管理机构

1. 中国银行保险监督管理委员会

1998 年 11 月 18 日，中国保险监督管理委员会（简称中国保监会或保监会）成立，中国保险业的监管大权由中国人民银行移交到新成立的中国保监会。保监会根据国务院授权履行行政管理职能，依照法律、法规统一监督管理全国保险市场，维护保险业的合法、稳健运行。中国保监会内设 16 个职能机构和 2 个事业单位，并在全国各省、自治区、直辖市、计划单列市设有 36 个保监局，在苏州、烟台、汕头、温州、唐山市设有 5 个保监分局。

2018 年 4 月 8 日，由中国银行业监督管理委员会和中国保险监督管理委员会合并的中国银行保险监督管理委员会（简称中国银保监会或银保监会）正式挂牌，其主要职责是依照法律法规统一监督管理银行业和保险业，维护银行业和保险业合法、稳健运行，防范和化解金融风险，保护金融消费者合法权益，维护金融稳定。

2019 年初，中国银保监会印发《关于进一步加强车险监管有关事项的通知》（以下简称《通知》）。《通知》主要针对当前车险市场未按照规定使用车险条款费率和业务财务数据不真实两个方面的问题，提出以下措施：

1）银保监会各派出机构按照职责，依法对辖区内财产保险公司车险经营违法违规行为进行查处。

为确保监管措施的及时性和有效性，对市场乱象问题快速进行纠正，各派出机构查实财产保险公司未按照规定报批和使用车险条款、费率的行为后，银保监会或其派出机构可对相关财产保险公司采取责令停止使用车险条款和费率、限期修改等监管措施，并依法对相关财产保险公司及责任人员进行处罚。

2）由中国保险行业协会建立对会员单位投诉举报的受理、核查制度，并将违法违规线索及时报送银保监会财险部。

3）由中国保险信息技术管理有限责任公司建立车险费率执行相关数据的监测机制，将数据异常情况及时报送银保监会财产保险监管部。

《通知》的发布实施，对维护车险市场秩序、遏制违法违规行为将起到有效作用，有利于商业车险改革的顺利推进。

2. 中国保险行业协会

中国保险行业协会（简称中保协）成立于 2001 年 2 月 23 日，是经中国保监会审查同意并在国家民政部登记注册的中国保险业的全国性自律组织，是自愿结成的非营利性社会团体法人。中保协的基本职责为自律、维权、服务、交流、宣传。中保协的组织宗旨是遵守国家宪法、法律、法规和经济金融方针政策，遵守社会道德风尚，深入贯彻科学发展观，依据《保险法》，配合保险监管部门督促会员自律，维护行业利益，促进行业发展，为会员提供服务，促进市场公开、公平、公正，全面提高保险业服务社会主义和谐社会的能力。

3. 中国保险信息技术管理有限责任公司

中国保险信息技术管理有限责任公司（简称中国保信）成立于 2013 年 7 月，是经国务院批准，由中国银保监会直接管理的金融基础设施运营管理单位。中国保信的主要业务是统一建设、运营和管理保险信息共享平台，通过信息技术手段，采集保险经营管理数据，建立标准化、系统性的数据体系，为保险业的发展和监管提供基础性的网络支持和信息服务。

4. 各地银保监局

各地银保监局的职责主要是根据银保监会的授权和统一领导，依法、依规独立对所辖区域内的银行业和保险业实行统一的监督管理，制定银行业和保险业监管法规、制度方面的实施细则和规定，监督相关法规、制度在所辖区域内的落实；对有关银行业、保险业机构及其业务范围实行准入管理，审查高级管理人员的任职资格；对有关银行业、保险业机构实行现场检查和非现场监管，开展风险与合规评估，保护金融消费者合法权益，依法查处违法违规行为；同时，统计有关数据和信息，跟踪、监测、预测辖内银行业、保险业运行情况，指导和监督地方金融监管部门的相关业务工作。

2.6.4　汽车保险的服务模式

汽车作为保险标的，相对于其他财产保险标的具有流动性的特点，要求保险人提供与之相适应的服务机制。汽车保险的服务体现在售前、售中、售后和附加值服务四个方面，其中售后服务是汽车保险服务的关键环节。该环节涉及的服务大致包括防灾防损服务、车险理赔服务以及处理顾客投诉服务等。现行的服务模式主要有以下几种：

1. 全国范围内开通 24 小时服务热线

2000 年 7 月 4 日，中国人民财产保险股份有限公司率先在全国范围内开通 24 小时全天候 95518 专线服务，95518 向客户提供多项基本服务内容，即受理报案、客户咨询、预约投保、投诉举报、救援和客户回访。同时，结合地方优势和产品特色，一些分公司还推出了手机短信服务、客户赔案处理查询、车辆保养优惠、大客户俱乐部、人员伤亡紧急救援等创新服务内容。

2000 年 7 月 28 日，中国平安保险股份有限公司在苏州成立首个全国性集中式 24 小时客户服务中心——平安全国电话中心，并启用 95511 作为服务热线，致力打造线上化、智能化、智慧化客服平台。

2. 基于"互联网+"的汽车保险服务创新模式

随着汽车保有量的迅速增加，各保险公司的车险业务量相应加大，互联网的出现和普及，解决了保险公司工作效率低的问题。目前，主流的保险公司均已通过互联网完全实现了全国车险理赔联网的实时处理。

以中国平安保险股份有限公司为例，2016 年年初，中国平安产险已经提出 3.0 战略，并建立"平安好车主"APP，该平台集合加油、洗车、补漆、保养、代办、美容等服务于一体。2017 年 1 月 8 日，平安产险的自助理赔功能上线，据统计，每笔案件为车主平均节省约 2.62 天。

2018 年 7 月，国内互联网车险领导者——安心互联网车险的业务经营区域拓展取得实质性进展——由银保监会年初同意扩大经营的相关区域开始正式对外接单。据悉，安心互联网车险业务已覆盖全国将近百分之五十的行政区域。车险业务范围的持续扩大，得益于安心保险对于大数据、保险科技以及人工智能等新技术的深入创新和应用，该企业是行业内首家核心系统搭建在云端的保险公司，利用云端技术以及分布式储存完成海量并发业务。

互联网车险是安心保险的核心业务。基于人工智能的产品、风控和理赔模式，安心保险在业内独创车险运营新模式：一是将所有的服务柜台搬到了客户的手机端，为客户提供 7×24 小时的服务；二是物联网把所有数据打通，提升了理赔和服务效率，让用户在理赔上能够真正感觉到方便、快捷。在车险运营方面，安心保险已实现了从承保、查勘、定损到理赔的全流程改造，首创移动端一键完成的极简理赔模式。

除了不断提升理赔时效外，安心互联网车险还给客户提供了多样化、便捷的理赔途径。例如，通过安心客服电话、微信服务号、APP、官方网站，都可实现轻松理赔。与此同时，安心保险还为用户特别打造了客户体验指标体系，实现对所有客户接触点的全过程动态跟踪评价，该系统覆盖 72 项通用指标、8 项渠道车险专属评价指标，覆盖客户全生命周期闭环管理体系，实现了对客户服务全过程各环节的动态跟踪评价，并能够针对业务环节异常情况做出及时预警。

基于"互联网+"的汽车保险服务模式存在以下优点：首先，网络实时监控可以降低车主的道德风险，保险事故发生后，有关事故发生的地点、损失情况、损失部位，将第一时间通过网络传输到保险人，车主难以夸大损失事实；其次，降低了汽车维修企业的道德风险，保险人通过与汽车零配件经销商等第三方平台合作，获取汽车配件数据库，掌握透明价格，增强与维修企业的议价能力，使保险车辆的维修成本得以控制；最后，智能远程定损减少了理赔纠纷，采取计算机和大数据远程定损后，将极大减少相关纠纷和相关成本，为车险业务的盈利做出贡献。

3. 人性化的快速理赔服务模式

保险人以客户需求为导向，通过提高理赔效率提升客户满意度，为客户提供方便快捷的理赔服务，是保险公司提升竞争力、维持现有客户规模、增加新客户的主要手段。例如中国平安财产保险股份有限公司实施的平安电话直赔、平安闪电快赔、高峰快闪、平安产险"信任赔"，中国太平洋财产保险股份有限公司的 3G 快赔模式，阳光财产保险股份有限公司的"一键赔"等，均有效地给客户提供了便捷优质的理赔服务。

巩固与思考

1. 汽车保险的内涵是什么？汽车保险有哪些职能？

2. 汽车保险的特点有哪些？

3. 我国汽车保险合同的法律特征是什么？合同的内容与形式有哪些？

4. 汽车保险的模式有哪些？

5. 我国现行汽车保险是如何分类的？

6. 我国汽车保险的服务体系包括哪些内容？

7. 我国汽车保险的管理机构是如何设置的？

第3章

机动车交通事故责任强制保险

学习目标：

了解机动车交通事故责任强制保险与商业三者险的区别；理解机动车交通事故责任强制保险的特点及社会意义；掌握机动车交通事故责任强制保险的保险责任及责任免除项；熟悉机动车交通事故责任强制保险的细则。

> **案例3-1** 小王和小李分别在甲、乙两公司给自己的爱车投保了交强险，保险期间内，两车发生道路交通事故，造成小王车损费用2200元，医疗费用5100元，小李的车损费用4500元，医疗费用12000元。请思考：1. 如果交警判定小王和小李均对该起事故负有责任，甲、乙两公司分别应该如何赔付？2. 如果交警判定小王无责，小李对该起事故承担全部责任，甲、乙两公司又该如何赔付？

> **案例3-2** 2015年10月2日，王某驾车带着全家去郊游，途中车辆发生故障，王某遂下车修理，下车前忘记使用驻车制动，致使车辆向前溜行，将车下修车的王某撞伤。事故发生后，经交警部门认定，王某应负该起事故的全部责任。请思考：王某车辆所投保的交强险部分，是否会对其损失进行赔付？

3.1 汽车强制责任保险概述

3.1.1 汽车强制责任保险的起源

1895年，英国"法律意外保险公司"签发的保险费为10~100英镑的汽车第三者责任保单是最早签发的机动车车辆保险单。第一次世界大战后，随着分期付款售车方式的出现，汽车迅速得到普及，这为汽车保险业的发展奠定了基础。但是当时许多车主买车时已倾其所有，很多驾车人无力购买汽车保险，导致交通事故受害人的权益没有保障。1919年，美国的马萨诸塞州率先立法，规定车主必须在汽车注册登记时，提供保单或债券作为发生交通事故时赔偿能力的担保。1925年，马萨诸塞州着手起草保险史上赫赫有名的汽车强制保险法，并于 1927 年实施。

3.1.2 机动车交通事故责任强制保险的产生与发展

我国的机动车交通事故责任强制保险简称交强险,是指由保险人对被保险机动车发生道路交通事故造成受害人(不包括本车人员和被保险人)的人身伤亡、财产损失时,在责任限额内予以赔偿的强制性责任保险。交强险是中国首个由国家法律规定实行的强制保险制度。无论被保险人是否在交通事故中负有责任,保险人均将按照《机动车交通事故责任强制保险条例》以及交强险条款的具体要求在责任限额内予以赔偿。交强险对于维护道路交通通行者的人身及财产安全、确保道路安全具有重要的作用,同时有助于减少法律纠纷,简化交通事故处理程序,确保受害人获得及时有效的赔偿。

2004 年 5 月 1 日起实施的《中华人民共和国道路交通安全法》首次提出"建立机动车第三者责任强制保险制度,设立道路交通事故社会救助基金"。2006 年 3 月 21 日,国务院发布《机动车交通事故责任强制保险条例》,机动车第三者责任强制保险从此被交强险代替,条例规定自 2006 年 7 月 1 日起实施。2006 年 6 月 30 日,原中国保监会发布《机动车交通事故责任强制保险业务单独核算管理暂行办法》,规定自发布之日起实施。2007 年 6 月 27 日,原中国保监会发布《机动车交通事故责任强制保险费率浮动暂行办法》,规定自 7 月 1 日实行。2007 年 7 月 1 日,随着配套措施的完善,交强险最终普遍实行。

2012 年 3 月 30 日《国务院关于修改〈机动车交通事故责任强制保险条例〉的决定》修改的具体内容如下:第五条第一款修改为"保险公司经保监会批准,可以从事机动车交通事故责任强制保险业务。"在 2006 年 7 月 1 日起施行的旧版条例中,允许从事交强险业务的只限于"中资保险公司"。去掉"中资"两个字,意味着我国正式向外资保险公司开放交强险市场,中国保险业进入全面开放阶段。

2012 年 12 月 17 日,国务院决定对《机动车交通事故责任强制保险条例》做如下修改:增加一条,作为第四十三条:"挂车不投保机动车交通事故责任强制保险。发生道路交通事故造成人身伤亡、财产损失的,由牵引车投保的保险公司在机动车交通事故责任强制保险责任限额范围内予以赔偿;不足的部分,由牵引车方和挂车方依照法律规定承担赔偿责任。"本决定自 2013 年 3 月 1 日起施行。

2016 年 2 月 6 日,根据国务院发布的第 666 号令,《国务院关于修改部分行政法规的决定》修改《机动车交通事故责任强制保险条例》,删去了《机动车交通事故责任强制保险条例》中多个需要原中国保监会批准的内容,放开了保险机构进入交强险的前端审批门槛。2016 版的《机动车交通事故责任强制保险条例》完全取消了交强险的前置审批,交强险彻底实现了市场化。

3.1.3 交强险实施的社会意义

交强险和商业机动车第三者责任险(以下简称商业三责险)都是责任保险的一种。商业三责险是按照自愿原则由投保人选择购买的,投保比率比较低,致使一些道路交通事故发生后,因机动车所有人没有保险保障或致害人支付能力有限,事故中的受害人得不到及时有效的赔偿,从而造成大量经济赔偿纠纷。实行交强险制度就是通过国家法律强制机动车所有人或管理人购买交强险,最大程度上为交通事故受害人提供及时和基本的保障。另外,国家设立的道路交通事故社会救助基金的一部分，是按照交强险的保险费的一定比例提取的，实施交强险有助于提高道路交通事故社会救助基金的救助能力。

实施交强险制度有利于我国道路交通事故受害人获得及时的经济赔付和医疗救治；有利于减轻交通事故肇事方的经济负担，化解经济赔偿纠纷；与此同时，交强险制度通过实行"奖优罚劣"的费率浮动机制，有利于增强驾驶人的交通安全意识，减少道路交通事故的发生概率，更有利于充分发挥汽车保险的保障功能，促进社会稳定。

3.1.4　交强险和商业三责险的比较

1. 实施的性质不同

交强险实施的是强制性投保和强制性承保，根据《机动车交通事故责任强制保险条例》规定，机动车的所有人或管理人都应当投保交强险，同时，保险公司不能拒绝承保、不得拖延承保和不得随意解除合同。我国现行的商业三责险实施的是投保人自愿投保，保险人自愿承保。

2. 保障范围不同

除了《机动车交通事故责任强制保险条例》规定的个别责任免除事项外，交强险的赔偿范围几乎涵盖了所有道路交通事故责任风险，而且交强险不设免赔额、免赔率。而商业三责险中，为了减少保险事故的损失赔偿，有效控制风险，保险公司不同程度地规定有免赔额、免赔率以及多项责任免除事项。

3. 赔偿原则不同

交强险实施无过失责任赔偿原则。根据《中华人民共和国道路交通安全法》的规定，对机动车发生交通事故造成人身伤亡、财产损失的，由保险公司在交强险责任限额范围内予以赔偿。根据这一原则，交通事故中，无论保险车辆方的相关当事人是否有过错，只要造成受害人的人身损害或财务损失，保险人均需在相应的交强险各项责任限额内进行赔偿。而商业三责险实施按责论处，保险公司根据投保人或被保险人在交通事故中应负的责任比例，在商业三责险的责任限额内来确定赔偿责任。

4. 责任限额不同

交强险赔付分为被保险人一方有责任和无责任两种情况，有责和无责情况的责任限额都分为三种，即死亡伤残赔偿限额、医疗费用赔偿限额和财产损失赔偿限额，且各分项责任限额固定。而商业三责险只设定综合的责任限额，责任限额分成不同的档次供投保人自由选择。

5. 不同的费率形成机制和管理机制

基于交强险实施的公益性的初衷，交强险保险费率的厘定坚持"不盈不亏"原则。交强险实行统一的保险条款和基础保险费率，而且采用基础费率同交通违章和交通事故挂钩的费率浮动机制。银保监会按照机动车交通事故责任强制保险业务总体上不盈利不亏损的原则审批保险费率。银保监会在审批保险费率时，可以聘请有关专业机构进行评估以及举行听证会听取公众意见。银保险公司的交强险保险业务，也应当与其他保险业务分开管理，单独核算。商业三责险的保险费率厘定要基于保险公司的盈利，所以商业三责险的保险费率由保险公司自主厘定，不同保险公司的条款费率允许存在差异，保险人一般根据被保险人有无历史赔款记录进行费率浮动。

3.2 《机动车交通事故责任强制保险条例》

为了保障机动车道路交通事故受害人依法得到赔偿，促进道路交通安全，根据《中华人民共和国道路交通安全法》《中华人民共和国保险法》，制定《机动车交通事故责任强制保险条例》。在中华人民共和国境内道路上行驶的机动车的所有人或者管理人，应当依照《中华人民共和国道路交通安全法》的规定投保机动车交通事故责任强制保险。国务院保险监督管理机构应当依法对机动车参加机动车交通事故责任强制保险的情况实施监督。对未参加机动车交通事故责任强制保险的机动车，机动车管理部门不得予以登记，机动车安全技术检验机构不得予以检验。

3.2.1 投保

1. 交强险投保注意事项

投保人在投保机动车交通事故责任强制保险时，应当选择从事机动车交通事故责任强制保险业务的保险公司，被选择的保险公司不得拒绝或者拖延承保。

投保人投保时，应当向保险公司如实告知保险标的的相关重要事项，包括机动车的种类、厂牌型号、识别代码、牌照号码、使用性质和机动车所有人或者管理人的姓名（名称）、性别、年龄、住所、身份证或者驾驶证号码（组织机构代码）、续保前该机动车发生事故的情况以及银保监会规定的其他事项。签订机动车交通事故责任强制保险合同时，投保人应当一次支付全部保险费，保险公司应当向投保人签发保险单、保险标志。

被保险机动车没有发生道路交通安全违法行为和道路交通事故的，保险公司应当在下一年度降低其保险费率。在此后的年度内，被保险机动车仍然没有发生道路交通安全违法行为和道路交通事故的，保险公司应当继续降低其保险费率，直至最低标准。被保险机动车发生道路交通安全违法行为或者道路交通事故的，保险公司应当在下一年度提高其保险费率。多次发生道路交通安全违法行为、道路交通事故，或者发生重大道路交通事故的，保险公司应当加大提高其保险费率的幅度。在道路交通事故中被保险人没有过错的，保险公司不应提高其保险费率。降低或者提高保险费率的标准，由银保监会会同国务院公安部门制定。

2. 不投保或不放、伪造保险标志的处罚

机动车所有人、管理人未按照规定投保机动车交通事故责任强制保险的，由公安机关交通管理部门扣留机动车，通知机动车所有人、管理人依照规定投保，并处依照规定投保最低责任限额应缴纳的保险费的2倍罚款。机动车所有人、管理人依照规定补办机动车交通事故责任强制保险的，应当及时退还机动车。

上道路行驶的机动车未放置保险标志的，公安机关交通管理部门应当扣留机动车，通知当事人提供保险标志或者补办相应手续，可以处警告或者20元以上200元以下罚款。当事人提供保险标志或者补办相应手续的，应当及时退还机动车。

伪造、变造或者使用伪造、变造的保险标志，或者使用其他机动车的保险标志，由公安机关交通管理部门予以收缴，扣留该机动车，处200元以上2000元以下罚款；构成犯罪的，依法追究刑事责任。当事人提供相应合法证明或者补办相应手续的，应当及时退还机动车。

3.2.2 保险责任

在中华人民共和国境内（不含港、澳、台地区），被保险机动车在使用过程中发生交通事故，致使受害人遭受人身伤亡或财产损失，依法应当由被保险人承担的损害赔偿责任，保险人依照合同约定对每次事故在各项责任限额内负责赔偿。

交强险责任限额是指被保险机动车发生道路交通事故，保险公司对每次保险事故所有受害人的人身伤亡和财产损失所承担的最高赔偿金额。交强险的责任限额分有责和无责两种情况。其中，被保险人在道路交通事故中有责时的各项责任限额为：死亡伤残赔偿限额110000元、医疗费用赔偿限额10000元、财产损失赔偿限额2000元。被保险人在道路交通事故中无责时的赔偿限额为：死亡伤残无责赔偿限额11000元、医疗费用无责赔偿限额1000元、财产损失无责赔偿限额100元。

保险责任中的术语解释如下：

1）投保人，是指与保险公司订立机动车交通事故责任强制保险合同，并按照合同负有支付保险费义务的机动车的所有人、管理人。

2）被保险人，是指投保人及其允许的合法驾驶人。

3）抢救费用，是指机动车发生道路交通事故导致人员受伤时，医疗机构参照国务院卫生主管部门组织制定的有关临床诊疗指南，对生命体征不平稳和虽然生命体征平稳但如果不采取处理措施会产生生命危险，或者导致残疾、器官功能障碍，或者导致病程明显延长的受伤人员，采取必要的处理措施所发生的医疗费用。

3.2.3 除外责任

根据《机动车交通事故责任强制保险条例》规定，下列损失和费用，交强险不负责赔偿和垫付：

1）因受害人故意造成的交通事故的损失。

2）被保险人所有的财产及被保险机动车上的财产遭受的损失。

3）被保险机动车发生交通事故，致使受害人停业、停驶、停电、停水、停气、停产、通信或者网络中断、数据丢失、电压变化等造成的损失以及受害人财产因市场价格变动造成的贬值、修理后因价值降低造成的损失等其他各种间接损失。

4）因交通事故产生的仲裁或者诉讼费用以及其他相关费用。

3.2.4 垫付与追偿

被保险机动车使用过程中，造成受害人需要抢救，符合下列情形之一的，保险人在机动车交通事故责任强制保险责任限额范围内垫付抢救费用，并有权向致害人追偿：

1）驾驶人未取得驾驶资格或者醉酒的。

2）被保险机动车被盗抢期间肇事的。

3）被保险人故意制造道路交通事故的。

有上述所列情形之一，发生道路交通事故造成受害人的财产损失，保险公司不承担垫付和赔偿责任。

另外，国家设立道路交通事故社会救助基金（以下简称救助基金）。符合下列情形之一时，道路交通事故中受害人人身伤亡的丧葬费用、部分或者全部抢救费用，由救助基金先行垫付，救助基金管理机构有权向道路交通事故责任人追偿：

1）抢救费用超过机动车交通事故责任强制保险责任限额的。

2）肇事机动车未参加机动车交通事故责任强制保险的。

3）机动车肇事后逃逸的。

救助基金的来源包括：

1）按照机动车交通事故责任强制保险的保险费的一定比例提取的资金。

2）对未按规定投保机动车交通事故责任强制保险的机动车的所有人、管理人的罚款。

3）救助基金管理机构依法向道路交通事故责任人追偿的资金。

4）救助基金孳息。

5）其他资金。

因抢救受伤人员需要保险公司支付或者垫付抢救费用的，保险公司在接到公安机关交通管理部门通知后，经核对应当及时向医疗机构支付或者垫付抢救费用。

因抢救受伤人员需要救助基金管理机构垫付抢救费用的，救助基金管理机构在接到公安机关交通管理部门通知后，经核对应当及时向医疗机构垫付抢救费用。

3.2.5 保险期限

机动车交通事故责任强制保险的保险期间为1年，但有下列情形之一的，投保人可以投保短期机动车交通事故责任强制保险：

1）境外机动车临时入境的。

2）机动车临时上道路行驶的。

3）机动车距规定的报废期限不足1年的。

4）国务院保险监督管理机构规定的其他情形。

3.2.6 合同的变更与终止

交强险保险合同签订后，保险期间内，保险人不得解除机动车交通事故责任强制保险合同；但是，投保人对重要事项未履行如实告知义务的除外。若投保人对重要事项未履行如实告知义务，保险公司解除合同前，应当书面通知投保人，投保人应当自收到通知之日起5日内履行如实告知义务；投保人在上述期限内履行如实告知义务的，保险公司不得解除合同。

保险期间内，投保人不得解除机动车交通事故责任强制保险合同，但有下列情形之一的除外：

1）被保险机动车被依法注销登记的。

2）被保险机动车办理停驶的。

3）被保险机动车经公安机关证实丢失的。

机动车交通事故责任强制保险合同解除前，保险公司应当按照合同承担保险责任。合同解除时，保险公司可以收取自保险责任开始之日起至合同解除之日止的保险费，剩余部分的保险费退还投保人。同时，保险人应当收回保险单和保险标志，并书面通知机动车管理部门。

3.3 交强险的快速理赔

3.3.1 互碰自赔

所谓互碰自赔，就是对事故各方均有责任，各方车辆损失均在交强险有责财产损失赔偿限额 2000 元以内，不涉及人员伤亡和车外财产损失的交通事故，可由各自保险公司直接对

车辆进行查勘、定损，但需交警认定或当事人根据出险地关于快速处理的规定自行协商确定双方均有责任，以及当事人需同意互碰自赔的处理办法。互碰自赔机制是保险行业进一步简化交强险理赔手续、服务于道路交通事故的快速处理、提高被保险人满意度的一项重要举措，如图 3-1 所示。

图 3-1 互碰自赔示意图

1. 交强险互碰自赔的条件

交强险的互碰自赔，是建立在交通事故快速处理基础上的一种快速理赔机制，即对于事故各方均有责任，各方车辆损失均在交强险财产损失赔偿限额以内，不涉及人员伤亡和车外财产损失的两车或多车互碰事故，由各保险公司在本方机动车交强险财产损失限额内，对本车损失进行赔付。中国保险行业协会下发的《交强险财产损失"互碰自赔"处理办法》规定了可以进行"互碰自赔"的条件如下：

1) 多车互碰：两车或多车互碰。

2) 有交强险：事故各方都有交强险（还未到期）。

3) 只有车损：事故只导致各方车辆损失（包括车上财产和车上货物），没有发生人员伤亡和车外的财产损失。

4) 不超 2000 元：各方车损都不超过 2000 元。

5) 都有责任：交警裁定或事故各方根据出险地关于交通事故快速处理的法律法规自行协商确定为各方都有责任（同等或主次责任）。

6) 各方同意：当事人各方对损失确定没有争议，事故各方都同意采用"互碰自赔"方式处理。

不属于交强险赔偿范围的单方事故、任何一方损失金额超过 2000 元的事故，以及不符合道路交通事故快速处理范围的、涉及人员伤亡或车外财产损失的事故都不适合用"互碰自赔"的方式处理，要按一般的理赔方式处理。互碰自赔的一般流程如图 3-2所示。

符合"互碰自赔"的，各方车主凭交警开具的道路交通事故认定书，或机动车交通事故快速处理协议书等单证，直接到

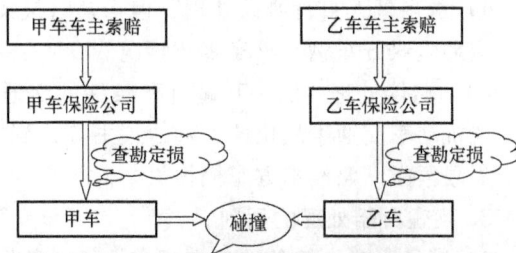

图 3-2 互碰自赔的一般流程

自己的保险公司索赔。

需要提交的索赔单证有：

1）索赔申请书。

2）责任认定书、调解书或事故双方自行协商处理协议书。

3）损失情况确认书（定损单）、查看记录、事故照片。

4）车辆修理费发票（原件）。

5）驾驶证和行驶证（复印件或照片）。

所以，互碰自赔机制对保险公司的工作难度以及不同保险公司之间的协同配合也提出了更高的要求。目前，多家保险公司已经明确表示，一旦查勘人员根据车主提交的资料发现痕迹不符或存在疑问的，都将向事故另一方的保险公司调查取证，另一方必须积极配合；反之亦然。

2. 交强险互碰自赔的运作流程

（1）接受报案　接受报案的流程如下：

1）保险公司工作人员接受报案时，应详细记录出险时间、地点、事故双方当事人损失情况以及责任划分等内容，初步判断是否满足互碰自赔条件。

2）满足互碰自赔条件的，工作人员应主动告知客户互碰自赔的适用条件、处理流程和注意事项。

3）接收报案时不能确定是否满足互碰自赔条件的，可引导客户查勘后确定。

4）提示双方当事人按照出险当地有关交通事故快速处理规定，通知交警处理或依据有关法律法规自行协商处理。

（2）查勘定损　汽车保险理赔查勘人员要注意核实事故的真实性，填写查看记录，并拍摄事故现场照片或损失照片。具体流程如下：

1）如果事故各方损失明显低于2000元，由交警参与事故处理并出具事故责任认定书，或者事故双方依据有关法律法规规定自行协商处理的，满足互碰自赔条件，可由各事故方保险公司直接对本方保险车辆进行查勘定损，查勘人员若事后发现痕迹不符合或存在疑问的，应向对方保险公司调查取证，必要时对各方车辆进行复勘。

2）如果当事双方自行协商处理交通事故时，不能确定是否满足互碰自赔条件，可到一方保险公司进行复勘估损，满足互碰自赔条件的，由各方保险公司分别对本方车辆进行定损，进行查勘的公司应向对方保险公司提供事故现场照片或车辆损失照片。

3）如果出险地有保险行业交通事故集中定损中心，由各方当事人共同到就近的定损中心进行查勘定损，各方保险公司分别对本方车辆进行查勘定损。

4）由当事人自行协商处理，但未及时报案，也未经保险人同意撤离事故现场的交通事故，应勘验双方车辆，核实事故情况。

（3）赔偿处理　满足互碰自赔条件的交通事故，各方分别凭交警出具的事故责任认定书，或机动车交通事故快速处理协议书等，到本方保险公司进行索赔，承保公司在交强险财产损失限额内，赔偿本方车辆损失。

3. 互碰自赔处理的原则

1）满足互碰自赔条件的交通事故，由各保险公司分别对本方车辆进行查勘定损，并在交强险财产损失赔偿限额内，对本方车辆损失进行赔偿。

2）出险车辆任何一方车辆损失金额超过2000元的，不适用于互碰自赔方式，应该按一般赔案处理。即对三者车辆损失2000元以内部分，在交强险限额内赔偿，其他损失在商业险项下按事故责任比例计算赔偿。

3）各保险公司对互碰自赔机制下支付的赔款，不再进行清算追偿。

4. 互碰自赔方式使用的注意事项

1）各保险人应加强对出险事故真实性的勘察，对于双方自行协商处理交通事故的，尽可能对双方车辆进行查勘、比对碰撞痕迹，有条件的要利用交强险信息平台进行监控，防范道德风险的发生。

2）对于保险车辆在异地发生碰撞事故，应适用出险当地保险行业协会、交管部门出台的相关规定，由当地交警处理，并出具事故责任认定书，或者由保险人查勘第一现场，方可按互碰自赔方式赔偿。

3）双方车号、交强险的保险人需要明确，事故一方车辆信息不明确的，应按找不到第三方处理。

4）对于已经建立交强险信息平台的地区，应及时将相关出险、赔付数据上传至交强险信息平台。

3.3.2 无责代赔

交强险的无责代赔，是一种交强险简化处理机制。即两方或多方机动车互碰，对于应由无责方交强险承担的对全责/有责方车辆损失的赔偿责任，由全责/有责方保险公司在本方交强险项下代为赔偿。无责代赔仅适用于对全责/有责方车辆损失部分的赔偿，对于人员伤亡损失不进行代赔。对于应由无责方交强险承担的对全责/有责方车辆损失的赔偿责任，由全责/有责方承保公司在单独的交强险无责任财产损失代赔偿限额内代赔，不占用普通的交强险赔偿限额。事故涉及多个无责车辆的，所有无责方视为一个整体。

保险事故涉及多方车辆的，代赔偿限额为无责方交强险无责任财产损失赔偿限额之和，在各有责方之间平均分配。具体情况如下：

1）一方全责，一方无责的，代赔偿限额为交强险无责任财产损失赔偿限额。

2）一方全责，多方无责的，代赔偿限额为各无责方交强险无责任财产损失赔偿限额之和。

3）多方有责，一方无责的，代赔偿限额为交强险无责任财产损失赔偿限额除以有责方车辆数。

4）多方有责，多方无责的，代赔偿限额为各无责方交强险无责任财产损失赔偿限额之和除以各有责方的车辆数。

3.3.3 各自修车

各自修车是指在车损事故中，损失车辆各方协商同意或者交警调解，认可各自维修各自的车辆。各自修车的赔付方式及审核参考如下：

1）交警未写明责任比例的，标的损失3000元以内认可各自修车，3000元以上需要核实三者损失情况。

2）标的车方主责时各自修车也被认可。

3）标的车方同责及次责时选择各自修车的，机构须核实三者车损金额后上报，核赔核实各自修车是否与标的承担赔偿责任相当。

4）标的损失在交强险下理赔，超过交强险限额的部分在商业车损险项下按照合同条款赔付。

综上所述，对于车损在 2000 元以内的事故案件，如果双方均有交强险，采取互碰自赔与各自修车处理并无区别；如果超过 2000 元的案件，采用互碰自赔案件的赔付方式需要按责赔付超过 2000 元的部分，而采用各自修车是可以 100% 赔付的。值得注意的是，如果对方为非机动车，调解各自修车的时候，标的车是需要在车损险内录入的。

3.4　交强险的费率

交强险实行全国统一的保险条款和保险基础费率，而且采用基础费率同交通违章和交通事故挂钩的"奖优罚劣"费率浮动机制。银保监会按照机动车交通事故责任强制保险业务总体上不盈利不亏损的原则审批保险费率，在审批保险费率时，银保监会可以聘请有关专业机构进行评估以及举行听证会听取公众意见。

3.4.1　机动车交通事故责任强制保险基础费率

1. 家庭自用车

1）家庭自用汽车 6 座以下　950 元

2）家庭自用汽车 6 座及以上　1100 元

2. 非营业客车

1）企业非营业汽车 6 座以下　1000 元

2）企业非营业汽车 6~10 座　1130 元

3）企业非营业汽车 10~20 座　1220 元

4）企业非营业汽车 20 座以上　1270 元

5）机关非营业汽车 6 座以下　950 元

6）机关非营业汽车 6~10 座　1070 元

7）机关非营业汽车 10~20 座　1140 元

8）机关非营业汽车 20 座以上　1320 元

3. 营业客车

1）营业出租租赁 6 座以下　1800 元

2）营业出租租赁 6~10 座　2360 元

3）营业出租租赁 10~20 座　2400 元

4）营业出租租赁 20~36 座　2560 元

5）营业出租租赁 36 座以上　3530 元

6）营业城市公交 6~10 座　2250 元

7）营业城市公交 10~20 座　2520 元

8）营业城市公交 20~36 座　3020 元

9）营业城市公交 36 座以上　3140 元

10）营业公路客运 6—10 座 2350 元

11）营业公路客运 10～20 座 2620 元

12）营业公路客运 20～36 座 3420 元

13）营业公路客运 36 座以上 4690 元

4. 非营业货车

1）非营业货车 2t 以下 1200 元

2）非营业货车 2～5t 1470 元

3）非营业货车 5～10t 1650 元

4）非营业货车 10t 以上 2220 元

5. 营业货车

1）营业货车 2t 以下 1850 元

2）营业货车 2～5t 3070 元

3）营业货车 5～10t 3450 元

4）营业货车 10t 以上 4480 元

6. 特种车

1）特种车一 3710 元

2）特种车二 2430 元

3）特种车三 1080 元

4）特种车四 3980 元

7. 摩托车

1）摩托车 50CC 及以下 80 元

2）摩托车 50CC～250CC（含） 120 元

3）摩托车 250CC 以上及侧三轮 400 元

8. 拖拉机

拖拉机 按保监产险［2007］53 号文件实行地区差别费率

注：

1）座位和吨位的分类都按照"含起点不含终点"的原则来解释。

2）特种车一：油罐车、汽罐车、液罐车；特种车二：专用净水车、特种车一以外的罐式货车，以及用于清障、清扫、清洁、起重、装卸、升降、搅拌、挖掘、推土、冷藏、保温等的各种专用机动车；特种车三：装有固定专用仪器设备、从事专业工作的监测、消防、运钞、医疗、电视转播等的各种专用机动车；特种车四：集装箱拖头。

3）对于挂车，可以根据实际的使用性质并按照对应吨位货车的 30% 计算。

4）低速载货汽车参照运输型拖拉机 14.7kW 以上的费率执行。

3.4.2 交强险的费率浮动

机动车交通事故责任强制保险基础费率浮动因素和浮动比率按照《机动车交通事故责任强制保险费率浮动暂行办法》（保监发［2007］52 号）执行，见表 3-1。

表 3-1   交强险的费率浮动因素和比例表

安全驾驶情况	调整基数	浮动费率
上一年度未发生有责任道路安全事故	降低 10%	-10%
上两个年度未发生有责任道路安全事故	降低 20%	-20%
上三个及以上年度未发生有责任道路安全事故	降低 30%	-30%
上一个年度发生一次有责任不涉及死亡的道路安全事故	0	0
上一个年度发生两次及两次以上有责任道路安全事故	上调 10%	10%
上一个年度发生有责任道路安全死亡事故	上调 30%	30%

几种特殊情况的交强险费率浮动方法如下：

1）首次投保交强险的机动车费率不浮动。

2）在保险期限内，被保险机动车所有权转移，应当办理交强险合同变更手续，且交强险费率不浮动。

3）机动车临时上道路行驶或境外机动车临时入境投保短期交强险的，交强险费率不浮动。其他投保短期交强险的情况下，根据交强险短期基准保险费并按照上述标准浮动。

4）被保险机动车经公安机关证实丢失后追回的，根据投保人提供的公安机关证明，在丢失期间发生道路交通事故的，交强险费率不向上浮动。

5）机动车上一期交强险保单期满后未及时续保的，浮动因素计算区间仍为上期保单出单日至本期保单出单日之间。

6）在全国车险信息平台联网或全国信息交换前，机动车跨省变更投保地时，如投保人能提供相关证明文件的，可享受交强险费率向下浮动。不能提供的，交强险费率不浮动。

3.5   交强险的典型案例分析和赔款计算

3.5.1   交强险典型案例分析

案例 3-3   2015 年春节，王某带着全家驾车出游，在经过甘肃某地一转弯路段时，与对面驶来的比亚迪车相撞，导致比亚迪车驾驶人死亡，车上人员小杨重伤，王某一家三口重伤，交警判定王某负本次事故的全部责任，比亚迪车驾驶人无责，二车均只购买了交强险，请问：

1. 交强险赔付的受害人是谁？

2. 保险公司应分别为哪些人赔付？

案例分析：

1. 机动车交通事故责任强制保险，是指当被保险机动车发生道路交通事故对本车人员和被保险人以外的受害人造成人身伤亡和财产损失时，由保险公司在责任限额内予以赔偿的一种具有强制性质的责任保险，因此交强险赔付的受害人是指被保险机动车致害的交通事故受害人，但不包括被保险机动车本车人员、被保险人。

2. 王某所买交强险所在的保险公司应该在有责范围内，赔偿比亚迪驾驶人死亡以及车上人员小杨受伤的费用，比亚迪车交强险所在的保险公司，应在无责的各项限额内，赔偿王某车辆及人员受伤的损失。

案例 3-4 2017 年 6 月 26 日，石某驾驶摩托车外出，途经一立交桥下向左转弯时与直行的某公交车右后轮发生碰撞，造成石某受伤及摩托车损坏的后果。经公安交警部门处理，认定石某属于酒后无证驾驶无牌照摩托车，而且在转弯时未让直行车辆先行，石某应负此次事故的全部责任，公交车驾驶人无责。经调查，石某的摩托车未参加任何保险，而涉事公交车在某保险公司投保了交强险，保险期限从 2017 年 4 月 16 日至 2018 年 4 月 15 日。事故发生后，石某经住院治疗现已痊愈，并且了解到像他这样的情况，因为对方驾驶人没有事故责任，对方保险公司将不会进行任何赔偿。请问公交车交强险所投保的保险公司能否对石某的损失进行赔付？

案例分析：

虽然本案中的公交车驾驶人在事故中无责任，但是依据交强险相关条款规定，投保了交强险的保险车辆，在发生保险责任范围内的道路交通事故后，保险公司的理赔只分有责和无责两种情况。因此，公交车交强险所在保险公司，应当在无责任死亡伤残赔偿限额 11000 元、无责任医疗费用赔偿限额 1000 元、无责任财产损失赔偿限额 100 元内对摩托车驾驶人石某进行赔付。

案例 3-5 2017 年 5 月 17 日，王某将自有的 2 台桑塔纳车向某保险公司投保了机动车交通事故责任强制保险，两辆车的被保险人均为王某，保险期限一年。2017 年 8 月 30 日，其妻刘某脚穿拖鞋驾驶其中的一辆桑塔纳车对王某驾驶的另一辆桑塔纳车跟车时，因为采取紧急制动时拖鞋滑落，误踏到加速踏板上，直接撞到前面王某驾驶的车上，造成两台车辆损坏。此事故经公安交警部门处理，认定刘某负事故的全部责任。事故发生后，被保险人王某向保险公司报案，申请索赔，保险公司经过查勘，发现受损的两台车辆都是同一被保险人的财产，而且被撞的车同时也有被保险人向保险公司报案，该车与肇事车一样，在同一时间投保了机动车交通事故责任强制保险。

案例分析：

此案的焦点，实际上是同一被保险人的两台车辆发生碰撞事故，这两台车能否构成互为三者的损失，从而得到保险公司在交强险限额内的赔付？《机动车交通事故责任强制保险条例》第八条规定，被保险人在使用被保险机动车过程中发生交通事故，致使受害人遭受人身伤亡或财产损失，依法应当由被保险人承担的损害赔偿责任，保险人按照交强险合同的约定，对每次事故在赔偿限额内负责赔偿。《机动车交通事故责任强制保险条例》第五条规定，交强险合同中的受害人，指因被保险机动车发生交通事故遭受人身伤亡或者财产损失的人，但不包括被保险机动车本车人员、被保险人。因此，本案两台车辆的损失都不能赔付，因为根据《机动车交通事故责任强制保险条例》中责任免除的规定，被保险人所有的财产遭受的损失，为保险责任范围。

本案中还有一点应该引起注意的是，驾驶人因为脚穿拖鞋开车造成这起事故，穿拖鞋开车确实是不安全因素，虽然现在道路交通安全法没有对驾驶人穿什么鞋做限制规定，但是只有按照操作规范安全驾驶，才能有效预防事故发生。

案例3-6　　驾驶人饮酒驾驶，肇事逃逸后能否要求获赔交强险？

2015年10月15日20时许，陈某驾驶越野车在道路上行驶时，撞上钱某驾驶的两轮摩托车，导致钱某受伤。事故发生后，陈某找来他人顶替，被公安机关查获，当地交警大队出具道路交通事故认定书，认定陈某负事故的全部责任，钱某无责任。2016年2月6日，陈某与钱某就后续赔偿事宜达成了赔偿协议，协议内容为，陈某一次性支付钱某误工费、护理费、营养费、伤残赔偿金、精神损害赔偿金、交通费、后续治疗费、辅助器材费等一切损失共计27万元。同日，钱某出具收条一张，写明收到陈某赔偿款27万元。陈某在接受公安机关的询问过程中，承认自己当晚酒后驾车发生事故后又找人顶替的事实，陈某所驾越野车在中国人民财产保险股份有限公司投保了机动车交通事故责任强制保险，保险期限自2014年12月15日至2015年12月14日晚。陈某赔偿受害人损失后，向法院起诉要求保险公司在交强险限额内赔偿其因交通事故造成的各项损失12.2万元，并承担案件诉讼费用。一审法院判决驳回陈某请求保险公司在交强险限额内赔偿其因交通事故造成的各项损失12.2万元的请求，并以被告人陈某犯交通肇事罪，判处其有期徒刑一年缓刑两年。宣判后，陈某不服一审判决上诉至中级人民法院，二审法院经审理后判决驳回上诉，维持一审原判。

案例分析：

本案中，关于交通事故肇事者因酒驾逃逸而未经酒精检测能否认定为醉驾的问题，陈某自认其在交通事故发生前饮酒，属于饮酒驾驶，事故发生后，陈某非本人报案，而是由他人电话报案并自称为事故车辆的驾驶人，后被交警部门认定为"找他人顶替行为"。陈某事发后，虽未离开事故现场，但在派出所干警到场询问时，矢口否认车辆是自己开的，并且在交警部门第1次询问时仍然否认，陈某故意逃避事故责任，导致公安机关无法查清事发时其是否属于醉酒驾驶，该责任应当由其承担。

关于投保人的违法行为能否阻却保险公司举证责任的问题，本案中保险公司不应承担举证责任，理由如下：不具有对陈某醉驾的取证职权，其举证的来源应依赖于交警部门在处理交通事故中所采集的证据，交警部门未对陈某进行酒精检测亦无过错，陈某事发后找人顶替，谎报事故车辆驾驶人，自己也不到交警部门接受调查，导致交警部门在处理事故过程中未能采集到陈某的酒精检测样本做相关的认定，责任在陈某。陈某以保险公司不能举证证明其构成醉驾为由要求保险公司赔偿，违法犯罪行为如果得到支持，破坏的将是整个社会秩序。

关于本案的法律适用问题，原判根据陈某饮酒驾车发生交通事故逃逸这一事实，依照《保险法》第五条、《中华人民共和国道路交通安全法》第二十二条，认为陈某酒后驾车违反法律禁止性规定，保险公司对保险合同免责条款尽到提示义务即可免责，结合陈某的严重违法行为存在很大的社会危害性，驳回陈某的诉讼请求。

3.5.2　交强险基础保险费的计算

1. 一年期基础保险费的计算

投保一年期机动车交通事故责任强制保险的，根据《机动车交通事故责任强制保险基础费率表》中相对应的金额确定基础保险费。

保险费的计算公式为

交强险最终保险费=交强险基础保险费×(1+与道路交通事故相联系的浮动比率)

2. 短期基础保险费的计算

投保保险期间不足一年的机动车交通事故责任强制保险，按短期费率系数计收保险费，不足一个月按一个月计算。具体为：先按《机动车交通事故责任强制保险基础费率表》中相对应的金额确定基础保险费，再根据投保期限选择相对应的短期月费率系数，两者相乘即为短期基础保险费，即短期基础保险费=交强险年基础保险费×短期月费率系数，其中短期月费率系数见表3-2。

表3-2 短期月费率系数表

保险期间/月	1	2	3	4	5	6	7	8	9	10	11	12
短期月费率系数	10	20	30	40	50	60	70	80	85	90	95	100

例3-1 甲车投保交强险及商业三责险20万元，发生交通事故后撞了一骑自行车的人，造成自行车上乙、丙两人受伤，财物受损，其中乙医疗费7000元，死亡伤残费50000元，财物损失2500元，丙医疗费8000元，死亡伤残费35000元，财物损失2000元，经事故处理部门认定甲车负事故70%的责任。甲车从交强险中能获得多少赔款？

交强险分三项限额，分别计算：

医疗费用：7000元+8000元>限额10000元，所以按限额赔偿10000元。

死亡伤残：50000元+35000元<限额110000元，所以按实际赔偿85000元。

财产损失：2500元+2000元>限额2000元，所以按限额赔偿2000元。

所以，甲车从交强险中能获得97000元赔款。

例3-2 甲、乙、丙三车互碰造成三方车损，甲车主责（损失600元），驾驶人受伤，医疗费核损金额7200元，乙车无责（损失1000元），丙车次责（损失1300元）且车外财产损失400元。请根据交强险的相关规定计算甲车、乙车、丙车各自交强险项下的赔款金额。

交强险各项责任限额如下：

甲车（主责）：

财产损失赔偿：甲车赔偿给乙车车损500元（1000元由甲丙分摊，其中交强险不计责任，按实际损失赔偿）；赔偿给丙车车损1250元（丙车损失1300-乙车对丙车的无责赔付100/2=50）及物损400元（此处不再扣除无责赔偿，乙车交强险项下已经足额赔付）。

合计车物损部分2150元，交强险项下满额赔偿2000元。

乙车（无责）：

财产损失赔偿：赔偿甲车车损部分50元（无责赔偿100/2=50）和丙车车损部分50元（无责赔偿100/2=50）。

医疗费用赔偿：赔偿甲车驾驶人医疗费1000元（医疗费无责赔偿）。

合计车物损部分100元，医疗费部分1000元。

丙车（次责）：

财产损失赔偿：赔偿甲车车损550元（600-50）；赔偿给乙车车损500元（1000元由甲

丙分摊，其中交强险不计责任，按实际损失赔偿)。

医疗费用赔偿：赔偿甲车医疗费部分 6200 元 (7200-1000)。

合计车物损部分 1050 元，医疗费部分 6200 元。

例 3-3 A 保险公司承保一标的车，投保车损险保险金额 10 万元，三责险责任限额 10 万元，交强险、车损险、三责险均不计免赔额，保险期限为 2010 年 8 月 5 日至 2011 年 8 月 4 日。2010 年 11 月 6 日会车时出险，标的车损 15000 元，施救费 5000 元，第三者车在 B 保险公司只投保了交强险，三者车损失 18000 元，三者驾驶人医疗费用 12000 元，标的车负事故主要责任，承担 70% 的损失。如果你是 A 保险公司查勘员，请计算 A 保险公司的赔偿金额。

由题意可知，A 保险公司的交强险赔偿第三者车的车损和医疗费部分。标的车购买了车损险及不计免赔，所以计算赔偿款时考虑超出对方车交强险赔付的部分，按事故责任比例计算。标的车的三者险赔偿对方车辆损失和医疗费用超出交强险赔付的部分，事故责任比例为 70%。

A 保险公司的交强险责任限额：

车物损赔偿 = 2000 元，医疗费用赔偿 = 10000 元。

B 保险公司的交强险责任限额：车物损赔偿 = 2000 元。

1）交强险部分

A 保险公司交强险部分：

财产损失赔偿额 = 三者车的车物损失 = 18000 元 > 2000 元，所以财产损失赔偿额为 2000 元。

医疗费赔偿额 = 三者车的医疗费用花费 = 12000 元 > 10000 元，所以医疗费用赔偿额为 10000 元。

A 保险公司交强险部分赔偿共计 12000 元。

B 保险公司交强险部分

财产损失赔偿额 = 标的车的车物损失 + 施救费 = 15000 元 + 5000 元 = 20000 元 > 2000 元，所以财产损失赔偿额为 2000 元。

2）商业险部分

A 保险公司的商业车损险赔款额：

$$[(15000+5000)元-2000元(三者车交强险限额)] \times 70\% = 12600 元$$

A 保险公司的商业三责险赔款额：

$$[18000+12000-2000(标的车交强险财产损失限额)-10000$$
$$(标的车交强险医疗费用限额)]元 \times 70\% = 12600 元$$

其中，赔偿给车辆的为 11200 元，赔偿给医疗费的为 1400 元。

3）A 保险公司赔偿总额

交强险部分：12000 元。

车损险部分：12600 元。

三责险部分：12600 元　其中车物损部分 11200 元，医疗费部分 1400 元。

巩固与思考

1. 什么是机动车交通事故责任强制保险？它的保障对象是什么？

2. 机动车交通事故责任强制保险的保险责任和除外责任有哪些？

3. 机动车交通事故责任强制保险和商业三责险的区别是什么？

4. 机动车交通事故责任强制保险中，保险人负责垫付的条件有哪些？

5. 周某驾驶被保险车辆在郑州市区与王某发生碰撞，致使王某受伤住院。经交警部门认定，周某是醉酒驾车，应负涉案交通事故的全部责任。被保险车辆在某保险公司投保了机动车交通事故责任强制保险及机动车第三者责任险，事故发生是在保险期限内。后周某向区人民法院起诉，请求保险公司在交强险和商业险范围内赔偿其损失。区人民法院审理查明，被保险车辆在某保险公司投保的交强险和商业险合法、有效，受法律保护，但驾驶人周某是醉酒驾车，不属于保险公司的保险赔偿范围，判决驳回周某的诉讼请求。试问：交强险是否应承担赔偿责任？

第4章

机动车商业保险

学习目标：

熟悉机动车商业保险的分类；掌握车辆损失险的保险责任、责任免除以及保险金额的确定；掌握机动车第三者责任险的保险责任、责任免除以及第三者身份的认定；掌握机动车车上人员责任险的保险责任、责任免除；掌握机动车全车盗抢险的保险责任、责任免除；掌握机动车商业保险各附加险及特约条款的保险责任、责任免除以及保险金额的确定；掌握机动车交通强制责任险与第三者责任险的区别；熟悉机动车商业保险各险种合同变更和终止的条件。

4.1 机动车商业保险概述

机动车商业保险是投保人根据意愿自主选择购买的一种保险，保险公司也根据保险标的选择是否愿意承保。目前，我国各家财产保险公司经营的机动车保险业务主要以机动车商业保险为主，一般而言，机动车商业保险按保障的范围可分为基本险（主险）和附加险。基本险是保障机动车辆使用过程中大多数使用者经常面临的风险，附加险是对主险保险责任的补充，它承保的一般是主险不予承保的自然灾害或意外事故。但是，附加险不能单独承保，必须投保相应主险后才能承保。若各附加条款与主险条款有相违背之处，按所附加的条款执行，未尽之处，按主险条款执行。

我国财产保险业务于1980年全面恢复，汽车保险业务也随之展开。2000年，中国保险监督管理委员会统一制定了《机动车辆保险条款》，全国汽车保险企业实行统一条款和刚性的费率。2002年，原保监会在《改革机动车辆保险条款费率管理办法有关问题的通知》中规定条，款费率不再由原保监会统一制定，由各公司、企业自主制定、修改和调整，经原保监会备案后，可向社会公布并实施。但由于整个行业不正当的竞争关系，严重干扰了汽车保险行业的秩序。为规范市场行为，促进汽车保险行业的有序竞争和良性发展，自2007年4月1日起，全国实行由中国保险行业协会统一制定的A、B、C三套条款，这三套条款分别根据中国人民财产保险股份有限公司、中国太平洋财产保险股份有限公司和中国平安财产保险股份有限公司三大公司的车险条款设计，各保险公司可以任选其一（天平汽车保险股份有限公司除外，银保监会允许天平汽车保险股份有限公司采用自己制定的条款）经营。A、B、C 三套条款只对机动车损失险和第三者责任险两个主要险种的条款进行了统一，其他险种的条款由各保险公司自己制定，向保险监督管理部门备案即可。A、B、C 三种条款的编写体例和险种构成的差异不大，各保险公司也可任选一款作为自家公司的保险条款，具体见表 4-1 和表 4-2。

表 4-1　2007 版 A、B、C 三种条款的编写体例

A 款主险条款（包括 12 项）	B 款主险条款（包括总则等 5 部分）	C 款主险条款（包括 9 项）
1. 总则	总则	1. 总则
2. 保险责任	第一部分　基本险	2. 保险责任
3. 责任免除	1. 保险责任	3. 责任免除
4. 保险金额、责任限额	2. 责任免除	4. 保险金额、责任限额、保险期间
5. 保险期间（限）	3. 保险金额、责任限额	5. 赔偿处理
6. 保险人义务	4. 赔偿处理	6. 保险人义务
7. 投保人、被保险人义务	第二部分　通用条款	7. 投保人、被保险人义务
8. 赔偿处理	1. 保险期间	8. 无赔款折扣
9. 保险费调整	2. 保险人义务	9. 其他事项
10. 合同变更和终止	3. 投保人、被保险人义务	
11. 争议处理	4. 其他事项	
12. 附则	5. 争议处理	
	第三部分　附加险	
	第四部分　释义	

表 4-2　2007 版 A、B、C 三种条款的险种构成

A 款险种构成	B 款险种构成	C 款险种构成
1. 机动车第三者责任险	1. 商业第三者责任保险	1. 机动车损失险
2. 家庭自用汽车损失险	2. 车辆损失险	2. 机动车第三者责任险
3. 非营业用汽车损失保险	3. 全车盗抢险	3. 车上人员责任险
4. 营业用汽车损失保险	4. 车上人员责任险	4. 全车盗抢损失险
5. 特种车保险	5. 摩托车、拖拉机保险	5. 摩托车、拖拉机保险
6. 摩托车、拖拉机保险	6. 玻璃单独破碎险条款	6. 玻璃单独破碎险
7. 车上人员责任保险	7. 车身划痕损失险条款	7. 车身油漆单独损失险
8. 机动车盗抢保险	8. 基本险不计免赔率特约条款	8. 车损免赔额特约条款
9. 玻璃单独破碎险		9. 基本险不计免赔特约条款
10. 车身划痕损失险		
11. 可选免赔额特约条款		
12. 不计免赔率特约条款		

特别提示：

采取 A、B、C 款保险的保险公司有：

A 款：人保、阳光、中华联合、大地、华泰、大众、天安、永安、安邦、国寿财险、东京海上等共 11 家，市场份额 74.66%。

B 款：平安、太平、华安、阳光农业、都邦、渤海、华农、民安、安城、安联广州、美亚上海、利宝互助重庆等 12 家，市场份额 13.72%。

C 款：太保、安华农业、上海安信、三井住友上海、中银保险等 5 家，市场份额 11.62%。

4.2　机动车损失险

案例 4-1　已过户但未通知保险人的保险标的，该不该获赔？
2013 年 8 月，张先生在某保险公司为其购置的东风本田 SUV 购买机动车损失险和第三者责任险。同年底，张先生经二手车交易市场将该本田 SUV 过户给李先生，过户时未通知保险公司。2014 年 2 月，李先生驾驶该汽车与王先生驾驶的小货车相撞。事故发生后，交警大队认定李先生应当负本次事故的全部责任，王先生无责任。李先生就此向保险公司索赔。请思考：保险公司是否应该对李先生的损失进行赔偿？为什么？

4.2.1　机动车损失险概述

机动车损失险简称车损险，指保险期间内，保险标的在保险责任范围内遭受自然灾害或意外事故，导致保险标的发生损失，保险人依据保险合同约定在保险金额内给予赔偿。汽车在使用过程中，会因为各种原因发生道路交通意外事故，由于这类事故较多，同时，为了扩大对被保险人的保障并方便客户购买保险，机动车损失险一般提供较综合的保险责任，包括碰撞事故责任和非碰撞事故责任（在美国和日本的车辆损失险中也包括这两个方面）。后来，各国将一些损失频率很高的危险事故从非碰撞事故责任中剔除，将其单独开发成独立险种。我国的机动车全车盗抢事故发生次数比较多，损失情况也比较严重，因此，非碰撞事故责任将机动车全车盗抢险从机动车损失险责任中移除，机动车全车盗抢险成为一个独立险种。2014 版的机动车综合商业保险示范条款又将机动车全车盗抢险与机动车损失险、机动车第三者责任险、机动车车上人员责任险共同列为机动车商业保险的主险。

4.2.2　机动车损失险条款解释

1. 保险责任

机动车损失险的赔付范畴包含两个方面——被保险车辆本身的损失和事故发生后产生的合理的施救费用。保险合同生效期间，被保险人或其允许的合法驾驶人在使用被保险机动车的过程中所造成的被保险车辆的直接损失，保险人按照合同约定负责赔偿；同时，当被保险车辆发生保险事故时，被保险人或其允许的合法驾驶人为防止或减少被保险车辆的损失进行的施救所支付的必要的、合理的费用也在保险责任范围内，由保险人承担。施救费用数额在被保险机动车损失赔偿金额以外另行计算，最高不得超过保险金额的数额。机动车损失险的保险责任见表 4-3。

在保险期间内，被保险人或其允许的驾驶人在使用被保险机动车的过程中，因表 4-3 中所述原因造成被保险机动车的直接损失，且不属于免除保险人责任的范围，保险人依照本保险合同的约定负责赔偿。其中，"被保险人允许的合法驾驶人"强调驾驶人要具备两个条件：一个是被保险人允许，另一个是合法的驾驶人。允许是指是经被保险人认可、雇用或者委派的驾驶人；合法是指被允许的驾驶人必须拥有与准驾车型相对应的机动车驾驶证，驾驶营业性车辆的驾驶人还需持有交通运输管理部门核发的许可证书或其他必备证件。"允许"和"合法"两个方面必须同时具备的驾驶人才能驾驶被保险人的保险车辆，在此情况下发生的意外交通事故，保险人才会予以赔偿。倘若被保险车辆在未经被保险人允许的情况下被人开走，发生意外事故造成保险标的的损失，保险人不予赔偿。车辆本身的事故损失示意图如图4-1所示。

"使用被保险机动车的过程"是指被保险机动车被使用的整个过程，包括行驶和停放。

表4-3 机动车损失险的保险责任

车辆本身的损失	必要的、合理的施救费用
碰撞、倾覆、坠落	发生保险事故时，被保险人或其允许的合法驾驶人为防止或者减少被保险机动车的损失所支付的必要的、合理的施救费用，由保险人承担；施救费用数额在被保险机动车损失保险赔偿金额以外的另行计算，最高不超过保险金额的数额
火灾、爆炸	
外界物体坠落、倒塌	
雷击、暴风、暴雨、洪水、龙卷风、冰雹、台风、热带风暴	
地陷、崖崩、滑坡、泥石流、雪崩、冰陷、暴雪、冰凌、沙尘暴	
受到被保险机动车所载货物、车上人员意外撞击	
载运被保险机动车的渡船遭受自然灾害（只限于驾驶人随船的情形）	

2. 责任免除

在上述保险责任范围内，下列情况下，不论任何原因造成被保险机动车的任何损失和费用，保险人均不负责赔偿。

1) 事故发生后，被保险人或其允许的驾驶人故意破坏、伪造现场、毁灭证据。

2) 驾驶人有下列情形之一者，保险人不予赔偿：

① 事故发生后，在未依法采取措施的情况下驾驶被保险机动车或者遗弃被保险机动车离开事故现场。

图4-1 车辆本身的事故损失示意图

② 饮酒、吸食或注射毒品、服用国家管制的精神药品或者麻醉药品。

③ 无驾驶证，或处于驾驶证被依法扣留、暂扣、吊销、注销期间。

④ 驾驶与驾驶证载明的准驾车型不相符合的机动车。

⑤ 实习期内驾驶公共汽车、营运客车或者执行任务的警车、载有危险物品的机动车或牵引挂车。

⑥ 驾驶的出租机动车或营业性机动车无交通运输管理部门核发的许可证书或其他必备证书。

⑦ 学习驾驶时无合法教练员随车指导。

⑧ 非被保险人允许的驾驶人。

3) 被保险机动车有下列情形之一者，保险人不承担赔偿责任：

① 发生保险事故时，被保险机动车行驶证、号牌被注销的，或未按规定检验或检验不合格的。

② 处于被扣押、收缴、没收和政府征用期间。

③ 在竞赛、测试期间，或在营业性场所维修、保养和改装期间。

④ 被保险人或其允许的驾驶人故意或有重大过失，导致被保险机动车被利用从事犯罪行为。

4）下列原因导致的被保险机动车辆的损失和费用，保险人不负责赔偿：

① 地震及其次生灾害。

② 战争、军事冲突、恐怖活动、暴乱、污染（含放射性污染）、核反应、核辐射。

③ 人工直接供油、高温烧烤、自然、不明原因火灾。

④ 违反安全装载规定。

⑤ 被保险机动车辆被转让、改装、加装或改变使用性质等，被保险人、受让人未及时通知保险人，且因转让、改装、加装或改变使用性质等导致被保险机动车危险程度显著增加。

⑥ 被保险人或其允许的驾驶人的故意行为。

5）下列损失和费用，保险人不负责赔偿：

① 因市场价格变动造成的贬值、修理后因价值降低引起的减值损失。

② 自然磨损、朽蚀、腐蚀、故障、本身质量缺陷。

③ 遭受保险责任范围内的损失后，未经必要修理并检验合格而继续使用，致使损失扩大的部分。

④ 投保人、被保险人或其允许的驾驶人知道保险事故发生后，故意或者因重大过失未及时通知保险人，致使保险事故的性质、原因、损失程度等难以确定的，保险人对无法确定的部分，不承担赔偿责任，但保险人通过其他途径已经及时知道或者应当及时知道保险事故发生的除外。

⑤ 因保险事故损坏的被保险机动车，被保险人未尽量修复；修理前被保险人未会同保险人检验、协商确定修理项目、方式和费用，并且保险人未重新核定该内容，导致无法确定的损失。

⑥ 被保险机动车辆全车被盗窃、被抢劫、被抢夺，下落不明，以及在此期间受到的损坏或被盗窃、被抢劫、被抢夺未遂受到的损坏，或车上零部件、附属设备丢失。

⑦ 车轮单独损坏、玻璃单独破碎、无明显碰撞痕迹的车身划痕，以及新设备的损失。

⑧ 发动机进水后导致的发动机损坏。

3. 免赔率和免赔额

保险人在依照本保险合同约定计算赔款的基础上，按照下列方式免赔：

① 被保险机动车辆一方负次要事故责任的，实行5%的事故责任免赔率；负同等事故责任的，实行10%的事故责任免赔率；负主要事故责任的，实行15%的事故责任免赔率；负全部事故责任或单方肇事事故的，实行20%的事故责任免赔率。

② 被保险机动车的损失应当由第三方负责赔偿、无法找到的第三方的，实行30%的绝对免赔率。

③ 违反安全装载规定、但不是事故发生的直接原因的，增加10%的绝对免赔率。

④ 对于投保人与保险人在投保时协商确定绝对免赔额的，在实行免赔率的基础上增加每次事故的绝对免赔额。

4. 保险金额

保险金额按投保时被保险机动车的实际价值确定。投保时被保险机动车的实际价值由投保人与保险人根据投保时的新车购置价减去折旧金额后的价格协商确定或其他市场公允价值协商确定。折旧金额可根据本保险合同列明的参考折旧系数表确定，参考折旧系数参见表4-4。

表4-4　参考折旧系数表

车辆种类	月折旧系数(%)			
	家庭自用	非营业	营业	
			出租	其他
9座以下客车	0.60	0.60	1.10	0.90
10座以上客车	0.90	0.90	1.10	0.90
微型载货汽车	—	0.90	1.10	1.10
带拖挂的载货汽车	—	0.90	1.10	1.10
低速货车和三轮汽车	—	1.10	1.40	1.40
其他车辆	—	0.90	1.10	0.90

5. 赔偿处理

发生保险事故时，被保险人或其允许的驾驶人应当及时采取合理的、必要的施救和保护措施，防止或者减少损失，并在保险事故发生后48小时内通知保险人。被保险人或其允许的驾驶人根据有关法律法规规定选择自行协商方式处理交通事故的，应当立即通知保险人。

被保险人或其允许的驾驶人根据有关法律法规规定选择自行协商方式处理交通事故的，应当协助保险人勘验事故各方车辆，核实事故责任，并依照《道路交通事故处理程序规定》签订记录交通事故情况的协议书。

被保险人索赔时，应当向保险人提供与确认保险事故的性质、原因、损失程度等有关的证明和资料。被保险人应当提供保险单、损失清单、有关费用单据、被保险机动车行驶证和发生事故时驾驶人的驾驶证。属于道路交通事故的，被保险人应当提供公安机关交通管理部门或法院等机构出具的事故证明、有关的法律文书（判决书、调解书、裁定书、裁决书等）及其他证明，被保险人或其允许的驾驶人根据有关法律法规规定选择自行协商方式处理交通事故的，被保险人应当提供依照《道路交通事故处理程序规定》签订记录交通事故情况的协议书。

因保险事故损坏的被保险机动车，应当尽量修复。修理前被保险人应当会同保险人检验被保险机动车，协商确定修理项目、方式或费用。对未协商确定的内容，保险人可以重新核定。

被保险机动车遭受损失后的残余部分由保险人、被保险人协商处理。如折归被保险人的，由双方协商确定其价值并在赔款中扣除。

因第三方对被保险机动车的损害而造成保险事故，被保险人向第三方索赔的，保险人应积极协助，被保险人也可以直接向本保险人索赔，保险人在保险金额内赔付被保险人，并在赔偿金额内代位行使被保险人对第三方请求赔偿的权利。

被保险人已经从第三方取得损害赔偿的，保险人进行赔偿时，相应扣减被保险人从第三方已取得的赔偿金额。

保险人未赔偿之前，被保险人放弃对第三方请求赔偿的权利，保险人不承担赔偿责任。

被保险人故意或者因重大过失致使保险人不能行使代位请求赔偿的权力，保险人可以扣减或者要求返还相应的赔款。

保险人向被保险人先行赔付的，保险人向第三方行使代位请求赔偿的权力时，被保险人应当向保险人提供必要的文件和所知道的有关情况。

机动车损失赔款按以下方法计算：

（1）全部损失

$$赔款＝（保险金额-被保险人已从第三方获得的赔偿金额）×（1-事故责任免赔率）×$$
$$（1-绝对免赔率之和）-绝对免赔额 \tag{4-1}$$

（2）部分损失　被保险机动车发生部分损失，保险人按实际修复费用在保险金额内计算赔偿：

$$赔款＝（实际修复费用-被保险人已从第三方获得的赔偿金额）×$$
$$（1-事故责任免赔率）×（1-绝对免赔率之和）-绝对免赔额 \tag{4-2}$$

（3）施救费用　在施救财产中，含有本保险合同未保险的财产，应按本保险合同保险财产的实际价值占总施救财产的实际价值比例分摊施救费用。

保险人受理报案、现场勘查、核定损失、参与诉讼、进行抗辩、要求被保险人提供证明和资料、向被保险人提供专业建议等行为，均不构成保险人对赔偿责任的承诺。

被保险机动车发生保险事故，导致全部损失，或一次赔款金额与免赔金额之和（不含施救费用）达到保险金额，保险人按本保险合同约定支付赔款后，本保险责任终止，保险人不退还机动车损失险及其附加险的保险费用。

4.2.3　A、B、C三款关于机动车损失险条款的区别

1. 保险责任的区别

机动车损失险的保险责任差异主要体现在火灾、爆炸、自燃，车载货物撞击和自然灾害约定的不同。

（1）车载货物撞击　A款和B款保险责任中规定"所载货物撞击造成的保险机动车损失"不需承担责任，C款保险责任中规定"受保险机动车所载货物、车上人员意外撞击"的责任损失由保险公司承担。

（2）火灾、爆炸、自燃　A款对于火灾、爆炸、自燃的规定是"因人而异"的，即不同的车型和客户群适用的保险条款是不一样的；B款中规定只承担火灾、爆炸造成的损失，不承担自燃导致的损失；C款中规定对非营业车辆承担火灾、爆炸、自燃责任，对其他客户群体只承担火灾、爆炸责任。三款在火灾、爆炸、自燃方面的保险责任规定见表4-5。

表4-5　A、B、C三款在火灾、爆炸、自燃方面的保险责任规定

车型	A款	B款	C款
家用车	火灾、爆炸	火灾、爆炸	火灾、爆炸
非营业车	火灾、爆炸	火灾、爆炸	火灾、爆炸、自燃
营业车	火灾、爆炸	火灾、爆炸	火灾、爆炸

（续）

车型	A 款	B 款	C 款
摩托车、拖拉机	火灾、爆炸	火灾、爆炸	火灾、爆炸
特种车	火灾、爆炸、自燃	火灾、爆炸	火灾、爆炸

（3）自然灾害　A 款和 B 款相同，C 款保险责任范围广，增加"台风、雪灾、冰凌、沙尘暴、热带风暴"。

2. 责任免除

（1）发动机进水问题　A 款保险免赔条款对于发动机进水的规定是"发动机进水后导致的发动机损坏"，B 款约定的是"保险车辆因遭水淹或因涉水致使发动机损坏"，而 C 款保险条例指出"保险机动车在淹及排气筒的水中使用致使发动机损坏"是属于免赔责任范围。相对而言，A 款和 B 款的范围较窄。

（2）玻璃单独破碎　A 款和 C 款的保险条例中对于玻璃单独破碎的免赔仅限于前后风窗玻璃和左右车窗玻璃，而 B 款还包括天窗玻璃的单独破碎，同时，事故车辆的倒车镜单独损坏、车灯单独损坏也不在保险公司赔偿范围内。

（3）轮胎单独损坏　在轮胎单独损坏的免赔这一方面，A 款保险合同中规定为"轮胎、轮毂、轮毂罩单独损坏"免赔，B 款则规定为"轮胎或轮毂单独损坏"免赔，而 C 款规定为"轮胎（包括钢圈）单独损坏"免赔。尽管这一方面的免赔的书面文件写得有所差异，但在实际生活中对客户来说几乎没有什么差别。

（4）违反安全装载规定　A 款的保险合同中对营业车和特种车因违反安全装载规定导致的损失是免赔的，而 B 款和 C 款的保险条例的责任免除是针对所有车型的。

（5）特种车的特殊责任免除　A 款保险对特种车另行规定了 3 项责任免除——被保险机动车上固定的机具、设备的损失是由内在的机械或超负荷、超电压、感应电等电器故障造成的；车辆在作业中因车体失去重心而遭受的损失；吊升、举升的物体引起被保险机动车的损失，这显得 A 款很严格。

（6）其他　C 款保险条款中明确规定"散热器或发动机单独损坏"和因"被保险机动车无驾驶人操作时自行滑动或被遥控起动"导致的损失均不赔偿。

3. 车辆折旧

A、B、C 三种条款对于折旧率的规定整体差异不大，9 座以下家庭自用汽车、非营业用客车的月折旧率均为 0.60%；货车（除特殊外）、10 座以上非营业用客车、出租车以外的营业用客车的月折旧率均为 0.90%；对于出租类客车、矿山专用车的月折旧率，A 款为 1.10%，B 款和 C 款均为 1.20%。A 款中规定的折旧率见表 4-6，B、C 款中规定的折旧率见表 4-7。

表 4-6　A 款中规定的折旧率

车辆种类	月折旧率（%）				
	家庭自用汽车	非营业用汽车	营业用汽车		特种车
			出租	其他	
9 座以下载客汽车	0.60	0.60	1.10	0.90	/
10 座以上载客汽车	/	0.90	1.10	0.90	/
微型载货汽车	/	0.90	1.10	1.10	

（续）

车辆种类	月折旧率（%）				
	家庭自用汽车	非营业用汽车	营业用汽车		特种车
			出租	其他	
带拖挂的载货汽车	/	0.90	1.10	1.10	/
低速载货汽车	/	1.10	1.40	1.40	/
矿山专用车	/	/	/	/	1.10
其他车辆	/	0.90	1.10	0.90	0.90

表 4-7　B、C 款中规定的折旧率

月折旧率（%）	车辆种类	
	B 款	C 款
0.60	9座（含9座）以下非营运载客汽车（包括轿车、越野车）	9座及9座以下非营运客车（含越野车）
1.20	出租车以及运载量大于6t的载货汽车、矿山专用车	出租车、轻微型载货汽车、矿山专用车、带拖挂的载货汽车
0.90	其他类型车辆	其他类型车辆

4. 保险费的交付规定

（1）A 款规定　除另有约定外，投保人应当在保险合同成立时交清保险费，保险费交清前发生的保险事故，保险人不承担赔偿责任。

（2）B 款规定　投保人应当按照保险费用的约定交付保险费。投保人未按约定交付保险费的，保险人可在约定期限后的 30 天内解除保险合同。

约定一次性交付保险费的，投保人在约定交付日后支付保险费的，保险人自保险费到账次日起承担保险责任，保险期间保险终止期不变。

约定分期交付保险费的，保险人按照保险事故发生前实际收取保险费与投保人应当交付保险费的比例承担保险责任。

（3）C 款责任　除保险合同另有约定外，投保人应在保险合同成立时一次交清保险费。保险费交清前发生保险事故，保险人不承担保险责任。

保险合同约定分期缴纳保险费的，对于自投保人未按合同约定交纳保险费之日起的期间内发生的保险事故，保险人不承担保险责任。

5. 合同解除有关退费的规定

（1）A 款规定　保险责任开始前，投保人要求解除保险合同的，应当向保险人支付应交保险费5%的退费手续费，保险人应当退还保险费。

保险责任开始后，投保人要求解除保险合同的，保险人按短期月费率收取自保险责任开始之日起至合同解除之日止期间的保险费，并退还剩余部分保险费。

（2）B 款规定　保险责任开始前，投保人要求解除合同的，保险人退还保险费，并按照《保险法》的有关规定扣除手续费，手续费为保险费的 0.3%。对于保险责任开始后投保人要求解除合同同时如何退费未做规定。

（3）C 款规定　C 款对此均未规定。

6. 免赔率

A、B、C 三款对于免赔率的规定见表 4-8。

表 4-8 A、B、C 三款对于免赔率的规定

行业条款及 车辆类型		事故免赔率	非指定 驾驶人	非约定 区域	违反安全 装载规定	多次出现 加扣
A	家用车	负次要责任 5%,负同等责任 8%,负主要责任 10%,负全部责任或单方肇事事故 15%;无法找到第三方 30%;自行协商不能证明事故原因 20%	10%	10%	无	无
	非营业用车		无	10%	无	无
	营业用车		无	10%	5%	第三次起每次加 5%
	特种车	负次要责任 5%,负同等责任 10%,负主要责任 15%,负全部责任或单方肇事事故的免赔率为 20%;无法找到第三方 20%	无	10%	5%	无
	摩托车、拖拉机	负次要责任 3%,负同等责任 5%,负主要责任 8%,负全部责任或单方肇事事故 10%;拖拉机:无法找到第三方 10%	无	无	无	无
B		1)负次要责任 5%,负同等责任 8%,负主要责任 10%,负全部责任或单方肇事事故 15%;无法找到第三方 30% 2)负次要责任 3%,负同等责任 5%,负主要责任 8%,负全部责任或单方肇事事故 10%;无法找到第三方 30%;不计免赔率为 0	家用车 10% 其他无	10%	10%;营运货车实际装载货物风险类别高于保险单载明的加扣 10%	无
C		负次要责任 5%,负同等责任 8%,负主要责任 10%,负全部责任或单方肇事事故 15%;无法找到第三方 30%;摩托车不实行上述免赔	无	10%	无	无

注:当客户选择不计免赔时,A、B、C 三款加收保费均为车损险保费的 15%。

案例 4-2 驾驶车辆技术状态不达标的保险标的引发事故,可否获赔?

2006 年 3 月 12 日,某市运输公司为其旗下的 15 辆东风牌自卸货车购买了车辆损失险,每辆车的保险金额是 48000 元,并及时交纳了足额保险费。保险期间内的一天晚上,该运输公司某驾驶员驾驶其中一辆东风货车行车时,驶入逆行车道与一辆三轮车发生碰撞,两车均受损严重,东风货车维修费用 18000 元。事故发生后,该肇事车辆被公安局交通部门扣留,随后经市机动车检测机构检测,结果显示该东风货车制动和灯光不合格。市交警支队认定,该运输公司驾驶员驾驶制动和灯光不合格的东风牌自卸货车,遇紧急情况采取措施不当,驶入逆行车道造成事故,应负事故主要责任。运输公司在处理这个事故时,支付东风货车和对方三轮车维修费用以及各项经济损失费用合计 37000 元。

随后，运输公司一方向保险公司提出在保险金额内赔偿东风货车车辆损失的部分，但是保险公司以肇事车辆的制动和灯光不合格为由拒赔。运输公司认为其依照约定交付保费，却不能享有权利，作为原告提出诉讼请求，请求法院判令被告保险公司支付其东风货车车辆损失的维修费用 18000 元。法院在审理后做出判决，驳回了运输公司的诉讼请求。

案例分析：

原告运输公司与被告保险公司签订的保险合同中，车辆保险条款的第十六条明确规定：被保险人应当做好保险车辆的维护工作，使保险车辆保持正常技术状态运行。在这个案件中，原告运输公司作为被保险人已经履行支付保险费用的义务，但是没有保护好保险标的使其处于正常技术状态，导致其驾驶人驾驶制动和灯光均存在问题的东风货车与他人驾驶的三轮车在逆行车道相撞，并且运输公司方对交通管理部门的责任认定未提出异议，已予以认可。原告未尽到被保险人应尽的对保险标的安全防损的义务，所以被告保险公司可以肇事的保险车辆制动和灯光不合格、运输公司未尽被保险人义务为由，拒绝对运输公司受损的东风货车进行赔偿的要求，但是要出具正式的拒赔文件。

这个案例的侧重点在于告诫机动车的投保人和被保险人，即使购买了机动车损失险，也应该注重对保险标的的保养与维护，在保险期间内尽到安全防损的义务，否则，因保险标的出现状况而导致交通意外事故发生，保险公司可以依据保险条例拒绝赔付。

案例 4-3　　　　　　发动机进水受损，保险公司是否赔偿？

2016 年 1 月，武汉某食品公司为其旗下的奔驰车购买为期一年的车辆损失险。同年 7 月初，武汉突发暴雨、强降雨，导致该公司该辆奔驰车在经过江汉区一街道时，由于路面迅速积水，车辆行进中突然熄火。驾驶人当即向保险公司报案，经保险公司现场查勘后确认，奔驰车熄火是由于排气管进水导致发动机受损，保险公司认为发动机进水损失不属于保险责任范围，拒绝赔付。而奔驰车所在的武汉某食品公司认为，车辆损失险的保险责任条款列明了暴雨造成的损失属于车辆损失险的保险责任范围，发动机进水产生的维修费用 36 万元应由保险公司赔付。双方经多次协商无果，2016 年 12 月，被保险人——武汉某食品公司将所投保的该保险公司告到江汉区法院。经法院调解，最终双方同意，保险公司支付原告 36 万元维修费用。

案例分析：

保险合同中规定：因雷击、暴风、暴雨、洪水、龙卷风、冰雹、台风、热带风暴造成的车辆损失，保险人负责赔偿。但免赔条款中列明：因发动机进水后导致的发动机损坏，保险人不负责赔偿。本案的焦点在于被保险人、保险人对上述条款理解不同。被保险人认为因暴雨形成积水致使发动机受损，事故损失的近因是暴雨，而暴雨属于车辆损失险责任的范围。而保险人则认为发动机进水导致的发动机受损，属于车辆损失险的免责范围，保险人不应负责赔偿。律师给出的意见是，保险条款是一种格式条款。格式条款有两种以上解释的，可根据《合同法》规定，应当做出不利于提供格式条款一方的解释。《保险法》中还规定：保险人在订立合同时，对于免责条款应该在投保单、保险单上做出足以引起投保人注意的提示；对于免责条款的内容没向投保人做出明确说明的均不产生效力。所以"机动车进水导致的发动机受损"的免责条款不产生效力，保险公司应给与被保险人赔款。

案例 4-4 点火照明造成全车烧毁，可否获赔？

某公司于 2003 年购买了一辆公务小客车，一直在当地某保险公司投保机动车交通事故责任强制险和机动车损失险，并由驾驶员张某负责其日常维护修养。由于张某精心维护，几年来从未出现大的事故。对于车辆经常出现的小故障，张某因对该车很熟悉，一般都能自己动手解决。2006 年 4 月，张某外出时车辆意外抛锚，因天色已晚张某急于赶路，便下车打开发动机前舱盖检查。他隐约闻到一股燃油味，但看不清来自何处，遂从兜里摸出打火机照明。突然，一股火苗从发动机下部蹿起，迅速蔓延全车。张某立即拨打火警电话，并向保险公司报案，虽奋力抢救，但车辆最终被全部烧毁。事后经当地消防中队认定，系车辆供油管道渗透遇外来火源起火。

案例分析：

国内行驶的很多车辆的前部发动机盖内都没有照明设备，给驾驶员在昏暗的光线下检修增添了障碍，尤其是在户外发生故障时，检修更困难。本案中张某怀疑车辆供油系统渗漏，为了防止出现更大的事故，急于强行检修。但他忽视了应远避火源的原则，反而用明火照明，这是引起火灾的主要原因，无疑张某对火灾负有严重过失责任。但严重过失并不是保险的除外责任，本起事故应属于保险责任中的"火灾"，保险公司应按照保险合同在责任限额内予以赔偿。

4.3 机动车第三者责任险

案例 4-5 车辆撞到自家人，该不该获赔？

2018 年的 5 月 17 日，李某买了一辆北京现代汽车，并一次性购买了机动车交通事故责任强制险、机动车损失险、第三者责任险、车上人员责任险。保险期间内的某一天下午，李某下班后，急急忙忙开车回家，在快到家门口时撞到了自己的妻子。妻子住院期间花了几万元，李某想起曾给这辆车购买了第三者责任险，就找保险公司申请索赔。车辆撞到自家人，保险公司该不该赔偿？

4.3.1 机动车第三者责任险概述

机动车第三者责任险简称三者险，是保险车辆因发生意外事故，致使第三方遭受人身伤亡或财产的直接损毁，被保险人需要承担赔付责任的，保险人依照合同约定给予赔偿。

保险合同中的第三者是指因保险标的发生意外事故过程中遭受人身伤亡或财产损失的人员，但不包括保险人、投保人、被保险人和保险标的发生事故时本车车上的人员。需要注意的是，在交通意外事故发生过程中，投保人或被保险人的家庭成员（不在车内）受伤或死亡，也可获得第三者责任险的赔偿，这是新增加的保险条例，与旧版的保险条例有明显区别。

4.3.2 机动车第三者责任险条款说明

1. 保险责任

保险期间内，被保险人或其允许的驾驶人在使用被保险机动车过程中发生意外事故，致使第三者遭受人身伤亡或财产直接损毁，依法应当对第三者承担的损害赔偿责任，且不属于免除保险人责任的范围，保险人依照保险合同的约定，对于超过机动车交通事故责任强制保险各分项赔偿限额的部分负责赔偿。

2. 责任比例

保险人依据被保险机动车一方在事故中所负的事故责任比例，承担相应的赔偿责任。

被保险人或被保险机动车一方根据有关法律法规定选择自行协商或由公安机关交通管理部门处理事故未确定事故责任比例的，按照下列规定确定事故责任比例：

被保险机动车一方负主要事故责任的，事故责任比例为70%。

被保险机动车一方负同等事故责任的，事故责任比例为50%。

被保险机动车一方负次要事故责任的，事故责任比例为30%。

涉及司法或仲裁程序的，以法院或仲裁机构最终生效的法律文书为准。

3. 责任免除

1）事故发生后，被保险人或其允许的驾驶人故意破坏、伪造现场，毁灭证据。

2）驾驶人有下列情形之一者：

① 事故发生后，在未依法采取措施的情况下驾驶被保险机动车或者遗弃被保险机动车离开事故现场。

② 饮酒、吸食或注射毒品、服用国家管制的精神药品或者麻醉药品。

③ 无驾驶证，驾驶证被依法扣留、暂扣、吊销、注销期间。

④ 驾驶与驾驶证载明的准驾车型不相符合的机动车。

⑤ 实习期内驾驶公共汽车、营运客车或者执行任务的警车、载有危险物品的机动车或牵引挂车的机动车。

⑥ 驾驶出租机动车或营业性机动车无交通运输管理部门核发的许可证书或其他必备证书。

⑦ 学习驾驶时无合法教练员随车指导。

⑧ 非被保险人允许的驾驶人。

3）被保险机动车有下列情形之一者：

① 发生保险事故时被保险机动车行驶证、号牌被注销的，或未按规定检验或检验不合格。

② 被扣押、收缴、没收、政府征用期间。

③ 在竞赛、测试期间。在营业性场所维修、保养、改装期间。

④ 全车被盗抢、被抢劫、被抢夺、下落不明期间。

4）下列原因导致的人身伤亡、财产损失和费用，保险人不负责赔偿：

① 地震及其次生灾害、战争、军事冲突、恐怖活动、暴乱、污染（含放射性污染）、核反应、核辐射。

② 第三者、被保险人或其允许的驾驶人的故意行为、犯罪行为，第三者与被保险人或其他致害人恶意串通的行为。

③ 被保险机动车被转让、改装、加装或改变使用性质等，被保险人、受让人未及时通知保险人，且因转让、改装、加装或改变使用性质等导致被保险机动车危险程度显著增加。

5）下列人身伤亡、财产损失和费用，保险人不负责赔偿：

① 被保险机动车发生意外事故，致使任何单位或个人停业、停驶、停电、停水、停气、停产、通信或网络中断、电压变化、数据丢失造成的损失以及其他各种间接损失；

② 第三者财产因市场价格变动造成的贬值、修理后因价值降低引起的减值损失。

③ 被保险人及家庭成员、被保险人允许的驾驶人及其成员所有，承租、使用、管理、运输或代管的财产损失，以及本车上财产的损失。

④ 被保险人、被保险人允许的驾驶人、本车车上人员的人身伤亡。

⑤ 停车费、保管费、扣车费、罚款、罚金或惩罚性赔款。

⑥ 超出《道路交通事故受伤人员临床诊疗指南》和国家基本医疗保险同类医疗费用标准的费用部分。

⑦ 律师费，未经保险人事先书面同意的诉讼费、仲裁费。

⑧ 投保人、被保险人或其允许的驾驶人知道保险事故发生后，故意或者因重大过失未及时通知，致使保险事故的性质、原因、损失程度等都难以确定的，保险人对无法确定的部分不承担赔偿责任，但保险人通过其他途径已经及时知道或者应当及时知道保险事故发生的除外。

⑨ 因被保险人违反本条款约定（因被保险事故损坏的第三者财产，应当尽量修复。修理前被保险人应当会同保险人检验，协商确定修理项目、方式和费用。对未协商确定的，保险人可以重新核定）。

⑩ 精神损害抚慰金。

⑪ 应当由机动车交通事故责任强制保险赔偿的损失和费用。

保险事故发生时，被保险人机动车未投保机动车交通事故责任强制险或机动车交通事故责任强制险合同已经失效的，对于机动车交通事故责任强制险责任限额以内的损失和费用，保险人不负责赔偿。

4. 免赔率

保险人在依照本保险合同约定计算赔款的基础上，在保险单载明的责任限额内，按照下列方式免赔：

1）被保险机动车一方负次要事故责任的，实行5%的事故责任免赔率；负同等事故责任的，实行10%的事故责任免赔率；负主要事故责任的，实行15%的事故责任免赔率；负全部事故责任的，实行20%的事故责任免赔率。

2）违反安全装载规定的，实行10%的绝对免赔率。

5. 责任限额

每次事故的责任限额，由投保人和保险人在签订保险合同时协商确定。

主车和挂车连接使用时视为一体，发生保险事故时，由主车保险人和挂车保险人按照保险单上载明的机动车第三者责任险责任限额的比例，在各自的责任限额内承担赔偿责任，但赔偿金额总和以主车的责任限额为限。

6. 赔偿处理

发生保险事故时，被保险人或其允许的驾驶人应当及时采取合理的、必要的施救和保护措施，防止或者减少损失，并在保险事故发生后48小时内通知保险人。被保险人或其允许的驾驶人根据有关法律法规规定选择自行协商方式处理交通事故的，应当立即通知保险人。

被保险人或其允许的驾驶人根据有关法律法规规定按自行协商方式处理交通事故的，应当协助保险人勘验事故各方车辆，核实事故责任，并依照《道路交通事故处理程序规定》签订记录交通事故情况的协议书。被保险人索赔时，应当向保险人提供与确认保险事故的性质、原因、损失程度等有关的证明和资料。被保险人应当提供保险单、损失清单、有关费用单据、被保险机动车行驶证和发生事故时驾驶人的驾驶证。属于道路交通事故的，被保险人应当提供公安机关交通管理部门或法院等机构出具的事故证明、有关的法律文书（判决书、调解书、裁定书、裁决书等）及其他证明。被保险人或其允许的驾驶人根据有关法律法规规定选择自行协商方式处理交通事故的，被保险人应当提供按照《道路交通事故处理程序规定》签订记录交通事故情况的协议书。

保险人对被保险人给第三者造成的损害，可以直接向该第三者赔偿。被保险人给第三者造成损害，被保险人对第三者应负的赔偿责任确定的，根据被保险人的请求，保险人应当直接向第三者赔偿。被保险人怠于请求的，第三者有权就其应获赔偿部分直接向保险人请求赔偿。被保险人给第三者造成损害，被保险人未向该第三者赔偿的，保险人不得向被保险人赔偿。

因保险事故损坏的第三者财产，应当尽量修复。修理前被保险人应当会同保险人检验，协商确定修理项目、方式和费用。对未协商确定的，保险人可以重新核定。

7. 赔款计算

1）当（依合同约定核定的第三者损失金额−机动车交通事故责任强制保险的分项赔偿限额）×事故责任比例等于或高于每次事故赔偿限额时：

$$赔款 = 每次事故赔偿限额 \times (1-事故责任免赔率) \times (1-绝对免赔率之和) \tag{4-3}$$

2）当（依合同约定核定的第三者损失金额−机动车交通事故责任强制保险的分项赔偿限额）×事故责任比例低于每次事故赔偿限额时：

$$赔款 = (依合同约定核定的第三者损失金额−机动车交通事故责任强制保险的分项赔偿$$
$$金额) \times 事故责任比例 \times (1-事故责任免赔率) \times (1-绝对免赔率之和) \tag{4-4}$$

保险人按照《道路交通事故受伤人员临床诊疗指南》和国家基本医疗保险的同类医疗费用的赔偿金额。未经保险人书面同意，被保险人自行承诺或支付的赔偿金额，保险人有权重新核定。不属于保险人赔偿范围或超出保险人应赔偿金额的，保险人不承担赔偿责任。

保险人受理报案、现场查勘、核定损失、参与诉讼、进行抗辩、要求被保险人提供证明和资料、向被保险人提供专业建议等行为，均不构成保险人对赔偿责任的承诺。

4.3.3 A、B、C 三款关于第三者责任险条款的对比

1. 保险责任

A、B、C 三款保险的第三者责任险的保险责任几乎相同，唯一不同的是 B 款第三者责任险的保险责任中还包括承担在责任限额内的仲裁、诉讼等费用。

2. 责任免除

（1）车载货物掉落责任　A 款和 C 款均是将车载货物掉落这一责任作为赔偿责任范围内的，而 B 款是将"车载货物掉落、泄漏、腐蚀造成的任何损失和费用"列为责任免除。

（2）污染造成的损失　A 款和 C 款对所有因污染造成的损失均不给与赔偿，而 B 款保险条例则规定由车辆使用的机油泄漏所造成的损失在赔偿范围内，除此之外其他的污染造成的损失不在赔偿范围内。可见，A 款、C 款对于污染造成的损失的规定较严格。

（3）违反安全装载规定 A 款将特种车因违反安全装载规定致使发生保险事故的责任列为责任免除，其他条款则无此规定，而 B 款、C 款关于因违反安全装载规定导致的事故免除赔偿是所有车型都适用的。

（4）其他 C 款保险条例规定，被保险机动车因在行驶过程中翻斗突然升起、没有放下翻斗以及自卸系统（含机件）失灵而导致的损失，保险公司不负责赔偿。

3. 免赔率

A、B、C 款在第三者责任险免赔率方面的规定存在很大区别，其中，A 款较细致，B 款中可分为两大类，C 款中只有一种。A、B、C 三款关于第三者责任险免赔率的比较见表 4-9。

表 4-9　A、B、C 三款关于第三者责任险免赔率的比较

行业条款	种类	事故免赔率	非指定驾驶人	非约定区域	违反安全装载规定
A	家用汽车	负次要责任 5%，负同等责任 10%，负主要责任 15%，负全部责任 20%	10%	10%	10%
	非营业客车		无	10%	10%
	营业客车		无	10%	10%
	特种车		无	10%	5%
	摩托车、拖拉机	负次要责任 3%，负同等责任 5%，负主要责任 8%，负全部责任 10%	无	无	无
B		1）负次要责任 5%，负同等责任 10%，负主要责任 15%，负全部责任 20%；2）负次要责任 3%，负同等责任 5%，负主要责任 8%，负全部责任 10%。不计免赔率：0	家用汽车 10% 其他无	10%	10%；营运货车实际装载货物风险类别高于保险单载明的增加 10%
C		负次要责任 5%，负同等责任 10%，负主要责任 15%，负全部责任 20%。摩托车不实行上述免赔	无	10%	无

注：当客户选择不计免赔时，A、C 两款加收保费为第三者责任险保费的 15%，B 款为 20%，B 款偏高。

4.3.4　机动车交通事故责任强制险与机动车第三者责任险的区别

1. 性质不同

机动车交通事故责任强制险具有强制性，其强制性体现在实行强制性投保和强制性承保两方面。实行强制性投保是指所有上道路行驶的机动车的所有人或管理人必须依法投保机动车交通事故责任强制险；强制性承保是指《机动车交通事故责任强制保险条例》要求具有经营交通事故责任强制险资格的保险公司不能拒绝承保和随意解除合同。交通事故责任强制险的强制性具有类似于社会保险的性质，更强调对第三人的利益保障。

第三者责任险并不具有强制性，投保人是否投保，是投保人与保险人双方协商的一个结果。而且，第三者责任险在本质上是一款商业保险，保险人对于投保人提出的投保申请没有强制性承保的规定，保险人可以依据保险标的的风险状况决定是否承保。它更看重的是风险的分散和保险利益的获取，因此，第三者责任险的投保率在全国范围内还有提升空间。

2. 赔偿责任不同

机动车交通事故责任强制险的赔偿是无论被保险人是否需要在交通事故中承担责任，保险公司均按照《机动车交通事故责任强制保险条例》以及交通事故责任强制险条款的具体要求在责任限额内予以赔偿。

机动车第三者责任险是按照被保险人在交通事故中应当承担的责任来确定其赔偿责任的，具体赔偿方式按照保险合同的具体约定来确定。

3. 责任范围不同

机动车交通事故责任强制险几乎涵盖了所有道路交通风险，除了被保险人故意制造的交通事故等少数几种情况外，并且不设置免赔率和免赔额。

机动车第三者责任险设置诸多条例的责任免赔项，并且不同的保险公司规定的免赔额、免赔率或事故责任免除事项也不同。

4. 保险费率不同

机动车交通事故责任强制险实行统一的保险条款和费率，与其他保险业务分开管理、单独核算，并不以盈利为目的。

机动车第三者责任险的保险费率可由投保人与保险人共同协商确定，其费率因保险人不同而不同，即保险公司可自行确定机动车第三者责任险的费率。第三者责任险无须与其他汽车保险险种分开管理、单独计算，是以营利为目的的一种商业险种。

5. 机动车交通事故责任强制保险试行分项责任限额制

机动车交通事故责任强制保险依据保险条例规定分项责任限额制，即分为死亡伤残赔偿限额、医疗费用赔偿限额、财产损失赔偿限额以及被保险人无责的赔偿限额（无责死亡伤残赔偿限额、无责医疗费用赔偿限额、无责财产损失赔偿限额）。

机动车第三者责任险的责任赔偿限额分为不同档次，投保人根据需要自行选择购买。

案例 4-6 未向被保险人详细解释保险条款，车辆出险后是否赔偿？

2015 年 7 月 11 日，一辆大货车在倒车时不慎撞到停靠在车后的一辆小车，导致小车的尾灯、后风窗玻璃以及车身尾部损坏。货车驾驶员当即向保险公司报案，经保险公司查勘员现场勘查后确认，发生相撞的两辆车一辆是刘某名下的财产，另一辆是刘某代管的财产，并且，这两辆车均只购买了机动车交通事故责任强制保险和第三者责任险，被保险人也是刘某。为此，查勘人员认为这符合机动车第三者责任险保险条款的免责范围，故不同意赔款。但刘某认为保险公司应支付赔偿，遂向法院提起诉讼，要求法院判令被告保险公司支付汽车维修费、误工费共计 15000 元。

法庭上，双方各执一词。被告保险公司辩称，第三者责任险保险条款中指出，被保险人及家庭成员、被保险人允许的驾驶人及其成员所有、承租、使用、管理、运输或代管的财产损失，以及本车上财产的损失，保险人均不予以赔偿。而原告刘某称，保险合同大都用专业名词，难以理解，并且在购买第三者责任险时，保险公司的业务员也没有向他介绍清楚，投保单也是由保险公司业务员代签的。最终，法院根据《保险法》第十七条的规定，保险合同中关于责任免赔条款的，保险人在订立合同时，应向投保人明确说明，未明确说明的，该条款不产生效力。法院判决刘某胜诉。

案例分析:

同一被保险人拥有或代管等类似情形下的车辆（至少多于一辆）发生意外事故，保险公司理应拒赔成功，不应败诉。然而却由于未明确告知投保人责任免赔条款，被判败诉，实属不该。案例中刘某虽然在法庭中胜诉，获得赔偿，但是并不是因为保险条款出问题而获得的。这个案件的判决结果提醒保险公司履行法定告知义务的程序必不可少。

案例 4-7 两者未发生碰撞，三责险是否赔偿？

2017 年 6 月，董某为自己的宝马爱车购买机动车辆损失险和第三者责任险，其中第三者责任险的责任限额为 10 万元。同年 12 月 19 日晚，董某驾驶宝马车行驶到保定市的一个交叉路口时，由于天黑，视线不良，临近时才发现路中间有一片淤泥，董某为躲避驶入三环辅道，致使一名骑自行车人张某因躲避该宝马而撞到路边的树上，张某身上多处损伤，损失将近 1 万元，董某的宝马没有一丝损坏。经交警判定：董某在此次保险事故中负全部责任。事故处理结案后，董某持保险单向保险公司就第三者责任损失索赔，保险公司拒绝赔偿，双方遂发生纠纷。案件中两者并未产生接触，保险公司是否承担赔偿责任？

案例分析:

机动车辆保险中涉及的紧急避险是指为了国家、公共利益、本人，或者他人的人身、财产和其他权利免受正在发生的危险，不得已采取的避险行为。《中华人民共和国民法通则》里对紧急避险的责任有相关说明："因紧急避险造成损害的，由引起险情发生的人承担民事责任。"本案中，被保险人董某因在路口处占用了非机动车道，致使当危险来临时，骑自行车人张某必须要采取措施避让董某。张某受伤是董某的占道行为直接导致的，董某应当承担相关责任。

本案的焦点在于，两车未发生碰撞，对于所造成的第三者的损失，保险公司是否应该承担赔偿责任。保险条款中并未规定，只有发生直接碰撞，保险人才会就第三者责任险进行赔偿，简而言之，直接碰撞并不完全决定第三者责任险赔偿。在本案中，第三者责任险赔付依据的条件是：第三者的直接损毁依法应当由被保险人承担赔偿责任。由此，董某可在第三者责任险保险额度内获得赔偿，张某损失的 1 万元应当由保险公司在董某第三者责任险限额内进行赔付。

4.4 机动车车上人员责任险

案例 4-8 右后座乘客受伤，该不该获赔？

2016 年，钱某为自己的爱车购买机动车交通事故责任强制险、机动车辆损失险，并为主驾驶位、副驾驶位购买车上人员责任险。在保险期间内，钱某驾驶汽车出去游玩，车上共坐三个人，主驾驶、副驾驶、右后座各一人，因对道路不熟悉，导致汽车撞到路边的护栏上，三人均有不同程度的受伤。钱某第一时间报案，查勘人员也迅速赶来。请思考：钱某为爱车购买了两个座位的车上人员责任险，事故发生后车上三人均有不同程度的受伤，保险公司应当如何赔偿？

4.4.1　机动车车上人员责任险概述

机动车车上人员责任险，是指在保险期间内，保险标的在保险责任范围内发生意外事故，致使保险标的车上人员发生伤亡损失，保险人依据保险合同约定在保险金额内给予赔偿。车上人员责任险既可只保障驾驶人的安全，也可保障车上全部人员的安全，这取决于投保人与保险人签订的保险合同上保险标的投保车上人员责任险的具体座位。

4.4.2　机动车车上人员责任险条款说明

1. 保险责任

保险期间内，被保险人或其允许的驾驶人在使用被保险人机动车过程中发生意外事故，致使车上人员遭受人员伤亡，且不属于免除保险人责任的范围，依法应当对车上人员承担的损害赔偿责任，保险人按照本保险合同的约定负责赔偿。

2. 责任比例

保险人依据被保险机动车一方在事故中所负的事故责任比例，承担相应的赔偿责任。

被保险人或被保险机动车一方根据有关法律法规规定选择自行协商或由公安机关交通管理部门处理事故未确定事故责任比例的，按照下列规定确定事故责任比例：

被保险机动车一方负主要事故责任的，事故责任比例为70%。

被保险机动车一方负同等事故责任的，事故责任比例为50%。

被保险机动车一方负次要事故责任的，事故责任比例为30%。

涉及司法或仲裁程序的，以法院或仲裁机构最终生效的法律文书为准。

3. 责任免除

在上述保险责任范围内，下列情况下，不论任何原因造成的人身伤亡，保险人均不负责赔偿：

1）事故发生后，被保险人或其允许的驾驶人故意破坏、伪造现场、毁灭证据。

2）驾驶人有下列情形之一者：

① 事故发生后，在未依法采取措施的情况下驾驶被保险机动车或者遗弃被保险机动车离开事故现场。

② 饮酒、吸食或注射毒品、服用国家管制的精神药品或者麻醉药品。

③ 无驾驶证，驾驶证被依法扣留、暂扣、吊销、注销期间。

④ 驾驶与驾驶证载明的准驾车型不相符合的机动车。

⑤ 实习期内驾驶公共汽车、营运客车或者执行任务的警车、载有危险物品的机动车或牵引挂车的机动车。

⑥ 驾驶出租机动车或营业性机动车无交通运输管理部门核发的许可证书或其他必备证书。

⑦ 学习驾驶时无合法教练员随车指导。

⑧ 非被保险人允许的驾驶人。

3）被保险机动车有下列情形之一者：

① 发生保险事故时被保险机动车行驶证、号牌被注销的，或未按规定检验或检验不合格。

② 被扣押、收缴、没收、政府征用期间。

③ 在竞赛、测试期间。在营业性场所维修、保养、改装期间。

④ 全车被盗抢、被抢劫、被抢夺、下落不明期间。

4）下列人身伤亡、损失和费用，保险人不负责赔偿：

① 地震及其次生灾害、战争、军事冲突、恐怖活动、暴乱、污染（含放射性污染）、核反应、核辐射。

② 被保险机动车被转让、改装、加装或改变使用性质等，被保险人、受让人未及时通知保险人，且因转让、改装、加装或改变使用性质等导致被保险机动车危险程度显著增加。

③ 被保险人或驾驶人的故意行为。

5）下列人身伤亡、损失和费用，保险人不负责赔偿：

① 被保险人及驾驶人以外的其他车上人员的故意行为造成的自身伤亡。

② 车上人员因疾病、分娩、自残、斗殴、自杀、犯罪行为造成的自身伤亡。

③ 违法、违章搭乘人员的人身伤亡。

④ 罚款、罚金或惩罚性赔款。

⑤ 超出《道路交通事故受伤人员临床诊疗指南》和国家基本医疗保险同类医疗费用标准额费用部分。

⑥ 律师费，未经保险人事先书面同意的诉讼费、仲裁费。

⑦ 投保人、被保险人或其允许的驾驶人知道保险事故发生后，故意或者因重大过失未及时通知，致使保险事故的性质、原因、损失程度等难以确定的，保险人对无法确定的部分不承担赔偿责任，但保险人通过其他途径已经及时知道或者应当及时知道保险事故发生的除外。

⑧ 精神损害抚慰金。

⑨ 应当由机动车交通事故责任强制保险赔付的损失和费用。

4. 免赔率

保险人在依据保险合同约定计算赔款的基础上，在保险单载明的责任限额内，按照下列方式免赔：被保险机动车一方负次要责任的，实行5%的事故责任免赔率；负同等事故责任的，实行10%的事故责任免赔率；负主要事故责任的，实行15%的事故责任免赔率；负全部事故责任或单方面肇事事故的，实行20%的事故责任免赔率。

5. 责任限额

驾驶人每次事故责任限额和乘客每次事故每人责任限额由投保人和保险人在投保时协商确定，投保乘客座位数按照被保险机动车的核定载客数（驾驶人座位除外）确定。

6. 赔偿处理

发生保险事故时，被保险人或其允许的驾驶人应当及时采取合理的、必要的施救和保护措施，防止或者减少损失，并在保险事故发生后48小时内通知保险人。被保险人或其允许的驾驶人根据有关法律法规规定选择自行协商方式处理交通事故的，应当立即通知保险人。

被保险人或其允许的驾驶人根据有关法律法规规定选择自行协商方式处理交通事故的，应当协助保险人勘验事故各方车辆、核实事故责任，并依照《道路交通事故处理程序规定》签订记录交通事故情况的协议书。

被保险人索赔时，应当向保险人提供与确认保险事故的性质、原因、损失程度等有关的证明和资料。

被保险人应当提供保险单、损失清单、有关费用单据、被保险机动车行驶证和发生事故时驾驶人的驾驶证。

属于道路交通事故的，被保险人应当提供公安机关交通管理部门或法院等机构出具的事故证明、有关的法律文书（判决书、调解书、裁定书、裁决书等）和通过机动车交通事故责任强制险获得赔偿金额的证明材料，被保险人或其允许的驾驶人根据有关法律法规规定选择自行协商方式处理交通事故的，被保险人应当提供依照《道路交通事故处理程序规定》签订记录交通事故情况的协议书和通过机动车交通事故责任强制保险获得赔偿金额的证明材料。

7. 赔款计算

1）对每座的受害人，当（依合同约定核定的每座车上人员人身伤亡损失金额-应由机动车交通事故责任强制保险的赔偿金额）×事故责任比例高于或等于每次事故每座赔偿限额时：

$$赔款 = 每次事故每座赔偿限额 \times (1-事故责任免赔率) \qquad (4-5)$$

2）对每座的受害人，当（依合同约定核定的每座车上人员人身伤亡损失金额-应由机动车交通事故责任强制保险的赔偿金额）×事故责任比例低于每次事故每座赔偿限额时：

$$赔款 = (依合同约定核定的每座车上人员人身伤亡损失金额-应由机动车交通事故责任强制保险的赔偿金额) \times 事故责任比例 \times (1-事故责任免赔率) \qquad (4-6)$$

保险人按照《道路交通事故受伤人员临床诊疗指南》和国家基本医疗保险的同类医疗费用标准核定医疗费用的赔偿金额。未经保险人书面同意，被保险人自行承诺或支付的赔偿金额，保险人有权重新核定。因被保险人原因导致损失金额无法确定的，保险人有权拒绝赔偿。

保险人受理报案、现场查勘、核定损失、参与诉讼、进行抗辩、要求被保险人提供证明和资料、向被保险人提供专业建议等行为，均不构成保险人对赔偿责任的承诺。

案例 4-9 偷盗过程中从车上摔下致死，车上人员责任险能否获赔？

2015 年 3 月，某机械厂的一台东风货车投保车损险 5 万元，第三者责任险 20 万元，车上人员责任险三个座位每人 1 万元，不计免赔特约险。同年 10 月，该单位的驾驶员陈某驾驶该车行驶至一处弯路，路边散步的李某看到车速降低，便爬上车去偷盗所载粮食，陈某从后视镜发现后，一时分神，将汽车驶入反向车道，与对面行驶的捷豹轿车迎面相撞。两车均受损严重，陈某重伤致残，李某摔下车死亡，捷豹驾驶员钱某重伤，乘员于某轻伤。经过交警现场查勘处理，认定陈某遇紧急情况采取措施不当，应对此次事故负全部责任。由于交警认定货车负全部责任，偷盗者李某的家属要求机械厂赔付 10 万元补偿费。

事故发生后，被保险人某机械厂按照本案的损失——东风货车损失 13000 元、驾驶员陈某医药费和伤残补偿费 58000 元、捷豹轿车损失 39000 元、捷豹驾驶员钱某医药费 32000 元、乘员于某医药费 500 元，以及偷盗者李某家属索要的 10 万元补偿费向保险公司申请索赔。机械厂一方向保险公司提出赔偿东风货车车辆损失、车上人员责任险的损失以及第三者责任险损失的部分，为 194500 元。但保险公司认为，他们只需赔付 94500 元，包括两车的损失和双方车上人员的损失，其中货车所购买的车上人员责任险三个座位每座 1 万元，保险人只需向货车驾驶员陈某赔偿损失 1 万元。由于偷盗者李某不属于车上人员和第三者责任险的保障对象，保险人不承担对偷盗者李某的赔付。由于双方协商未果，被保险人将保险人告上法庭，法院在审理后做出判决，保险人胜诉。

案例分析：

本案中，捷豹车上的钱某、于某属于货车的第三者，总损失为 71500 元，未超过第三者责任保险的保险限额 20 万元，根据保险合同可得到足额理赔。对于货车这一方而言，陈某是事故货车的驾驶员，属于车上人员，其保险范围属于车上人员责任险范围，被保险人给货车的车上人员责任险三个座位每人 1 万元，陈某的医药费和伤残补偿费已超过 1 万元，因此，在车上人员责任险上，保险人只需向被陈某赔偿 1 万元，货车车损是 13000 元，低于车损险赔偿限额 5 万元，货车也可得到保险公司赔偿的 13000 元损失赔偿。事故发生时，偷窃者李某在货车上面，他应该属于货车车上人员，因此东风货车所投三者险不会对李某的死亡损失进行赔付。车上人员责任险的保险条款中载明：违法、违章搭乘人员的人身伤亡，保险人不负责赔偿。案例中偷盗者李某属于违法搭乘人员，因此，保险公司有权就车上人员责任险拒绝对李某的赔付。

综上所述，保险公司对东风货车各险种损失责任承担赔偿 94500 元的主张是合理的，切实履行了保险合同义务。偷窃者李某的死亡损失，既不能在东风货车三者险下赔偿，也不符合车上人员责任险的赔付条件。

4.5 机动车全车盗抢险

案例 4-10 车辆在盗窃过程中遭遇火灾，盗抢险是否应该赔偿？

2013 年 8 月，王先生为自家的车辆购买了机动车全车盗抢险，盗抢险的保险金额为 9 万元，王先生缴纳了相关保险费用。2014 年 2 月，王先生将保险标的卖给张先生，与此同时，王先生配合张先生已经与保险公司签好了协议，变更张先生为被保险人。同年 3 月，标的车辆在被不法分子盗窃过程中，因电路短路而起火，以致报废。后经当地价格认证中心认证，该车辆残值为人民币 2000 元。意外事故发生后，张先生以盗抢险事故发生为由，向保险公司索赔。请思考：保险公司是否应该赔偿？为什么？

4.5.1 机动车全车盗抢险概述

机动车全车盗抢险，是指保险车辆全车被盗窃、被抢劫、被抢夺，经县级以上公安刑侦部门立案侦查证实，满 60 天未查明下落的，由保险人在保险金额内予以赔偿。

4.5.2 机动车全车盗抢险条款解释

1. 保险责任

保险期间内，被保险机动车的下列损失和费用，且不属于免除保险人责任的范围，保险人依照本保险合同的约定负责赔偿：

1）被保险机动车被盗窃、抢劫、抢夺，经出险当地县级以上公安刑侦部门立案证明，满60天未查明下落的全车损失。

2）被保险机动车全车被盗窃、抢劫、抢夺后，受到损坏或车上零部件、附属设备丢失需要修复的合理费用。

3）被保险机动车在被抢劫、抢夺过程中，受到损坏需要修复的合理费用。

2. 责任免除

1）在上述保险责任范围内，下列情况下，不论任何原因造成被保险机动车的任何损失和费用，保险人均不负责赔偿：

① 被保险人索赔时未能提供出险当地县级以上公安刑侦部门出具的盗抢立案证明。

② 驾驶人、被保险人、投保人故意破坏现场，伪造现场，毁灭证据。

③ 被保险机动车被扣押，罚没、查封、政府征用期间。

④ 被保险机动车在竞赛、测试期间，在营业性场所维修、保养、改装期间，被运输期间。

2）下列损失和费用，保险人不负责赔偿：

① 地震及其次生灾害导致的损失和费用。

② 战争、军事冲突、恐怖活动、暴乱导致的损失和费用。

③ 因诈骗引起的任何损失，因投保人、被保险人与他人的民事、经济纠纷导致的任何损失。

④ 被保险人或其允许的驾驶人的故意行为、犯罪行为导致的损失和费用。

⑤ 非全车遭盗抢，仅车上零部件或附属设备被盗窃或损坏。

⑥ 新增设备的损失。

⑦ 遭受保险责任范围内的损失后，未经必要修理并检验合格继续使用，致使损失扩大的部分。

⑧ 被保险机动车被转让、改装、加装或改变使用性质等导致被保险机动车危险程度显著增加而发生保险事故。

⑨ 投保人、被保险人或其允许的驾驶人知道保险事故发生后，故意或者因重大过失未及时通知，致使保险事故的性质、原因、损坏程度等难以确定的，保险人对无法确定的部分不承担赔偿责任，但保险人通过其他途径已经及时知道或者应当及时知道保险事故发生的除外。

⑩ 因保险事故损坏的被保险机动车，被保险人未尽量修复，以及修理前被保险人未会同保险人检验，协商确定修理项目、方式和费用等导致无法确定的损失。

3. 免赔率

保险人在依据本保险合同约定计算赔款的基础上，按照下列方式免赔：

1）发生全车损失的，绝对免赔率为20%。

2）发生全车损失，被保险人未能提供《机动车登记证书》、机动车来历凭证的，每缺少一项，增加1%的绝对免赔率。

4. 赔偿处理

保险金额在投保时根据被保险机动车的实际价值协商确定。投保时被保险机动车的实际价值由投保人与保险人根据投保时的新车购置价减去折旧金额后的价格协商确定或根据其他市场公允价值协商确定。

被保险机动车全车被盗抢的，被保险人知道保险事故发生后，应在24小时内向出险当地公安刑侦部门报案，并通知保险人。

被保险人索赔时，需提供保险单、损失清单、有关费用单据、《机动车登记证书》、机动车来历凭证以及出险当地县级以上公安刑侦部门出具的盗抢立案证明。因保险事故损坏的被保险机动车，应当尽量修复。修理前被保险人应当会同保险人检验，协商确定修理项目、方式和费用。对未协商确定的，保险人可以重新核定。

保险人按下列方式进行赔偿：

1）被保险机动车全车被盗抢的，按以下方法计算赔款：

$$赔款 = 保险金额 \times (1 - 绝对免赔率之和) \tag{4-7}$$

2）当被保险机动车全车被盗窃、抢劫、抢夺后受到损坏，或者车上零部件、附属设备丢失需要修复时，或者被保险机动车在被抢劫、抢夺过程中受到损坏需要修复时，保险人按实际修复费用在保险金额内计算赔偿。

当保险人确认索赔单证齐全、有效后，被保险人签订权益转让书，保险人赔付结案。被保险机动车发生保险事故导致全部损失，或一次赔款金额与免赔金额之和达到保险金额的，保险人按保险合同约定支付赔款后，保险责任终止，保险人不退还机动车全车盗抢险及其附加险的保险费。

案例 4-11　　　　　　　停车场里丢失车辆，损失谁负责？

2005年，张先生驾驶一辆一年前购买的别克昂科威前往北京市海淀区的一家酒店用餐。在交了4元的停车管理费后，张先生将车停在饭店对面的停车场里。一个小时过后，用餐完毕的张先生从酒店出来准备驾车回家，然而在停车场却没有找到别克昂科威，张先生立即向公安局报警并联系保险公司。张先生此前已为昂科威购买了限额为30万元的机动车全车盗抢险，车辆被盗60日后，公安部门及保险公司未找到保险车辆，因此，张先生从保险公司得到了30万元的赔偿金额，但此时市场上购买这辆车需花费43万元，张先生要求停车场赔付剩下的损失。但是停车场认为他们只收取了4元的停车费用，并没有见到张先生的行驶证、车钥匙等，汽车始终在张先生的控制之下，双方没有合同法律关系，因此不应赔付张先生的剩余损失，于是张先生将停车场告上法院。最终，法院做出判决：停车场有责任向张先生赔付13万元。

案例分析：

根据《合同法》第三百六十七条规定，"保管合同自保管物交付时成立"，停车场在向张先生收取停车费并出具盖有其财务公章的北京市停车收费定额专用发票后，保管合同已经成立。在交付过程中，张先生是否将车辆钥匙、行驶证给予停车场不影响合同依法有效。停车场保管不善，造成张先生的车辆丢失，停车场应对此承担损害赔偿责任。保险公司根据保险合同做出的赔付不足以弥补张先生的损失，剩下的部分应由停车场赔偿。

4.6 机动车损失一切险

4.6.1 机动车损失一切险概述

机动车损失一切险，简称车损一切险，是一种以车辆本身为投保对象的险种，它的保障范围非常广，不论全损或部分损失，除经保险公司与被保险人双方约定在保险单上载明的免除责任外，保险公司都能给予赔偿。车损一切险并非承保机动车辆的一切损失，对被保险人的故意行为、自然损耗，以及战争、罢工等造成的损失，保险人不承担赔偿责任。国内经营机动车辆保险的多家保险公司均设计有该险种，从条款内容看，不同保险公司存在区别，但主要条款内容基本一致。本节以中国人民保险公司的机动车损失一切险保险条款为例介绍该险种。

4.6.2 机动车车辆损失一切险条款解释

1. 保险责任

在合同的保险期间内，因发生意外事故造成的保险车辆损失，保险人按照保险合同的规定负责赔偿。发生保险事故时，被保险人对保险车辆采取施救、保护措施所支出的必要的、合理的费用（以下称施救费用），保险人按照合同的规定负责赔偿。

2. 责任免除

应当由事故的其他责任方按照机动车交通事故责任强制保险合同的约定负责赔偿的部分（以下称交通事故责任强制险赔付），保险公司不负责赔偿。

1）在上述保险责任范围内，下列情况下，不论任何原因造成被保险机动车的任何损失和费用，保险人均不负责赔偿：

① 地震、海啸。

② 战争、军事冲突、恐怖活动、暴乱、行政行为、司法行为。

③ 核反应、核污染、核辐射。

④ 欺诈。

⑤ 被保险人的故意行为。

2）发生事故时，被保险车辆驾驶人有以下情形之一的，保险人不负赔偿责任：

① 未取得驾驶证或驾驶与驾驶证载明的驾驶车型不相符的机动车。

② 驾驶证超过有效期或驾驶证被依法扣留的。

③ 在驾驶证的一个记分周期内记分达12分的。

④ 饮酒后或使用国家管制的精神药品或麻醉药品后驾车的。

⑤ 未经被保险人允许驾车的。

⑥ 利用保险车辆故意犯罪的。

3）发生事故时，被保险机动车有以下情形之一的，保险人不负赔偿责任：

① 除非另有约定，未办理注册登记的。

② 在规定检验期限内未进行安全技术检验或检验未通过的。

③ 已达到国家规定的机动车强制报废标准的。

④ 保险车辆处在竞赛、检测、修理、扣押、征用、没收期间的。

4）下列损失、费用，保险人不负责赔偿：

① 自然磨损，电气机械故障、朽蚀、腐蚀。

② 轮胎或轮毂单独损坏。

③ 高温烘烤、人工直接供油造成的损失。

④ 受本车所载货物撞击、腐蚀、污染造成的损失。

⑤ 非保险车辆本身的损失。

⑥ 保险车辆的贬值损失。

⑦ 非全车被盗抢，仅车上的零部件或附属设备被盗抢造成的损失。

⑧ 承租人与保险车辆同时失踪情形下发生的损失。

⑨ 因民事纠纷导致保险车辆被盗抢而发生的损失。

⑩ 因保险车辆不能使用导致的损失。

3. 保险金额

保险金额分全部损失的保险金额（以下称全损保额）和部分损失的保险金额（以下称部分损保额），全损保额和部分损保额分别适用于保险车辆全部损失和部分损失的情形。

全损保额由投保人与保险公司协商确定，并在保险单上载明，但全损保额不得超过投保时保险车辆的实际价值。

部分损保额由投保人与保险人协商确定并在保险单上载明，其在新车购置价内协商确定，但部分损保额不得低于新车购置价的20%。

4. 保险期间及保险费

除非另有约定，本合同的保险期间为一年，保险期间不足一年的按保险监管部门核准的短期月费率计收保险费。

5. 赔偿处理

当被保险人索赔时，应当向保险公司提供保险单、驾驶人的驾驶证、保险车辆行驶证、事故证明、交通事故认定书、损失清单，以及其他与确认保险事故的性质、原因、损失程度等有关的证明和材料。经公安交通管理部门调解的，应当提供事故调解书，如经法院判决、调解的，还应当提供判决书、调解书。

（1）保险车辆被盗抢后的赔偿处理　保险车辆全车被盗抢的，经县级以上公安机关立案侦查、并自立案之日起满三个月未查明下落后，保险公司才受理被保险人提出的索赔。

发生保险事故后，被保险人对其他当事人做出承诺或欲与其和解、调解的，保险公司有权重新审核，对超出保险公司赔偿范围的部分，保险公司不负责赔偿。

保险车辆全车被盗抢的，保险公司在全损保额内按盗抢发生日的保险车辆实际价值核定赔款。

因保险车辆全车被盗抢向保险公司索赔的，如不能提供《机动车登记证书》、保险车辆行驶证、购车发票等机动车来历证明、车辆购置税完税证明或者免税凭证的，每缺少一项，保险公司将在核定赔款中扣减盗抢发生日的保险车辆实际价值的0.5%；缺少原车钥匙的，扣减盗抢发生日的保险车辆实际价值的5%。

保险车辆全车被盗抢后在被保险人对其失去掌控期间发生的保险车辆损失，保险公司在本合同全损保额内负责赔偿其实际修理费用。

保险车辆全车被盗抢后又找回的：

1）如保险人尚未支付相应的保险赔款，则保险车辆归被保险人所有。

2）保险人已按本合同的规定赔偿保险车辆全车被盗抢的损失，保险车辆可以归被保险人所有，但被保险人应当退还相应的保险赔款。

被保险人提供的各种必要单证齐全后，保险人应当迅速审查核定，赔款金额经双方确认后，保险人在 10 天内一次性赔偿结案。保险人履行赔偿义务后，被保险人又就同一事故向保险公司提出赔偿请求的，保险人不负赔偿责任。

（2）事故责任比例划分　保险人根据保险车辆驾驶人在事故中所负事故责任比例承担赔偿责任。交通事故认定书中未确定事故责任比例或者由事故当事人依法自行协商的，除法律、法规和规章另有规定外，保险人按以下规定确定事故责任比例：

1）保险车辆驾驶人负全部责任的，事故责任比例为 100%。

2）保险车辆驾驶人负主要责任的，事故责任比例为 70%。

3）保险车辆驾驶人负同等责任的，事故责任比例为 50%。

4）保险车辆驾驶人负次要责任的，事故责任比例为 30%。

5）保险车辆驾驶人在事故中无责任的，事故责任比例为 0。

保险事故不涉及其他责任方的，保险车辆驾驶人负全部责任。

发生保险责任范围的损失（保险车辆全车被盗抢除外），应当由其他责任方负责赔偿，确实无法找到其他责任方的，由保险人予以赔偿，但需使用 30% 的绝对免赔率。确实无法找到其他责任方的，应提供相应的证明。

发生保险事故时有下列情形之一者，每发生一种情形，另增加 5% 的绝对免赔率：

1）保险车辆载物超过其核定载质量 30% 的。

2）保险车辆驶出保险单约定的行驶区域的。

3）驾驶人为非保险单指定驾驶人的。

个人所有的非营运客车在五一、十一及春节长假期间驶出保险单约定的保险区域的，不受上述第 2）款的限制。

（3）受损车辆的赔偿处理　保险车辆因保险事故受损，应当尽量修复。修理前被保险人须会同本保险公司检验，确定修理项目、方式和费用。否则，保险公司有权重新核定，无法重新核定的，保险人有权拒绝赔偿。

对因修理而产生的废旧零配件的价值（以下称残值），由双方协商处理，如折归被保险人的，保险人在核定赔款时将扣减残值。

1）全部损失处理。全部损失是指保险车辆全部损毁、灭失或其修理费用达到事故发生时保险车辆实际价值的情形，除保险车辆全车被盗抢外，保险车辆发生全部损失的处理方式如下：

① 如全损保额不低于事故发生时保险车辆的实际价值，对于保险车辆的损失，保险人按以下规定核定赔偿：

$$核定车辆损失 = （事故发生时保险车辆实际价值 - 交通事故责任$$
$$强制险赔付 - 残值）\times（1 - 绝对免赔率之和）\times 事故责任比例 \qquad (4\text{-}8)$$

② 如全损保额低于事故发生时保险车辆的实际价值，对于保险车辆的损失，保险人按以下规定核定赔偿：

$$核定车辆损失 = (全损保额 - 交通事故责任强制险赔付 - 残值) \times$$
$$(1 - 绝对免赔率之和) \times 事故责任比例 \qquad (4\text{-}9)$$

2）部分损失的赔偿处理。除全部损失以外的保险车辆损失均为部分损失，保险车辆发生部分损失的处理方式如下。

① 如部分损保额不低于事故发生时保险车辆的新车购置价，对于保险车辆的损失，保险人按以下规定核定赔偿：

$$核定车辆损失 = (实际修理费用 - 交通事故责任强制险赔付 - 残值) \times$$
$$(1 - 绝对免赔率之和) \times 事故责任比例 \qquad (4\text{-}10)$$

② 如部分损保额低于事故发生时保险车辆新车购置价，对于保险车辆的损失，保险人按以下规定核定赔偿：

$$核定车辆损失 = (实际修理费用 - 交通事故责任强制险赔付 - 残值) \times$$
$$(1 - 绝对免赔率之和) \times 事故责任比例 \times 部分损保额/事故$$
$$发生时保险车辆新车购置价 \qquad (4\text{-}11)$$

3）施救费用的确定。发生保险事故时，被保险人救助的财产中含有保险车辆以外的财产的，保险人按事故发生时保险车辆的实际价值占所施救全部财产实际价值的比例核定施救费用，其计算公式为

$$核定施救费 = (实际施救费 \times 事故发生时车辆实际价值/事故发生时所$$
$$施救全部财产实际价值) \times (1 - 绝对免赔率之和) \times 事故责任比例 \qquad (4\text{-}12)$$

保险人受理报案、进行现场查勘、核损定价、参与案件诉讼、向被保险人提供建议等行为，均不构成保险人对赔偿责任的承诺。

6. 投保人、被保险人义务

投保人应如实填写投保单并回答保险公司提出的询问，履行如实告知的义务，投保人未履行如实告知义务的，保险公司按照《保险法》的相关规定处理。

保险车辆转让、变更使用性质、改装或由于其他原因导致保险车辆危险程度发生变化的，被保险人应当申请办理批改手续。否则，对因保险车辆危险程度增加而造成的事故，保险人不承担赔偿责任。

发生保险事故后，被保险人应采取必要合理的施救、保护措施，并立即向公安交通管理部门报案，并及时（48小时内）通知保险人（不可抗力因素除外）。否则，对因此而导致的损失扩大部分以及保险人无法核查的损失，保险人有权拒绝赔偿。

4.7 其他附加险种及特约条款

附加险条款的法律效力优于主险条款。附加险条款未尽事宜，以主险条款为准。除附加险条款另有约定外，主险中责任免除、免赔规则、双方义务同样适合用于附加险。

4.7.1 玻璃单独破碎险

投保机动车损失险的机动车，可投保玻璃单独破碎险。在保险期间内，被保险机动车风窗玻璃或车窗玻璃（不包括车灯、车镜玻璃）的单独破碎，保险人按实际损失金额赔偿。投保人与保险人可协商选择按进口或国产玻璃投保，保险人根据协商选择的投保方式承担相

应的赔偿责任。

保险车辆的下列损失，保险人不负责赔偿：

1）灯具、车镜玻璃破碎。

2）安装、维修车辆过程中造成的玻璃破碎。

3）玻璃贴膜损失。如今，汽车玻璃贴膜已经成为一种时尚，而且某些高档贴膜还价格不菲。汽车玻璃破碎更换后，贴膜也必须更换，无法重复使用，但是由于玻璃单独破碎险承保的是玻璃本身，保险公司对贴膜损失是不承担赔偿责任的。

4）天窗玻璃损失。当今，一些中高档轿车都装有天窗，但天窗玻璃的损坏却不在玻璃单独破碎险赔偿范围内。因为玻璃单独破碎险条款规定，承保的玻璃范围只包括前后风窗玻璃和车窗玻璃。

5）标识损失。汽车前风窗玻璃右上角会贴有诸如交强险标、年检标、环保标等标识，这些标识一般都是一次性粘贴使用，前风窗玻璃破碎更换时无法取下来重复使用。这些标识本身虽然价值很小，但是补办这些标识会产生一些时间成本和费用损失，这部分损失也是不在玻璃单独破碎险赔偿范围内的。

保险公司对玻璃破碎通常按实际损失赔付，投保时不需要确定保险金额，但要确定按国产还是按进口玻璃投保，以便理赔时确定按何种玻璃赔偿。

4.7.2 自燃损失险

投保机动车损失险的机动车，可投保本附加险。自燃损失险的保险责任是在保险期间内，指在没有外界火源的情况下，由于本车电器、线路、供油系统、供气系统等被保险机动车自身原因或所载货物自身原因起火燃烧造成本车的损失；当保险事故发生时，被保险人为防止或者减少被保险机动车的损失所支付的合理的、必要的施救费用，由保险人承担、施救费用数额在被保险机动车损失赔偿金额以外的另行计算，最高不超过本附加险保险金额的数额。

在下列情况下，自燃损失险可免除责任：

1）自燃仅造成电器、线路、油路、供油系统、供气系统的损失。

2）由于擅自改装、加装电器及设备导致被保险机动车起火造成的损失。

3）被保险人在使用被保险机动车的过程中，因人工直接供油、高温烘烤等违反车辆安全操作规则造成的损失。

4）本附加险每次赔偿实行20%的绝对免赔率，不适用主险中的各项免赔率、免赔额约定。

自燃损失险的保险金额由投保人和保险人在投保时被保险机动车的实际价值内协商确定。全部损失在保险金额内计算赔偿，部分损失在保险金额内按实际修理费用计算赔偿。

4.7.3 新增加设备损失险

1. 新增加设备损失险的保险责任

新增加设备损失险是车辆损失险的第三大附加险种，在现实生活中应用得越来越广泛，它负责赔偿车辆由于发生碰撞等意外事故而造成的车上新增设备的直接损失。当车辆发生碰撞等意外事故造成车上新增设备（除车辆原有设备以外，被保险人另外加装的设备及设施，如加装制冷设备、CD 及电视录像设备、真皮或电动座椅等）的直接损毁时，保险公司按实际损失赔偿。

投保了机动车损失险的车辆，可投保新增加设备损失险，其保险责任是：在保险期间内，投保本附加险的被保险机动车因发生机动车损失险责任范围内的事故，造成车上新增加设备（除车辆原有设备以外，被保险人另外加装的设备及设施，如加装制冷设备、CD 及电视录像设备、真皮或电动座椅等）的直接损毁，保险人在保险单载明的本附加保险的保险金额内，按照实际损失计算赔偿。保险金额按新增设备的实际价格，由保险公司和投保人协商确定。实际价格是购置新的设备的市场价格减去折旧费用。

2. 新增加设备损失险的保险赔偿

（1）赔偿项目　如果只是保险车辆上的新增设备部分损坏，赔偿实际修理费。如果保险车辆上的新增设备整体损毁，在保险金额内按实际损失赔偿。

（2）赔偿额度　保险公司会根据保险车辆被保险人在事故中所负责任的大小，赔偿所有应赔偿总金额的 80%~95%（其余部分为保险条款规定的免于赔偿部分）。被保险人在事故中负全部责任的赔偿 80%，负主要责任的赔偿 85%，事故双方负同等责任的赔偿 90%，被保险人负次要责任的赔偿 95%。

新增加设备损失险每次赔偿的免赔约定以机动车损失险条款约定为准。

3. 新增加设备损失险的责任免除

如果保险车辆的新增加设备是因为交通事故而被撞坏，或者因全车失窃而丢失，保险公司应承担赔偿责任。但如果是保险车辆新增设备单独被盗窃、丢失、被破坏的情况，保险公司不负责赔偿。办理本保险时，应列明车上新增加设备明细表及价格。如果新增加设备没有在明细表中列明，保险事故发生后保险公司不能予以赔偿。

4.7.4　车身划痕损失险

投保机动车损失险的机动车，可投保车身划痕损失险。保险期间内，投保本附加险的机动车在被保险人或其允许的驾驶人使用过程中，发生无明显碰撞痕迹的车身划痕损失，保险人按照保险合同约定负责赔偿。

在下列情况下，车身划痕损失险可免除责任：

1）被保险人及其家庭成员、驾驶人及其家庭成员的故意行为造成的损失。

2）因投保人、被保险人与他人的民事、经济纠纷导致的任何损失。

3）车身表面自然老化、损坏，腐蚀造成的任何损失。

4）本附加险每次赔偿实行 15% 的绝对免赔率，不适用主险中的各项免赔率、免赔额约定。

车身划痕损失险的保险金额分为 2000 元、5000 元、10000 元和 20000 元四种，由投保人和保险人在投保时协商确定。车身划痕损失险的赔偿处理有以下两个方面：

1）在保险金额内　按实际修理费用计算赔偿。

2）保险期间内，累计赔款金额达到保险金额，本附加险保险责任终止。

4.7.5　车上货物责任险

投保了机动车第三者责任险的机动车，可投保本附加险。在保险期间内，发生意外事故致使被保险机动车所载货物遭受直接损毁，依法应由被保险人承担的损害赔偿责任，保险人负责赔偿。

下列情况出现时，车上货物责任险可免除责任：

1）偷盗、哄抢、自然损耗、本身缺陷、短少、死亡、腐烂、变质、串味，生锈，动物走失、飞失，货物自身起火燃烧或爆炸造成的货物损失。

2）违法、违章载运造成的损失。

3）因包装、紧固不善，装载、遮盖不当导致的任何损失。

4）车上人员携带的私人物品的损失。

5）保险事故导致的货物减值、运输延迟、营业损失及其他各种间接损失。

6）法律、行政法规禁止运输的货物的损失。

7）本附加险每次赔偿实行20%的绝对免赔率，不适用主险中的各项免赔率、免赔额约定。

车上货物责任险的责任限额由投保人和保险人在投保时协商确定。车上货物责任险的赔偿处理是被保险人索赔时，应提供运单、起运地货物价格证明等相关单据，保险人在责任限额内按起运地价格计算赔偿。

4.7.6 发动机涉水损失险

发动机涉水损失险仅适用于家庭自用汽车、党政机关用车、事业团体用车、企业非营业用车，且只有在投保了车辆损失险后，方可投保发动机涉水损失险。

发动机涉水损失险的保险责任为：在保险期间内，投保了发动机涉水损失险的被保险机动车辆在积水路面涉水行驶或被水淹后致使发动机损坏的损失，保险人可给予赔偿。但是如果被水淹后车主还强行起动发动机而造成损害的，保险公司将不予赔偿。当保险事故发生时，被保险人为防止或者减少被保险机动车的损失所支付的必要的、合理的施救费用，由保险人承担，施救费用数额在被保险机动车损失赔偿金额以外另行计算，最高不超过保险金额的数额。

发动机涉水损失险每次赔偿均实行15%的绝对免赔率，不适用主险中的各项免赔率、免赔额约定，并且当保险事故发生时，保险人在保险金额内计算赔偿。

4.7.7 修理期间费用补偿险

只有在投保了机动车损失险的基础上方可投保修理期间费用补偿险，机动车损失险责任终止时，本保险责任同时终止。

在保险期间内，投保了修理期间费用补偿险的机动车在使用过程中，发生机动车损失险责任范围内的事故，造成车身损毁，致使被保险机动车停驶，保险人按照保险合同约定，在保险金额内向被保险人补偿修理期间费用，作为代步车费用或弥补停驶损失。

当发生以下情况时，保险人不承担修理期间的补偿费用：

1）因机动车损失险责任范围以外的事故而致被保险机动车的损毁或修理。

2）非在保险人认可的修理厂修理时，因车辆修理质量不合要求造成返修。

3）被保险人或驾驶人拖延车辆送修期间。

4）修理期间费用补偿险每次事故的绝对免赔额为1天的赔偿金额，不适用于主险中的各项免赔率、免赔额约定。

修理期间费用补偿险的保险金额＝补偿天数×日补偿金额。补偿天数及日补偿金额由投保人与保险人协商确定并在保险合同中载明，保险期间内约定的补偿天数最高不超过90天。

当造成全车损失时，按保险单载明的保险金额计算赔偿；当造成部分损失时，在保险金额内按合同约定的日赔偿金额乘以从送修之日起至修复之日止的实际天数计算赔偿，实际天数超过双方约定修理天数的，以双方约定的修理天数为准。在保险期间内，累计赔款金额达到保险单载明的保险金额，本附加险保险责任终止。

4.7.8 精神损害抚慰金责任险

只有在投保了机动车第三者责任险或机动车车上人员责任险的基础上方可投保精神损害抚慰金责任险。在投保人仅投保机动车第三者责任险的基础上附加本附加险时，保险人只负责赔偿第三者的精神损害抚慰金；在投保人仅投保机动车车上人员责任险的基础上附加本附加险时，保险人只负责赔偿车上人员的精神损害抚慰金。

在保险期间内，被保险人或其允许的驾驶人在使用被保险机动车的过程中、发生投保的主险约定的保险责任内的事故，造成第三者或车上人员的人身伤亡，受害人据此提出精神损害赔偿请求，保险人依据法院判决及保险合同约定，对应由被保险人或被保险机动车驾驶人支付的精神损害抚慰金，在扣除机动车交通事故责任强制保险应当支付的赔款后，在本保险赔偿限额内负责赔偿。

当出现以下情况时，责任免除：

1）根据被保险人与他人的合同协议，应由他人承担的精神损害抚慰金。

2）未发生交通事故，仅因第三者或本车人员的惊恐而引起的损害。

3）怀孕妇女的流产发生在交通事故发生之日起30天以外的。

4）精神损害抚慰金责任险每次赔偿实行20%的绝对免赔率，不适用主险中的各项免赔率、免赔额约定。

精神损害抚慰金责任险每次事故赔偿限额由保险人和投保人在投保时协商确定。精神损害抚慰金责任险赔偿金额依据人民法院的判决在保险单所载明的赔偿限额内计算赔偿。

4.7.9 不计免赔率险

保险车辆投保了机动车辆保险的任一主险及其他设置了免赔率的附加险后，均可投保不计免赔率险。保险事故发生后，按照对应投保的险种约定的免赔率计算的、应当由被保险人自行承担的免赔金额部分，保险人负责赔偿。

出现以下情况，应当由被保险人自行承担的免赔金额，保险人不负责赔偿：

1）机动车损失险中应当由第三方负责赔偿而无法找到第三方的。

2）因违反安全装载规定而增加的。

3）发生机动车全车盗抢险约定的全车损失保险事故时，被保险人未能提供《机动车登记证书》、机动车来历凭证的，每缺少一项而增加的。

4）机动车损失险中约定的每次事故绝对免赔额。

5）可附加本条款但未选择附加本条款的险种约定的。

6）不可附加本条款约定的险种。

案例 4-12　　　　侧翻造成货物哄抢的损失，车上货物责任险是否赔付？

一辆经常运送水果的货车，购买的有车上货物责任险，保险期间内的一天，由于驾驶员操作不当，发生侧翻，驾驶员轻伤。事发后，运水果的冷藏车上的猕猴桃、橘子、橙子、牛油果等价值二十多万元的进口水果洒落在路边，查勘员在一个小时内赶至事故发生现场，及时进行清点。由于货车倾翻后，很多路人开始哄抢水果，驾驶员急于查看事故情况，对水果哄抢也无能为力。

最后，查勘人员确认水果情况如下：通过查看运货单及询问相关人员，确定本货车运载的水果共值 24 万元。事故发生后，水果损坏的价值占整车水果价值的 1/10，遭哄抢的价值占整车水果价值的 1/8，剩下的水果完好无损。经过向领导请示及与车主协商，当场损坏的水果可向过路人说明原因，进行降价处理，降低驾驶员损失，也大大降低了保险公司的赔款数。最终，本次事故责任认定情况为：车辆倾覆属实，属于保险责任。由于被保险人购买了车上货物责任险，所以保险公司将对损坏的水果进行赔偿，对于哄抢的不负责赔偿。驾驶员感到不解。

案例分析：

本案主要涉及车上货物责任险，其保险责任为：发生意外交通事故，致使保险车辆所载货物遭受直接损毁，依法应由被保险人承担的经济赔偿责任，保险人负责赔偿。在合同约定的条款中明确表明：出现偷盗、哄抢、自然损耗、本身缺陷、短少、死亡、腐烂、变质、串味，生锈，动物走失、飞失，货物自身起火燃烧或爆炸造成的货物损失时，车上货物责任险可免除责任，即保险人不负责赔偿。所以保险公司只对由意外事故造成的损坏水果进行赔偿，但对遭受哄抢的水果不进行赔偿的说法是正确的。

案例 4-13　　　　风窗玻璃破损，应当如何赔偿？

秦小姐下班回家，将车停在楼下的地面停车位，第二天早上准备上班时，她发现轿车的前风窗玻璃破损，经观察，她发现是被楼上掉下的一个盆栽砸破的。小区的楼层高达 25 层，秦小姐无法确定是哪一家的盆栽砸伤了自己的轿车，但由于她急着去上班，便没有及时处理这件事情。已知秦小姐购买了车辆损失险和玻璃单独破碎险，在向保险公司报案后，保险公司派查勘人员查勘，在询问事件详细经过后，保险人表示在玻璃单独破碎险保险金额内负责赔偿，但是，秦小姐感到不解，玻璃破碎也是车辆的损失，为何购买车辆损失险和玻璃单独破碎险后只享受玻璃单独破碎险的赔偿。请思考：保险公司应该根据机动车损失险赔偿还是根据玻璃单独破损险进行赔偿？

案例分析：

玻璃单独破碎险在条款中明确规定：在保险期间内，保险车辆在使用过程中，发生本车的风窗玻璃或车窗玻璃的单独破碎，保险人按实际损失赔偿。在此案件中，因一个盆栽砸损前风窗玻璃，这是车辆的玻璃单独破损，属于玻璃单独破碎险的赔偿责任范畴，同时，玻璃单独破损险是一个附加险种，其法律效力优于主险条款。因此，保险人理应只根据玻璃单独破损险进行赔偿。

案例 4-14 小偷盗走车内有价值的物品，可否按全车盗抢险赔偿？

王女士将自己投保了机动车损失险、机动车全车盗抢险和新增加设备损失险的轿车停放于一家无人值班的旅馆停车场内，第二天启程时，发现轿车车门被撬开，里面新加装的制冷设备、电视录像设备以及价值两万余元的照相机和便携式计算机被盗。王女士立即向保险公司报案，要求保险公司赔偿损失的所有物品的费用，但保险公司表示只赔付丢失的制冷设备和电视录像设备的费用，对照相机和便携式计算机的损失不予赔偿。王女士提出质疑：保险公司不应按照全车盗抢险进行赔偿吗？

案例分析：

机动车全车盗抢险的保险条例中明确规定：对于新增加设备和非全车遭盗抢，仅车上零部件或附属设备被盗窃或损坏等情况，不论是任何原因造成被保险机动车的损失和费用，保险人均不负责赔偿。并且，新增加设备损失险作为附加险，效力优于全车盗抢险。新增加设备损失险在保险条例中明确规定：在保险期间内，投保本附加险的被险机动车因发生机动车损失险责任范围内的事故，造成车上新增加设备的直接损毁，保险人在保险单载明的本附加保险的保险金额内，按照实际损失计算赔偿。制冷设备和电视录像设备属于车上新增加设备，照相机和便携式计算机不属于新增加设备，因此保险公司只支付制冷设备和电视录像设备的损失费用。

案例 4-15 被盗车辆逾期失而复得，保险公司是否赔偿？

2015 年 8 月 22 日，张某购买一辆北京现代车，新车购置费 15 万元，附加费 2 万元。他为该车向某保险公司投保机动车损失险和全车盗抢险，双方确认保险金额为 17 万元，保险期为一年。2015 年 10 月 2 日，张某发现停放在小区楼下的车辆被盗，即向该保险公司及公安机关报案。截止到事发后的 60 日时，该北京现代车仍未找到，张某持公安机关的证明向保险公司的办事处索赔，保险公司的办事处表示要向上级申报。20 天后，张某被盗的车辆被公安机关查获，保险公司将车取回，但此时张某不愿意收回自己丢失的车，而要求保险公司按照保险合同支付保险金额 17 万元及利息。保险公司则不赞同，认为被盗车辆已经被找回，就不需要向张某支付盗抢险的赔付金额，同时，张某在领回自己的汽车时，还需承担保险公司为索赔该车花费的费用。双方无法达成一致，张某将保险公司告上法庭。

案例分析：

机动车全车盗抢险保险合同条款中载明："保险期间内，被保险机动车的下列损失和费用，且不属于免除保险人责任的范围，保险人依照本保险合同的约定负责赔偿：被保险机动车被盗窃、抢劫、抢夺，经出险当地县级以上公安刑侦部门立案证明，满 60 天未查明下落的全车损失。"本案中的失窃车辆是在满 60 日后找到的，被保险人主张保险公司进行赔款，保险公司理应按照保险合同约定对张某进行赔偿。如果被保险机动车被盗又找回后被保险人主张要车，保险人应将车辆交给被保险人。由于盗窃事故发生时间距新车购置时间不到两个月，因此，法院按新车购置价处理，张某获得赔偿金额为 17 万元×(1-20%) = 13.6 万元，并且保险公司还需承担本案的诉讼费用。法院判保险公司败诉。

特别提示

碰撞：指被保险机动车或其符合装载规定的货物与外界固态物体之间发生的、产生撞击痕迹的意外撞击。

倾覆：指被保险机动车由于自然灾害或意外事故，造成被保险机动车翻倒，车体触地，失去正常状态和行驶能力，不经施救不能恢复行驶。

坠落：指被保险机动车在行驶中发生意外事故，整车腾空后下落，造成被保险机动车翻车损失的情况。非整车腾空，仅由于颠簸造成被保险机动车损失的，不属于坠落。

外界物体倒塌：指被保险机动车自身以外的物体倒下或陷下。

自燃：指在没有外界火源的情况下由于本车电器、线路、供油系统、供气系统等被保险机动车自身原因或所载货物自身原因起火燃烧。

火灾：指被保险机动车本身以外的火源引起的、在时间或空间上失去控制的燃烧（有热、有光、有火焰的剧烈的氧化反应）所造成的灾害。

次生灾害：指地震造成工程结构、设施和自然环境破坏而引发的火灾、爆炸、瘟疫、有毒有害物质污染、海啸、火灾、泥石流、滑坡等灾害。

暴风：指风速在 28.5m/s（相当于 11 级大风）以上的大风。风速以气象部门公布的数据为准。

暴雨：指每小时降雨量达 16mm 以上，或连续 12 小时降雨量达 30mm 以上，或连续 24 小时降雨量达 50mm 以上。

洪水：指山洪暴发、江河泛滥、潮水上岸及倒灌。但规律性的涨潮、自动灭火设施漏水以及在常年水位以下或地下渗水、水管爆裂不属于洪水。

玻璃单独破碎：指未发生被保险机动车其他部位的损坏，仅发生被保险机动车前后风窗玻璃和左右车窗玻璃的损坏。

车轮单独破碎：指未发生被保险机动车其他部位的损坏，仅发生轮胎、轮辋、轮毂罩的分别单独损坏，或上述三者之中任意二者的共同损坏，或三者的共同损坏。

车身划痕损失：指仅发生被保险机动车车身表面油漆的损坏，且无明显碰撞痕迹。

新增设备：指被保险机动车出厂时原有设备以外的，另外加装的设备和设施。

新车购置价：指保险合同签订地购置与被保险机动车同类型新车的价格，无同类型新车市场销售价格的，由投保人与保险人协商确定。

单方肇事事故：指不涉及与第三者有关的损害赔偿的事故，但不包括自然灾害引起的事故。

家庭成员：指配偶、子女、父母。

市场公允价值：指熟悉市场情况的买卖双方在公平交易的条件下和自愿的情况下所确定的价格，或无关联的双方在公平交易的条件下一项资产可以被买卖或者一项负债可以被清偿的成交价格。

巩固与思考

1. 简述机动车第三者责任险、机动车损失险、机动车车上人员责任险以及机动车全车盗抢险的保险责任。

2. 机动车交通事故强制责任保险与机动车第三者责任险的区别有哪些？

3. 机动车损失险的保险金额如何确定？发生保险责任范围内的事故后保险公司应该如何赔付？

4. 机动车辆出险后，常见的合理的施救费用包括哪些项？

5. 机动车第三者责任险的主要责任免除项有哪些？

6. 现行机动车损失险的免赔率如何确定？

7. 什么是附加险种？不同附加险种的购买条件是否一致？

第 5 章

汽车保险的承保及理赔实务

学习目标：

　　初步理解汽车保险承保的内涵；熟悉汽车投保单的填写要求；了解汽车保险单证的缮制与签发流程；掌握汽车保险的续保与批改过程；了解汽车保险不同险种的费率；掌握保险费的计算方法；掌握汽车保险理赔的业务流程；掌握现场查勘的程序与方法；掌握汽车保险理赔定损核损的流程；熟悉现场查勘草图的绘制方法。

5.1　汽车保险的承保实务

　　汽车保险的承保是保险经营的一个重要环节，是指保险人对投保人提出的投保申请进行审核，继而同意接受其投保申请，并确定如何承保的过程。汽车保险承保的主要环节包括：投保人提出投保申请；保险展业人员为投保人制订保险方案；保险人对投保人提出的投保申请进行审核，进而确定是否承保、以什么样的条件承保；签单人员缮制保险单并交复核员复核签章；保险人向投保人足额收取保险费；保险人向投保人出具保险单或保险凭证。在保险合同约定的保险期间内，如果保险标的所有权变更，或者投保人申请更改或取消保险合同，要进行批改作业。保险合同期满后，投保人可以办理续保。汽车保险承保的质量反映了保险公司的经营管理水平，直接影响保险公司的生存和经济效益。汽车保险的承保流程如图 5-1 所示。

5.1.1　汽车保险的展业

　　汽车保险的展业实质上是对汽车保险产品的营销。展业是一项政策性、技术性、思想性都较强的工作，展业工作的好坏直接关乎保险人业务经营的稳定性，保险人、保险经纪人、保险代理人均可从事保险展业工作。汽车保险展业人员应具备的基本素质包括：①较强的法制观念和政策观念。汽车保险展业人员不仅要熟悉车险各险种的条款、费率规章，还要熟悉有关业务政策和法律知识；保险展业中，必须明确和牢记双方平等的法律地位，要坚持自愿投保的原则。②积极学习、主动服务。保险展业人员要与社会各界广泛接触，涉及许多方面的知识和技能，这就要求保险展业人员不仅要熟悉业务、广采博学，而且要积极学习、不断

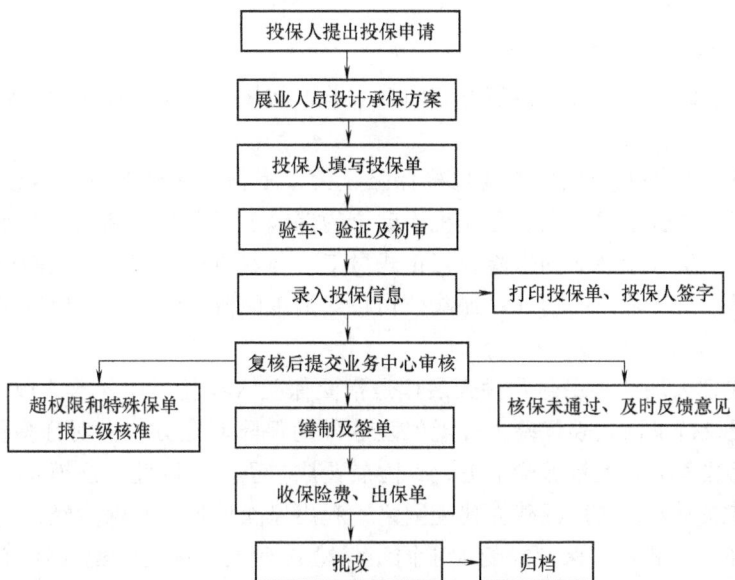

图 5-1 汽车保险的承保流程图

更新知识；同时，保险展业人员还要有针对性的宣传，帮助客户防灾防损，展业过程中，主动根据客户情况设计最佳的投保方案。

1. 汽车保险展业的意义

汽车保险展业的开展可以促进社会经济发展，同时可以对被保险人社会再生产的持续进行提供有力的保障。对保险人而言，保险展业的根本目的就是要增加保险标的数量，扩大保险基金。展业工作所具有的重大意义是由保险本身的特点所决定的，主要表现在以下几个方面：

（1）增强人们的风险管理意识 汽车保险产品是一种无形的商品，它所能提供的是对被保险人未来生产、生活的保障。保险产品在保险期间内能否发挥效用具有很大的不确定性，这就使人们对保险的需求比较被动。因此，通过汽车保险展业工作可以宣传和普及人们对风险的认知和防范，减少风险发生后带来的不必要的损失，激发人们对汽车保险的潜在需求，促使人们购买保险。

（2）有利于保险企业的稳定和发展 广泛的汽车保险展业工作不仅能为经营汽车保险的企业带来新客户，而且也可以唤起全社会的风险意识，对树立整个保险业的良好形象起到重要作用。通过汽车保险展业人员的大规模推广工作，不仅宣传了保险公司所经营的保险产品，也增强了保险公司的影响力。同时，汽车保险展业工作开展得越好，参与投保的保险标的数量就越多，越符合保险大数法则的要求，保险公司的经营也就越稳定。

（3）争夺市场份额、提高企业的市场竞争力 保险企业之间的竞争主要是市场的争夺。通过积极有效的展业活动，保险人承保的保险标的越多，由保险费形成的责任准备金就越多，保险经营的风险就会随之降低，这也为进一步降低保险价格、提高保险企业的市场综合竞争力提供了保障。汽车保险展业的顺利开展可以促进保险经营的良性循环。

（4）通过展业对保险标的和风险进行选择 对于保险企业来说，为了完成展业任务，所占用的人力和费用成本最高，因为在展业过程中可能出现逆选择。汽车保险展业过程也是甄别风险、避免逆选择的过程。

2. 汽车保险展业的方式

汽车保险展业的方式包括直接展业和间接展业，间接展业又包括保险代理人展业和保险经纪人展业。

（1）保险人直接展业　直接展业也称保险直销，是指保险公司依靠自己的业务人员去争取保险业务，这适合于规模大、分支机构健全的保险公司以及金额较大的保险险种。直接展业的优点为：从事直接展业的保险公司正式员工业务素质相对较高，更能代表保险人与客户商谈保险事项，获得客户的信任；保险公司正式员工的流动性小，可以给客户提供连续性的服务。

（2）保险代理人展业　保险代理人展业是指受保险人委托，向保险人收取代理手续费，并且在保险人授权范围内代表保险人开展保险业务的保险展业方式。对许多保险企业来说，单靠直接展业无法争取到大量保险业务，保险展业成本也高。因此，规模相对较大的保险公司除了开展直接展业外，还广泛建立代理网络，利用保险代理人和保险经纪人展业。

（3）保险经纪人展业　保险经纪人不同于保险代理人，保险经纪人代表的是投保人的利益，更容易赢得投保人的信任。保险经纪人一般都要通过资格认证，他们可以依据法律知识和专业知识来提供更优质的服务，而且保险经纪人对保险市场和风险管理富有经验，能为投保人制订适宜的风险管理方案并物色适当的保险人，是保险展业的有效方式。

3. 汽车保险展业的策略

（1）展业渠道创新　保险人在维持汽车保险传统销售渠道的同时，还要积极开拓新的展业渠道。例如，2007年，经原保监会批准，平安保险电话车险产品率先在国内推出，私家车主拨打电话投保车险，保险责任与其他渠道完全一致，保费却更低。这种新型营销模式的引入，改变了车险市场旧有的渠道，而百亿元的销售业绩则证明了电销车险的成功。目前，汽车保险展业可选的销售渠道有：保险公司专属代理人（保险推销员）；兼业代理渠道（如经销商销售车险）；电话销售渠道；互联网销售渠道；专业中介渠道（经纪代理渠道）等。

（2）良好的激励机制　经营汽车保险的企业应建立有效的激励机制，通过组织业务竞赛等活动，增强员工的竞争意识。企业要对那些在爱岗敬业、团队合作及车险险种开发等方面有特殊贡献的个人或团队进行表彰，同时为展业人员创造良好的外部及内部工作环境。

（3）车险产品创新　在汽车保险展业过程中，要积极实施各险种分层开发，用不同的车险产品满足不同客户的保险需求。保险企业对于不符合市场需求的旧险种要大胆调整。例如，现行的商业车险条款里的发动机特别损失险种（又叫涉水险），保险责任是在保险期间内，因被保险机动车在积水路面涉水行驶或被保险机动车在水中起动导致发动机进水造成发动机的直接损毁，保险人负责赔偿。但是，对于装有电池的电动汽车涉水后电池受损的情况，该险种无法正常使用。所以，针对自动驾驶汽车、网约车、新能源汽车、老年代步车等，保险企业要响应市场需求，积极开发新的车险险种以迎合社会需要。

（4）实施有效的费改　费改对于保险展业的影响，涉及保险条款、费率、核保、理赔政策的调整等方面。有效的费改可以让汽车保险行业统一示范条款，展业人员不用担心不同保险人相应保险条款间的差异，保额的确定方式更合理，保障范围更广泛。例如，2015年费改后，被保险人或被保险人允许的合法驾驶人的家人可以在三责险项下赔付；车辆在未上牌情况下发生保险事故也可以获得赔偿等；自主定价保险企业经营更加灵活，低风险低保费，高风险高保费，奖优罚劣，保费差距拉开。同时，车险保费与随车、随人因素关联性更强，行业监管更有力，车险产品的开发权交给保险人，选择权交给消费者，品牌优势更明显。

（5）全面售后服务策略　全面售后服务策略是指企业为消费者提供所需要的产品售后全过程的所有服务，这种策略几乎适用于所有经济价值高、寿命周期长、结构复杂和技术性强的产品，包括汽车保险产品。能够把汽车保险产品卖出去只是保险展业参与市场竞争的第一个层次，完善售后服务才是保证保险企业健康经营的重要环节。只有售后服务做好了，才能够进一步培养客户忠诚度。汽车保险展业是包括保险产品销售、理赔以及后期续保服务的综合体。全面售后服务策略能够最大范围地使消费者满意，增强保险企业的竞争能力，进而扩大市场占有率，给保险企业带来良好的经济效益和社会效益，是保险企业汽车保险产品服务策略的发展方向。

4. 保险方案的设计

汽车保险展业人员要能够根据所掌握的各险种的保险条款，针对具体的保险标的用途、使用环境及使用人员等情况，设计出投保人适宜的投保方案。保险方案设计时要依据一定的原则，即公平合理原则和最大诚信原则。公平合理原则，即用最小的成本实现对客户的最大保障，且防止存在不必要的保障范围；最大诚信原则，即充分披露原则，涉及保险条款中可能产生对投保人不利的规定要对投保人如实告知。

5.1.2　投保实务

1. 汽车投保概述

所谓投保，是指投保人向保险人表达缔结保险合同的意愿，并按照保险合同支付保险费的过程。现在的保险市场基本上是竞争比较充分的市场，可供投保人选择的保险公司越来越多，各保险公司为了争取客户，纷纷树立自己的服务特色。一方面，保险企业应加强对投保环节的经营管理，为投保人提供良好的服务；另一方面，投保人有责任自觉地增强保险意识，为自身的利益做出明智的选择。投保的流程图如图5-2所示。

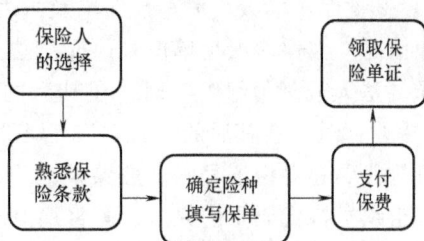

图5-2　投保流程图

（1）投保人　投保人是对保险标的具有保险利益关系、向保险人申请订立保险合同并承担缴纳保险费义务的人。投保人可以是法人，也可以是自然人，一般应具备以下条件：①投保人必须对保险标的具有保险利益。②投保人应具备民事权利能力和民事行为能力。③投保人应与保险人订立保险合同，并负有缴纳保险费的义务。

投保人为机动车辆购买相应的汽车保险时应做出对自己负责任的选择。若投保人仓促投保机动车辆商业车险后申请退保，保险人会扣除退保手续费；若投保人在保险期满后转投其他保险人处，往往要损失本应获得的一些优惠。投保人选择保险人时应注意以下事项：

1）保险人的经营状况和应对风险损失的偿付能力。保险人的经营状况良好，参保的客户越多，形成的保险基金数目就越大，保险人弥补承保亏损的能力就越强。对投保人来说，可以避免被迫提高保险费率或更严格地限制承保的保险标的。

2）保险人提供的险种和价格。不同保险人所经营的机动车辆商业保险的险种和相应的费率会有所不同，投保人在购买车险之前应该先了解不同保险人的险种和价格。

3）保险人提供的服务。投保人购买汽车保险后，就与提供汽车保险的保险人建立了一种长期的关系。因此，投保人选择保险人时还要关注保险人的理赔政策及服务水平的差异性，使自己获得良好售后服务的权利有所保障。

（2）投保单　投保单俗称保单，是指投保人向保险人申请办理保险的文字依据，也是投保人要求投保的书面凭证。同时，投保单也是保险人签发保险单的重要依据，是保险合同的一个组成部分。投保单的填写需要注意以下事项：

1）投保单的填写。投保单可采取手工填写方式，也可以利用保险公司提供的网上投保系统、触摸屏等工具自助录入，打印后由投保人签字。投保单一般为一车一单，当为多车业务时，投保单可以使用附表形式。其中，投保人情况、被保险人情况及投保主险条款名称等共性的内容在投保单主页上填写，个性的内容填写在"机动车辆保险投保单附表"中，但填写规范与一车一单相同。如果上述共性的内容有一项有差别，均要另外启用一份投保单填写共性内容及其附表。例如，某法人单位为新购的6辆同款轿车投保，投保人情况、被保险人情况、投保车辆情况均相同，但其中4辆车选择《机动车损失保险条款》和《机动车辆第三者责任保险条款》投保，另外2辆车只选择《机动车辆第三者责任保险条款》投保，此时投保主险条款名称不同，要启用两份投保单，分别填写投保单主页和附表。

2）投保单的填写内容及要求。由于投保单信息量较大，内容较多，投保人一般需要在保险业务人员的指导和协助下逐项规范地填写。投保单的主要填写内容包括：①投保人情况，投保人必须对保险标的具有保险利益。投保人为"法人或其他组织"时，填写其全称（与公章名称一致）；投保人为"自然人"时，填写个人姓名（与投保人有效身份证明一致）。②投保车辆数。填写投保单及附表所列投保车辆的总数，用阿拉伯数字填写。③被保险人情况。被保险人是单位时选择"法人或其他组织"，被保险人是个人时选择"自然人"。选择"法人或其他组织"时，在其后的"名称"后填写其全称（与公章名称一致）；选择"自然人"时，在其后的"姓名"后填写个人姓名（与被保险人有效身份证明一致）。④组织机构代码和身份证号码。被保险人为"法人或其他组织"时填写被保险人的组织机构代码。组织机构代码是国家质量监督局对在中华人民共和国境内依法注册登记的机关、企业、事业单位、社会团体和民办非企业单位颁发的一个在全范围内唯一的、始终不变的代码标识；被保险人为"自然人"时填写被保险人的"居民身份证"号码。被保险人无"居民身份证"的，如被保险人为军官、外国籍人员时，应在投保单特别约定栏内注明被保险人的有效身份证明名称、证件号码及被保险人性别、年龄。⑤投保车辆的种类、车牌号码、吨位或座位数、车架号、发动机号码、使用性质、行驶证、初次登记年月、保险价值等相关信息。

2. 汽车保险投保的途径

（1）保险兼业代理　所谓汽车保险兼业代理，指的是经营自身主营业务的同时兼营汽车保险产品的企业或机构。常见的兼业代理有汽车经销商、汽车修理厂、银行等。

（2）保险代理机构　目前，保险代理机构较多，竞争激烈，专业的保险代理机构可以提供多家保险公司的汽车保险产品，并为客户提供多种保险产品设计方案。同时，保险代理机构还可以提供上门服务，或代投保人办理车险业务，为投保人带来诸多方便。

（3）直接到保险公司投保　这种上门投保的形式，降低了保险公司的经营成本，可能会得到比较便宜的价格，但是如果没有得到保险公司指定的客户经理，索赔时需要自己经手，比较麻烦。目前，这种直接到保险公司投保的情况比较少见。

（4）电话投保　电话投保是以电话为主要沟通手段，借助网络、传真、短信、邮寄、递送等辅助方式，通过保险公司专用电话营销号码，完成保险产品的推介、咨询、报价、保单条件确认等主要营销过程的业务。根据中国银保监会规定，拥有电话直销车险牌照的公司，要求电话车险的销售都要集中管理、统一运营，其报价可以在国家规定的最低7折限制下再下浮15%。

电话车险凭借投保便捷、价格优惠、增值服务优厚等优势被越来越多的车主接受和认可，尤其是平日工作繁忙的人，只要一个电话便能为爱车投保，通过电话完成咨询、投保、上门收费、理赔进度查询、理赔回访等，并且规模大的保险公司还会推出很多增值服务，这些服务能为日常用车提供很多保障，也会省去很多费用。

因为没有代理机构等中间环节，保险公司可以面向车主直接销售车险产品，让利车主，所以电话投保比传统渠道投保便宜，因此受到车主的广泛欢迎。另外，电销车险只能是保险公司自身经营，不能委托第三方销售，所以这在一定程度上保障了消费者的利益。应该说，正规电话车险与传统车险的区别主要在销售方式，而理赔和服务与传统车险并无任何区别。电话车险还结合了互联网的优势特点，电话车险与网络车险正渐渐成为一种趋势。

（5）网络投保　网络投保，也称网上投保或者网销保险，是以计算机互联网为媒介的保险营销模式。该模式可以实现保险信息咨询、保险方案制订、投保、缴费、核保、承保、保单信息查询、保权变更、续期缴费、理赔和给付等保险全过程的网络化。网络保险是保险公司或第三方以互联网和电子商务技术为工具来支持保险销售的经营管理活动的经济行为。

网络保险的经营模式主要有：①独立的互联网保险公司。2012年，马云、马化腾、马明哲筹建的专业网络财险公司——众安在线获准成立，这是我国第一家真正意义上的互联网保险公司。②保险公司官网渠道，适合规模大型的保险公司。例如，中国太平保险集团有限责任公司和平安保险集团均有自己的网络渠道和平台。③第三方电子商务平台和保险中介机构网站。目前，保险人凭借第三方电子商务平台引进保险业务是比较常见的做法。2010年6月8日，中国平安财产保险股份有限公司宣布入驻淘宝。保险中介机构运营的网站与保险公司官网境况相同。

3. 投保的注意事项

1）投保人必须对保险标的具有保险利益，投保人对保险标的要具有法律上承认的利益关系，否则所签订的保险合同无效。

2）投保时投保人应将保险标的的情况如实告知，不得隐瞒或欺骗，否则保险合同无效。

3）及时缴纳保险费。投保人应按合同约定及时交付保险费，依据规定，保险费交付前发生的保险事故，保险人不承担赔偿责任。

4）避免重复投保。《保险法》第四十条规定：重复保险的保险金额总和超过保险价值的，各保险人的赔偿金额的总和不得超过保险价值。因此，即使投保人重复投保，也不会得到超过保险价值的赔款。

5）避免超额投保或不足额投保。《保险法》第三十九条规定：保险金额不得超过保险价值，超过保险价值的，超过的部分无效。保险金额低于保险价值的，除合同另有约定外，保险人按照保险金额与保险价值的比例承担赔偿责任。所以超额投保、不足额投保都不能获得额外的利益。

某保险公司的汽车保险投保单见表 5-1 。

表 5-1　某保险公司的汽车保险投保单

投保情况	投保情况	新保		续保	上年投保公司			
	上年保单号				到期时间			
被保险人	被保险人				身份证号码			
	通信地址				邮政编码			
	联系人				联系电话		E-mail	
投保车辆	车牌号码		境外号牌			牌号底色		
	厂牌型号		车辆种类			车架号		
	发动机号		排气量（升）			车辆颜色		
	VIN 码		座位/吨位			初登日期		
	使用性质	□营业　　□非营业	防盗装置			□电子防盗装置　□机械防盗装置　□无		
	所属性质	□机关　□企业　□个人	固定车位		□有　　□无	驾驶人数		□单人　□多人
	形势区域	□省内　□国内　□出入港澳	安全装置			□安全气囊　□ABS 系统　□无安全装置		

主驾驶人资料	姓名：　　　　性别:□男　□女　　婚姻情况:□已婚　□未婚　　初领驾驶证时间　　　　　年　月　日
	身份证号：　　　　　　　　　　　　出生时间：
	近三年肇事记录:□无　□一次　□二次　□三次及以上　　违章记录:□无　□一次　□二次　□三次及以上
副驾驶人资料	姓名：　　　　性别:□男　□女　　婚姻情况:□已婚　□未婚　　初领驾驶证时间　　　　　年　月　日
	身份证号：　　　　　　　　　　　　出生时间：
	近三年肇事记录:□无　□一次　□二次　□三次及以上　　违章记录:□无　□一次　□二次　□三次及以上

基本险	车辆损失险				第三者责任险	
	新车购置价	保险金额	费率	保险费小计	赔偿限额	保险费小计
	驾驶员座位责任险				乘客座位责任险	
	补偿限额		保险费小计		赔偿限额：　　万元/座	保险费：

附加险	险别	保险金额（赔偿限额）	费率	保险费小计
	全车盗抢险			
	前后风窗玻璃单独破碎险			
	无过错损失补偿险			
	不计免赔率特约险			
	自然损失险			
	新增设备损失险			
	承载货物责任险			
	免税车辆关税责任险			
	代步车费用险			
	全车盗抢附加高尔夫球具盗窃险			
	他人恶意行为损失险			
	交通事故精神损害补偿险			

保险期限:共　个月　　　自　年　月　日零时起至　年　月　日二十四时止

特别约定：

5.1.3 汽车保险的核保

1. 核保的含义

汽车保险的核保是指保险人在对投保人投保的保险标的信息全面掌握、核实的基础上，对可保风险进行评判与分类，进而决定是否承保、以什么样的条件承保的过程。核保工作的好坏直接关系到保险人的承保盈亏和财务稳定，因此核保工作也是衡量保险人管理水平的重要标志之一。

保险人一方面需要依据展业工作承保大量的可保风险，另一方面需要对风险进行主动选择。首先，为了实现风险的平均分散，保险人要尽量选择同质风险承保；其次，保险人要淘汰那些超出可保风险条件的保险标的。

2. 核保的流程和内容

汽车保险的核保工作原则上采取两级核保制度。先由保险展业人员（包括业务员、代理人、经纪人）在展业的过程中进行初步审核，然后将初步接受的业务交由核保人员根据各级核保权限进行审核。超过本级核保权限的，报上级公司核保，进而决定是否承保、承保条件以及保险费率等。核保的流程大致包括审核投保单、查验车辆、核定保险费率、计算保险费、核保等必要程序。核保的基本流程如图5-3所示。

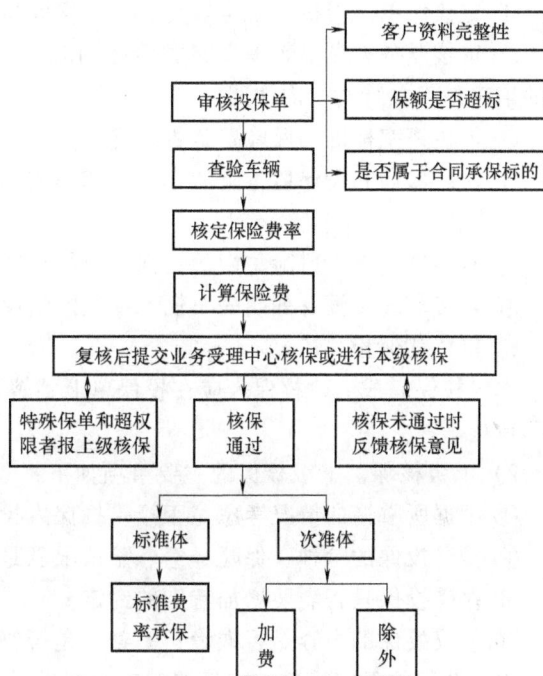

图 5-3　核保的基本流程

（1）审核投保单与查验车辆　业务人员接到投保单，首先要审查投保单填写的各项内容是否完整、准确，并结合投保车辆的有关证明，如车辆行驶证、购车发票等详细审核。审核投保单时要重点关注以下内容：投保人或被保险人的基本情况；投保人的资格，如投保人是否对保险标的有保险利益；保险金额，保险金额涉及保险人和被保险人的利益，核保时应当根据汽车市场指导价格确定保险金额。其次，根据投保单、投保单附表和车辆行驶证，对投保车辆进行实际查验。查验实质上包括验证和验车。验证指的是查验投保人的身份证、驾驶证、机动车行驶证等；验车主要指的是查验车辆的技术状况是否符合运行条件，车辆的号牌号码、颜色、发动机及车架号码是否跟机动车行驶证上的一致，标的内外有无破损，标的车是否配备消防设备，标的车的转向、制动、灯光、扬声器、刮水器是否正常等。最后，根据保险人制定的承保办法决定是否承保。

（2）核定保险费率　保险业务人员根据车辆情况和保险公司的《机动车辆保险费率标准》，逐辆确定投保车辆的保险费率。

（3）计算保险费　根据机动车辆各险种保险费的计算公式确定保险费。保险费有一年期保险费、短期保险费、退保时的保险费、机动车辆提车暂保单承保的保险费等，都有其各自不同的计算方法。核保的要点之一就是审查保险费计算是否正确。

（4）核保　保险费计算工作完成后要进行核保。核保包括本级核保和上级核保。本级核保完毕后，核保人应在投保单上签署意见，上报上级公司核保。核保人员的等级和权限分为三种情况：①一级核保人员主要负责审核特殊风险业务。例如高价值车辆的核保，特殊车型业务的核保，车队业务的核保以及下级核保人员无力完成的核保任务。②二级核保人员主要负责审核非标准业务，即在保险人的核保管理文件中没有明确指示核保条件的业务，例如保险金额、赔偿限额等。③三级核保人员主要负责审核常规业务，即展业人员按照核保文件的要求对投保单的各项进行形式上的审核，也称投保单审核。核保的主要内容如下：

1）本级核保。本级核保的基本内容如下：

① 审核保单是否按照规定填写，审核保险价值与保险金额是否合理。

② 审核业务人员是否据实完成验证和验车，是否向投保人履行了告知义务，对特别约定的事项是否在特约栏内注明。

③ 审核费率标准和保险费是否正确。

④ 对高保额和投保盗抢险的车辆，审核有关证件是否与投保单一致，是否按照规定拓印牌照存档。

⑤ 对事故率高、风险集中的投保单位提出限制性承保条件。

⑥ 对费率表中没有列明的车辆，视风险情况厘定费率。

⑦ 审核其他相关情况。

本级核保完成后，核保人应在投保单上签署意见。对超出本级核保权限的，应上报上级公司审核。

2）上级核保。上级核保的主要事项如下：

① 根据所掌握的情况考虑能否接受投保人投保。

② 接受投保的险种、保险金额、赔偿限额是否需要限制或调整。

③ 接受投保是否需要增加特别的约定。

④ 协议投保的内容是否准确、完善，是否符合保险监管部门的有关规定。

上级公司核保完毕后，应签署明确的意见并立即返回请示公司。整个核保工作结束后，核保人员应做出承保决策，同时将投保单、核保意见一并转业务内勤。对于同意承保的，业务内勤根据投保单缮制保险单证。常见的承保决策如下：

1）拒绝承保。如果投保人的投保条件明显低于保险人的承保标准，保险人一般会及时向投保人发出拒保通知，拒绝承保。

2）正常承保。对于符合正常承保标准的保险标的，保险人按照标准费率承保。

3）非正常承保。非正常承保又分两种情况：对于低于正常承保标准但又构不成拒保条件的保险标的，保险人可以通过增加限制性条件或加收附加保费的方式予以承保；对于属于优质风险类别的保险标的，保险人按照低于标准费率的优惠条件予以承保。

3. 保险费的计算

（1）交强险保险费的计算　交强险保险费的计算分一年期保险费的计算和短期保险费的计算，具体如下：

1）一年期保险费的计算。投保一年期机动车交通事故责任强制保险的，根据《机动车交通事故责任强制保险基础费率表》中相对应的金额确定基础保险费，然后代入式（5-1）

求得相应的保险费。2008 版交强险基础费率表见表 5-2（与道路交通事故相联系的浮动比率详见第 3 章）。

交强险最终保险费＝交强险基础保险费×(1+与道路交通事故相联系的浮动比率) (5-1)

表 5-2　2008 版交强险基础费率表

家庭自用汽车	6 座以下	6 座以上	—	—	—
	950 元	1100 元	—	—	—
非营业客车	6 座以下	6~10 座	10~20 座	20 座以上	
企业用车	1000 元	1130 元	1220 元	1270 元	
党政机关、事业团体用车	950 元	1070 元	1140 元	1320 元	
营业客车 出租、租赁用车	6 座以下	6~10 座	10~20 座	20~36 座	36 座以上
	1800 元	2360 元	2400 元	2560 元	3530 元
非营业货车	2t 以下	2~5t	5~10t	10t 以上	
	1200 元	1470 元	1650 元	2220 元	
营业货车	2t 以下	2~5t	5~10t	10t 以上	
	1850 元	3070 元	3450 元	4480 元	

2）短期保险费的计算。投保人如果需要保险期间不足一年的机动车交通事故责任强制保险，可按短期月费率系数计收保险费（短期月费率系数表详见第 3 章），不足一个月的按一个月计算。具体计算过程为：先按交强险基础费率表中相对应的金额确定基础保险费，再根据投保期限选择相对应的短期月费率系数，两者相乘即为短期基础保险费。

短期基础保险费＝年基础保险费×短期月费率系数　　　(5-2)

（2）机动车辆商业保险主要险种保险费的计算　机动车辆商业保险主要险种保险费依据各险种保险费的计算公式来计算，保险期间不足一年的可按短期月费率系数计收保险费，不足一个月的按一个月计算。具体计算过程为：先按各险种保险费计算公式求得相对应的年保险费，再根据投保期限选择相对应的短期月费率系数，两者相乘即为短期保险费。

1）车辆损失险。计算车辆损失险的保险费时，先按投保人的类别、车辆的用途、车辆的座位数或吨位数、车辆使用年限等查找基础保险费和对应的费率，然后代入式（5-3）即可求得相应的保险费。车辆损失险的费率见表 5-3。

车辆损失险保险费＝基础保险费+新车购置价×费率　　　(5-3)

表 5-3　车辆损失险的费率表

家庭自用汽车与非营业用车		机动车损失保险			
		1 年以下		1~2 年	
		基础保费（元）	费率（%）	基础保费（元）	费率（%）
家庭自用汽车	6 座以下	539	1.28	513	1.22
	6~10 座	646	1.28	616	1.22
企业非营业客车	6 座以下	305	1.01	290	0.96
	6~10 座	365	0.96	348	0.91
	10~20 座	365	1.03	348	0.98
	20 座以上	381	1.03	363	0.98

例5-1　假定某7座家庭自用汽车投保车辆损失保险，车龄为1年以下，新车购置价为30万元。在费率表（表5-3）上查得对应的基础保险费为646元，费率为1.28%。

该车的车辆损失险保险费=646元+300000元×1.28%=4486元

例5-2　假定某5座企业非营业客车投保车损险，车龄为1年零7个月，新车购置价为15万元。在费率表（表5-3）上查得对应的基础保险费为290元，费率为0.96%。

该车的保险费=290元+150000元×0.96%=1730元

如果投保人选择不足额投保，即保额小于新车购置价，保险费应做相应的调整，计算公式为

保险费=(0.05+0.95×保额/新车购置价)×足额投保时的标准保险费

挂车保险费按同吨位货车对应档次保险费的50%计收。

2）第三者责任险。第三者责任险保险费的计算依据是每次事故的最高赔偿限额。每次事故的责任限额，由投保人和保险人在签订保险合同时按5万元、10万元、15万元、20万元、30万元、50万元、100万元和100万元以上不超过1000万元的档次协商确定。第三者责任险的每次事故的最高赔偿限额应根据不同车辆种类选择确定。确定方式如下。

① 不同区域，摩托车、拖拉机的最高赔偿限额分4个档次，即2万元、5万元、10万元和20万元。摩托车、拖拉机的每次事故最高赔偿限额因区域不同，其选择原则也是不同的，与《汽车保险费率规章》有关摩托车、拖拉机定额保单销售区域的划分相一致，即广东、福建、浙江、江苏4省，直辖市（北京、上海、天津、重庆），计划单列市（深圳、厦门、宁波、青岛、大连），各省省会城市，各自治区首府城市属于A类，最低选择5万元；其他区域属于B类，最低选择2万元。

② 除摩托车、拖拉机外的其他汽车，第三者责任险的最高赔偿限额分为以下几个档次：5万元、10万元、15万、20万元、30万元、50万元、100万元和100万元以上，且最高不超过1000万元。例如，6座以下客车分为5万元、10万元、15万、20万元、30万元、50万元、100万元及100万元以上不超过1000万元等档次，供投保人和保险人在投保时自行协商选择确定。

第三者责任险的责任限额确定后，即可依据责任限额直接查找保险费。第三者责任险的保险费见表5-4。

表5-4　第三者责任险的保险费表　　　　　　　　　　　　（单位：元）

汽车类别	座位数	最高赔偿限额档次						
		5万元档	10万元档	15万元档	20万元档	30万元档	50万元档	100万元档
家庭自用汽车	6座以下	710	1026	1169	1270	1434	1721	2242
	6~10座	659	928	1048	1131	1266	1507	1963
	10座以上	659	928	1048	1131	1266	1507	1963
企业非营运客车	6座以下	758	1067	1206	1301	1456	1734	2258
	6~10座	730	1039	1179	1275	1433	1711	2228
	11~20座	846	1207	1370	1484	1669	1995	2599

第三者责任险保险费=固定档次赔偿限额对应的固定保险费

例5-3 假定某5座家庭自用汽车投保第三者责任险,最高赔偿限额为50万元档次,则在第三者责任险费率表上查得对应的基础保险费为1721元。

该车的第三者责任险保险费=1721元

3)车上人员责任险。车上人员责任险的保险费同投保的座位数、单座责任限额以及费率有关。车上人员责任险的费率见表5-5。

车上人员责任险保险费=本险种赔偿限额×费率=单座责任限额×投保座位数×费率 (5-4)

表5-5 车上人员责任险费率表

险 别		车上人员责任险	
使用性质	车龄及车辆种类	驾驶人座位费率(%)	乘客座位费率(%)
家庭自用汽车	6座以下客车	0.42	0.27
	6~10座客车	0.40	0.26
	10座以上客车	0.40	0.26

驾驶人保险费=每次事故责任限额×费率 (5-5)

乘客保费=每次事故每人责任限额×费率×投保乘客座数 (5-6)

4)全车盗抢险。《机动车综合商业保险条款(2014版)》将机动车辆全车盗抢险列为主险之一,全车盗抢险的保险费同车辆的实际价值和费率有关。全车盗抢险的费率见表5-6。

全车盗抢险保险费=基本保费+保险金额×费率 (5-7)

表5-6 全车盗抢险费率表

险 别		全车盗抢险	
使用性质	车龄及车辆种类	基本保费(元)	费率(%)
家庭自用汽车	6座以下客车	120	0.49
	6~10座客车	140	0.44
	10座以上客车	140	0.44

5)不计免赔特约险。不计免赔特约险又可分为基本险的不计免赔和附加险的不计免赔。不计免赔特约险保险费的计算如下:

不计免赔特约险保险费=所购买的适用该条款的所有险种的标准保险费之和×相应的费率 (5-8)

不计免赔特约险的费率见表5-7。

表5-7 不计免赔特约险费率表

不计免赔特约条款		不计免赔特约条款	
适用险种	费率(%)	适用险种	费率(%)
第三者责任险	15	车身划痕损失险	15
机动车损失险	15	全车盗抢险	20
车上人员责任险	15		

6）玻璃单独破碎险。玻璃单独破碎险是车辆损失险的附加险种，保险费的计算如下：

$$玻璃单独破碎险保险费 = 车损险的保险价值 × 费率 \qquad (5-9)$$

玻璃单独破碎险的费率见表 5-8。

表 5-8　玻璃单独破碎险费率表

车辆用途	车辆规格	国产玻璃费率(%)	进口玻璃费率(%)
家庭自用汽车	6 座以下客车	0.19	0.31
	6~10 座客车	0.19	0.30
企业非营业客车	6 座以下客车	0.13	0.24
	6~10 座客车	0.13	0.24

7）自燃损失险。自燃损失险的保险费等于车损险保险金额和车龄费率的乘积，其中车龄费率可按车辆的使用年限查找。不同保险人对自燃损失险的费率规定存在微小的差别，但大体上相同。自燃损失险的保费主要与所投保车辆的车龄、车损险的保险金额有关，计算公式为

$$自燃损失险保险费 = 车龄费率 × 车损险保险金额 \qquad (5-10)$$

一般来说，车龄为 1 年以下的新车，车龄费率在 0.15% 左右；车龄为 1~2 年的车辆，车龄费率在 0.18% 左右；车龄为 2~6 年的车辆，车龄费率在 0.2% 左右；而车龄在 6 年以上的车辆，车龄费率在 0.23% 左右。由此可见，被保险车辆车龄越高，车龄费率就越高，投保自燃险时所需保费也就越高。这主要是因为车辆车龄越高，其电路、电器等部件耗损较为严重，发生自燃的概率也会相应增加。

4. 核保业务分类

（1）标准业务核保和非标准业务核保　标准业务指的是常规风险的汽车保险业务。非标准业务指的是需要有效控制的涉及保险金额较大的保险业务，例如，高档车辆的业务、特殊车型业务、军牌和外地牌业务等。

（2）智能核保和人工核保　智能核保属于线上核保，保险公司会在线上提出一系列的问题，并通过客户的回答来评判是否符合投保条件，有点类似问卷调查。人工核保相对于智能核保而言，指的是保险公司通过人工方式进行风险评估与选择的过程。核保过程中，智能核保可以对大部分简单的、小保额的、客观的信息进行分类、审核，做出核保结论，但对于复杂的、高保额的、主观的信息不能准确判断。此时，系统通常会将相关信息转入人工核保流程，由核保人员进一步分析与判断是否可以承保以及以何种条件承保。

（3）集中核保和远程核保　集中核保可以解决标准统一和业务规范的问题，但是面临的问题是经营网点分散，缺乏便捷和高效的沟通渠道。远程核保就是建立区域性的核保中心，利用互联网等现代通信技术，对区域内的业务进行集中核保。

（4）事先核保和事后核保　事先核保即投保人提出申请后，保险人在承保之前有核保人员对标的车辆的风险进行评估，决定是否接受承保。这种模式在核保工作中应用广泛。事后核保主要针对标的车辆风险较低、保险金额小、承保业务技术简单的业务，一般由偏远的经营机构或代理机构承办，从人力和经济角度难以做到事先核保的，常常采用此种方式。

5.1.4 单证签发、批改及续保和退保

1. 缮制与签发单证

业务内勤接到投保单及其附表后，根据核保人员签署的意见，即可缮制保险单证。保险单原则上应由计算机出具，暂无计算机设备而只能手工出具保险单的营业单位，必须得到上级公司的书面同意。缮制与签发单证主要包括以下内容：

（1）缮制保险单 制单人将投保单有关内容输入到保险单对应栏目内，在保险单"被保险人"和"厂牌型号"栏内录入统一规定的代码，录入完毕检查无误后打印出保险单。缮制保险单时应注意以下事项：①特约条款和附加条款应印在或加贴在保险单正本背面，加贴的条款应加盖骑缝章。应注意的是，责任免除、被保险人义务和免赔等规定的印刷字体，应该与其他内容的字体不同，以提醒被保险人注意阅读。②无论是主车和挂车在一起投保，还是挂车单独投保，挂车都必须单独出具有独立保险单号码的保险单。在填制挂车的保险单时，"发动机号码"栏统一填写"无"。当主车和挂车一起投保时，可以按照多车承保方式处理，给予一个合同号，以方便调阅。③双方协商并在投保单上填写的特别约定内容，应完整地载明到保险单对应栏目内，如核保有新意见，应根据核保意见修改或增加。保险单缮制完毕后，制单人应将其连同投保单及相关附表一起送复核人员复核。

（2）保险单复核、收取保费 复核人员接到保险单、投保单及其附表后，应认真对照复核。复核无误后，复核人员在保险单"复核"处签章。收费人员对保险单复核无误后，向投保人核收保险费，并在保险单"会计"处和保险费收据的"收款人"处签章，在保险费收据上加盖专用章。只有被保险人按照约定交纳了保险费，该保险单才能产生效力。

（3）保险单证的签发 我国机动车保险合同实行一车一单（保险单）和一车一证（保险证）制度。签发单证时，交由被保险人收执保存的单证有保险单正本、保险费收据、机动车保险证。对已经同时投保交强险、车辆损失险、第三者责任险、车上人员责任险、不计免赔特约险的投保人，还应签发事故伤员抢救费用担保卡，并做好登记。

（4）保险单证的清分与归档 对投保单及其附表、保险单及其附表、保险费收据、保险证，应由业务人员清理归档。保险单证的清分主要包括以下内容：

1）对已填具的投保单、保险单、保费收据和保险证，业务人员应进行清理归类，投保单的附表要粘贴在投保单背面，并加盖骑缝章。

2）送到财务部门留存的单证有：保险费收据（会计留存联）、保险单副本。

3）业务部门留存的单证有：保险单副本、投保单及附表、保险费收据（业务留存联）。

留存业务部门的单证，应由专人保管并及时整理、装订和归档。每一套承保单证应按顺序整理排列，例如保费收据、保险单副本、投保单及其附表。所有单证应按保险单号码顺序排列并装订成册，封面及装订要按档案规定办理，并标明档案保存的期限。

2. 批改

批改是指在保险单签发后，对保险合同内容进行修改或增删所进行的一系列作业。所签发的书面证明称为批单，保险批单是保险合同的组成部分，在保险合同中，批单具有和保险单同等的法律效力，批单的法律效力优于原保险单的同类条款。

我国《机动车辆保险条款》规定："在保险合同有效期内，保险车辆转卖、转让、赠送他人、变更用途或增加危险程度，被保险人应当事先书面通知保险人并申请办理批改。"因

此，保险期间内，被保险人在保险标的发生下列事项时应立即申请保险单证的批改作业。

1）保险车辆转卖、转让、赠送他人。

2）保险车辆变更用途。

3）保险车辆增加危险程度。

4）调整保险金额或最高赔偿限额。

《保险法》第二十条规定："变更保险合同应当由保险人在原保险单或者其他保险凭证上批注或者附贴批单，或者由投保人和保险人订立变更的书面协议。"所以，保险单的批改方式有：在原保险单或保险凭证上批注；在原保险单或保险凭证上附贴批单；由保险人另外提供一张变更合同内容的单证。

对保险合同的任何修改均应使用批改形式。保险合同内容有变动时，被保险人应事先书面通知保险人申请办理批改单证，填具批改申请书送交保险公司。保险公司审核同意后，出具批改单给被保险人存执，存执粘贴于保险单正本背面。汽车保险批改作业的主要内容包括以下几个方面：

1）被保险人信息变更。

2）保险金额增减。

3）保险种类增减或变更。

4）车辆种类或厂牌型号变更，车辆使用性质变更，保险车辆危险程度增减。

5）保险费变更，免赔额变更。

6）保险期限变更。

批改作业所涉及的保险费的补缴或返还，应依照相关规定执行。

3. 续保和退保

（1）续保 续保是指保险合同即将期满或者期满时，投保人对同一保险人提出申请，重新办理汽车保险的保险事宜。在办理续保手续时，保险人或被保险人都可以根据当时的客观情况或需要，适当增加或减少保险金额，或做其他变动。机动车辆保险业务中有相当大的比例是续保业务，做好续保工作对保证保险业务的来源十分重要。在机动车保险实务中，续保业务一般在原保险单到期前一个月开始办理。如果续保以后至原保险单到期这段时间内发生保险责任事故，保险理赔的金额按原保险合同计算，但出险的次数将被计入保险的下一年度里。

（2）退保 退保实质上是指投保人在保险合同没有完全履行时，向保险人申请解除保险合同，保险人同意解除双方由合同确定的法律关系，并按照《保险法》及合同的约定退还相应的保险费的行为。投保人对机动车辆商业保险的各险种享受投保自由、退保自愿的权利。保险人在接到投保人解除保险合同的申请书后，接受退保申请，保险责任终止。汽车保险的退保一般出于以下几种原因：①保险标的达到报废条件。②汽车转卖他人。③重复保险，即为同一辆汽车投保了两份相同的保险。④对保险公司不满，想更换保险公司。⑤新手车主对所买的险种不太了解，熟悉条款后想终止保险责任。

不是所有的机动车都可以退保，在机动车保险合同生效后，必须满足法定的条件才可以选择退保。

1）机动车商业保险各险种的退保。机动车商业保险各险种退保的条件如下：

① 车辆的保险单必须在保险有效期内。

② 在保险单有效期间内，该车辆没有向保险公司报案或索赔过的可退保，从保险公司得到过补偿的车辆不可退保；仅向保险公司报案而未得到补偿的车辆也不可退保。

投保人和被保险人满足汽车保险的退保条件后，实现汽车保险的退保大致需要遵循以下流程：①向保险公司递交退保申请书。投保人写好退保申请书，说明退保的原因和从什么时间开始退保，签字或盖章后把它交给保险公司的业务管理部门。②由保险公司业务管理部门出具退保批单。保险公司根据退保申请书出具一份退保批单，写明退保时间及应退保费金额，同时收回被保险人的汽车保险单。③到保险公司财务部门领取应退保险费。投保人拿退保批单和有效身份证明，到保险公司的财务部门领回应退的保险费。

$$应退保险费 = 投保人实缴保险费 - 应扣除保险费$$

应扣除保险费一般按月计算，汽车保险每生效一个月，收取 10% 的保险费，不足一个月的按一个月计算。如果投保人在保险责任开始前退保，保险人扣除相应手续费后退还保费。

2）机动车交通事故责任强制保险的退保。正常情况下，投保人不得解除机动车交通事故责任强制保险的保险合同，但有下列情形之一的除外：

① 被保险机动车被依法注销登记的。

② 被保险机动车办理停驶的。

③ 被保险机动车经公安机关证实丢失的。

机动车交通事故责任强制保险合同解除之前，保险公司应当按照合同承担保险责任。合同解除时，保险公司可以收取自保险责任开始之日起至合同解除之日止的保险费，剩余部分的保险费退还投保人。

投保人对汽车保险退保时需要提交以下材料：

① 退保申请书。写明退保缘由以及时间，车主是单位的需盖章。

② 保险单。需要原件，若保险单遗失，则需事前补办。

③ 保险费发票。一般需要原件，有时候复印件也可以。

④ 被保险人的身份证明。车主是单位的需要单位的营业执照；车主是个人的需要身份证。

投保人退保时除需提供以上材料外，还需提供以下证明退保原因的文件：

① 因车辆报废而退保，需提供报废证明。

② 因车辆转卖他人而退保，需提供过户证明。

③ 因重复保险而退保，需提供互相重复的保险单。

④ 因对保险公司不满而退保，不需证明。

⑤ 新手在不甚了解的情况下所购车险需要退保，不需证明。

5.1.5　汽车保险的费率

保险费率是保险人按保险金额向投保人收取保险费的比例，通常用"‰"或"%"表示。保险费率是计算保险费的依据。保险费率一般由纯费率和附加费率两部分组成。习惯上，将由纯费率和附加费率两部分组成的费率称为毛费率。纯费率也称净费率，是保险费率的主要部分，它是根据损失概率确定的。按纯费率收取的保险费称为纯保费，用于保险事故发生后对被保险人进行赔偿和给付。附加费率是保险费率的次要部分，按照附加费率收取的保险费称为附加保费，它是以保险人的营业费用为基础来计算的，用于保险人的业务费用支出、手续费支出以及提供部分保险利润等。

1. 汽车保险费率的确定原则

汽车保险产品不同，其保险费率也不同，保险费率的厘定由保险人完成，再通过中国银保监会批准。保险费率的厘定依据以下原则：

（1）公平合理原则　汽车保险费率的公平合理原则，一方面体现在确保每一个投保人的保费负担依据或者反映其保险标的的危险程度；另一方面，被保险人所负担的保费应与其所获得的保险权利相一致，保费的多寡应与保险的种类、保险期限、保险金额、被保险人的年龄、性别等相对称，风险性质相同的被保险人应承担相同的保险费率，风险性质不同的被保险人则应承担有差别的保险费率。合理性是指保险费率应尽可能合理，不可因保险费率过高而使保险人获得超额利润。这种公平合理的原则表现在两个层面：①保险人和投保人之间。在保险人和投保人之间体现公平合理的原则，是指保险人的总体收费应当符合保险价格确定的基本原理，尤其是附加费率部分，不应让投保人负担保险人不合理的经营成本和利润。②不同的投保人之间。在投保人之间体现公平合理的原则，是指不同投保人的保险标的的危险程度可能存在较大的差异，保险人对不同的投保人收取的保险费应当反映这种差异。

（2）保证偿付原则　保证偿付原则的核心是确保保险人具有充分的偿付能力。保证偿付能力是保险费率确定原则的关键，它是指保险人所收取的保险费应该足以支付保险金的赔付及合理的营业费用、税收和公司的预期利润。

（3）相对稳定原则　相对稳定原则是指保险费率厘定之后，应当在相当长的一段时间内保持稳定，以保证保险公司的信誉。同时，保险费率也要随着风险、保险责任和市场需求等因素的变化进行调整，具有一定的灵活性。

（4）促进防损原则　促进防损原则的核心是保险费率的厘定可以促进被保险人加强防灾防损工作。被保险人的防灾防损工作做得好，相应的，其汽车保险费率会被降低，保险人对无损或损失少的被保险人实行优惠费率，而对防灾防损工作做得不好的被保险人实行提高费率或续保加费。该原则的目的是调动被保险人主动加强风险管理和防灾防损工作的积极性。

2. 汽车保险的费率模式

保险人在经营机动车辆保险的过程中将风险因子分为两类：①与机动车辆本身相关的风险因子，例如机动车辆的种类、车辆的使用性质、车辆的生产地和行驶的区域等。②与驾驶人员相关的风险因子，例如驾驶人员的性别、年龄、婚姻状况、职业等。目前，各国机动车辆保险的费率模式基本上可划分为两种，即从车费率模式和从人费率模式。

从车费率模式是指在确定保险费率的过程中主要以被保险车辆的风险因子作为影响费率确定因素的模式。现行的机动车辆保险费率体系中影响保险费率的主要变量为车辆的使用性质（根据车辆的使用性质可划分为营业性车辆与非营业性车辆）、车辆生产地（根据车辆的生产地可划分为进口车辆与国产车辆）、车辆的种类（以车辆的普通特征、使用目的和功能等进行区别，如轿车、载货汽车、客车、挂车、非完整车辆和摩托车等）、车龄、车辆的实际价格、家庭或车主拥有的车辆数、车辆的行驶区域、车辆的安全装备等。

从车费率模式在一定程度上能反映投保人保险费的负担同车辆本身风险因子的关系，但是也存在局限性。从车费率模式的不足表现在：无法限制安全性能差的机动车辆的使用；保险费用的负担未考虑人的风险因子，显得不够合理，无法调动被保险人的积极性。

从人费率模式是指在确定保险费率的过程中主要以被保险车辆驾驶人员的风险因子作为影响费率确定因素的模式。从人费率模式考虑的风险因子包括驾驶人的年龄、性别、驾龄、职业、安全记录以及附加驾驶人数量等。

从人费率模式的优点有：汽车保险费率厘定时，充分考虑了驾驶人员的因素，有利于调动驾驶人的积极性，具有奖优罚劣的功能；保险费的负担较为合理；可以限制安全性能差的车辆泛滥。

3. 车险费率的影响因素

影响保险公司确定车险费率的因素有很多，其中机动车辆商业保险的费率主要与以下因素有关：

（1）机动车辆自身相关的风险因素　同机动车辆自身相关的风险因素主要有车辆的使用性质、车辆的种类、车辆的行驶区域、车龄、车辆的实际价格、家庭或车主拥有的车辆数、车辆的安全装备等。由于车辆的用途和性能不同，所造成的风险状况不同，车辆费率标准也不同。一般来说，私人用车与营业用车、小客车与越野车、轿车与载货汽车、新车与旧车等的风险程度有很大区别。车辆的类型和行驶区域对保险费率也有影响，例如经常长途跋涉的汽车和只在市区行驶的汽车保费不同。另外，汽车本身的使用情况及其安全装置和停放场所等也是影响商业附加险保费的因素，机动车辆有无安装或配备安全带、安全气囊、GPS等定位设备对保险费率也有一定的影响。如全车盗抢险中，汽车的防盗装置和固定停放场所不同，所需要缴纳的保费也相应不同。无防盗装置的就不能享受折扣，而有GPS装置的可享受全车盗抢险高达40%的优惠，有GMS的为20%，有电子防盗装置的为10%，有机械防盗装置的为5%。从停放场所来看，固定车库的全车盗抢险折扣为15%，自用车位的是10%，露天社会停车场为5%。

（2）车险的投保渠道　随着网络的发展，我国车险的投保渠道也有了新的变化。目前，我国可以进行车险投保的渠道主要有专业代理、兼业代理、电话投保、网上投保、4S店投保、保险公司营业厅投保等方式。由于保险公司在这些销售方式上所投入的成本高低不同，投保人通过不同渠道购买车险时，所获得的优惠也不同。对于电话投保和网上投保，由于保险公司对其所投入的成本较低，所以投保人能够以低的价格来进行车险投保。例如车险平台车车车险，它是一个覆盖线上全渠道的互联网车险平台。车车车险结合了传统车险和先进的互联网技术，集合人保、平安、太平洋、阳光、国寿等多家保险公司的车险产品，不仅有效地解决了传统车险渠道单一、产品单一、销售成本高等问题，还让用户同时享受线上咨询、精准报价、在线支付、在线出单、即时快递保单、理赔管家等全流程车险服务。

（3）地域因素　机动车辆的行驶区域分为省内、境内和出入境三种，投保的车辆在省内行驶，保费可有5%的优惠，境内则没有，出入境的不但没有折扣享受，保费还要上调20%。另外，由于各地的自然条件不同，风险也有所不同。车辆所在地的治安状况、车辆密度和人口密度与车辆的保险费率也密切相关。例如，如果机动车辆所在的地区治安状况不好，很容易发生交通事故，车辆费率自然会向上浮动。

（4）人为因素　根据目前多数保险公司的规定，驾驶人的年龄、性别、是否新手以及车辆常由一人驾驶还是两人驾驶是影响车险费率的主要人为因素。一些年纪轻的驾驶人喜开快车，甚至飙车，更容易发生交通事故，而年长者则更多地习惯谨慎行车，车速一般较慢，发生事故的概率较低。同样，一般而言，驾龄长的驾驶人驾驶经验丰富，驾车也相对安全。

例如，中国太平洋保险（集团）股份有限公司针对驾车人的情况定出的"年龄—驾龄—性别"三维费率参照系数中，年龄在 25~60 岁之间，驾龄超过 10 年的女性，可获得最高的保费优惠为 5%，同样处于这个年龄段、驾龄超过 10 年的男性可享受 4% 的折扣，而 25 岁以下且驾龄不超过 3 年的男性则不能享受优惠。除此之外，驾驶人的技术水平、安全意识、违章记录、索赔记录等也是影响车险费率的人为因素。如果车辆在上一年度没有出现理赔和交通事故的情况，那么投保人在第二年缴纳保费的时候，就可以享受相应的下调保费的优惠政策，而如果在上一年度频繁出险，则会导致保费上涨。例如，中国平安保险（集团）股份有限公司就针对驾驶人的安全驾驶推出了车辆费率优惠活动，凡是没有违章记录、索赔记录的车主，在下一年的车险费率上可以享受特别的优惠。

（5）增值因素　影响保险公司确定车险费率的因素还包括提供救助服务、法律事务服务、风险咨询服务，以及投保车辆的数量、无赔款的优待、特约条免赔额的大小、险别与保险责任限额等增值因素。

（6）后期的车辆续保情况　后期的车辆续保情况也会影响机动车辆保险费率。除了第一次投保的那些因素外，续保的连续性也会影响车险费率。车险到期后要及时续保才能享受到一些优惠的政策，如果超过一定的期限，就会失去上年度车险产生的优惠。

目前，商业车险的第三次费改已经在全国各地实施。以往，被保险车辆 1 年中出险次数不超过 2 次的话，对次年保费的影响不是很大，而费改新规加大了对出险次数的管控，在新规下，机动车辆出险 1 次，来年车险保费不打折；出险 2 次，保费上浮 25%；出险 3 次，上浮 50%；出险 4 次，上浮 75%；出险 5 次，保险费翻倍。新款商业车险无赔款优待以及上年赔款记录费率系数的调整见表 5-9，商业车险无赔款优待系数与出险次数的相关情况示意图如图 5-4 所示。

表 5-9　新款商业车险无赔款优待以及上年赔款记录费率系数的调整

出险状况	原来的系数	新方案中的系数	出险状况	原来的系数	新方案中的系数
连续 3 年无出险	0.7	0.6	上一年出险 2 次	1	1.25
连续 2 年无出险	0.8	0.7	上一年出险 3 次	1.1	1.5
上一年无出险	0.9	0.85	上一年出险 4 次	1.2	1.75
新车	1	1	上一年出险 5 次以上	1.3	2.0
上一年出险 1 次	1	1			

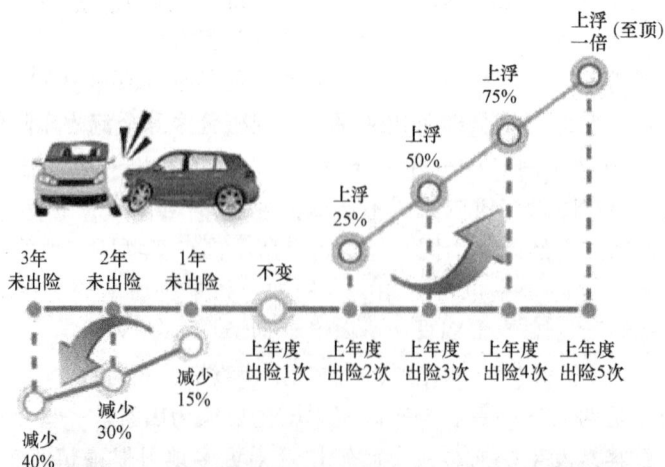

图 5-4　商业车险无赔款优待系数与出险次数的相关情况示意图

在这里，列出影响机动车交通事故责任强制险费率的因素：

1）是否发生道路交通事故。与道路交通事故相联系的费率浮动情况如下：

① 上一年度未发生有责任道路交通事故下调 10%。

② 两年度未发生有责任道路交通事故下调 20%。

③ 上三个或以上年度未发生有责任道路交通事故下调 30%。

④ 上一年度发生 1 次有责任不涉及死亡的道路交通事故：0%。

⑤ 上一年度发生 2 次及以上有责任道路交通事故上浮 10%。

⑥ 上一年度发生有责任道路交通死亡事故上浮 30%。

2）是否存在酒后驾驶违法行为。与酒后驾驶违法行为相联系的费率浮动情况如下：

① 上一保险年度，每发生 1 次饮酒后驾驶交通违法行为的，被驾驶机动车辆次年交强险费率上浮 10%（10% ~15%）。

② 上一保险年度，每发生 1 次醉酒后驾驶交通违法行为的，被驾驶机动车辆次年交强险费率上浮 20%（20% ~60%）。

与酒后驾驶违法行为相联系的比率=饮酒后驾驶违法行为次数×10%+醉酒后驾驶违法行为次数×20%（注：累计费率上浮不超过 60%）。

5.2 汽车保险的理赔实务

5.2.1 汽车保险理赔的含义

1. 汽车保险理赔的内涵

汽车保险理赔是指被保险汽车发生保险责任范围内的损失后，保险人依据保险合同的约定履行经济补偿义务，对被保险人提出的索赔，解决保险赔偿问题的过程。

在汽车保险经营活动中，理赔工作是最后一个环节，也是汽车保险补偿职能的具体体现。承保工作中，投保人通过与保险人签订汽车保险合同来转移可能面临的风险，一旦合同约定的风险事故发生并造成经济损失，被保险人即可获得经济补偿的权利。汽车保险理赔质量的高低，直接关系到保险人的经营成本、信誉和后期业务的发展。所以，良好的理赔工作，才能有效发挥汽车保险的基本职能。汽车保险理赔工作还能检验承保的质量，如果承保过程对业务选择、审核不严格，将会导致赔案增多、赔款增加，使保险人的经营成本提高。通过理赔，还可以暴露防灾防损工作存在的漏洞和问题，为提高承保业务质量、完善风险管理提供依据。经营车险的保险人通过管理好汽车保险理赔环节，不但可以提高企业自身的声誉，而且还能扩大汽车保险在社会上的影响，促进保险业的良性发展。

2. 对汽车保险理赔人员的要求

从事汽车保险理赔的工作人员必须严格要求自己，不仅要精通车险条款、熟悉汽车相关专业知识，而且要端正思想，认真履行保险公司的制度，遵守法规，熟悉国家法律对理赔人员行为的要求。

（1）爱岗敬业、遵纪守法 从事汽车保险理赔工作的人员除了应具备一定的实践经验和工作能力外，还要热爱本职工作，自觉维护保险人的声誉，遵纪守法，严格按照理赔人员工作守则行事。

（2）熟知汽车保险条款及理赔流程　汽车保险理赔人员必须熟知汽车保险条款内容以及理赔的流程，这样才能减少失误，灵活运用保险理赔原则来处理赔案。

（3）具备一定的汽车专业知识　汽车保险理赔是一项涉及面广、专业技术性强的工作，而且保险标的的性质和种类较多，因此，从事汽车保险理赔的工作人员，除了具有汽车保险方面的专业知识外，还必须具有一定的汽车专业相关知识。汽车保险理赔工作的重要环节是确定保险责任和保险事故定损，掌握一定的汽车专业知识是确定保险责任和定损的基础，因此，理赔人员必须掌握汽车构造、汽车电子技术、汽车诊断与检测等专业知识。

（4）熟知汽车保险相关的法律法规　汽车保险理赔人员必须熟知与汽车相关的法律和法规，如《中华人民共和国道路交通安全法》《保险法》及各种运输法规等，从而在处理理赔案件时有法可依。

（5）良好的职业道德与礼仪　随着汽车保险业务的快速发展，汽车保险理赔人员的职业道德越来越重要。理赔人员爱岗敬业、遵纪守法，是更好地践行理赔工作"主动、迅速、准确、合理"八字原则的基础，而且，在汽车保险理赔工作中，理赔人员需要同各方人员打交道，如客户、修理厂、医院、交通事故处理部门甚至司法部门等，这就要求汽车保险理赔人员具备一定的社交礼仪和谈判沟通技巧，以便顺利地开展业务并维护保险人的形象。

5.2.2　汽车保险理赔的原则

汽车保险理赔是一项实践性、政策性、法律性极强的工作。截至 2018 年底，我国机动车保有量已达 3.27 亿辆，其中汽车 2.4 亿辆，小型载客汽车首次突破 2 亿辆，机动车驾驶人达到 4.09 亿人，因此，汽车保险的业务量可谓是巨大的。汽车具有流动性的特点导致出险概率高，再加上交通事故发生的情况复杂，这些都决定了理赔工作专业技术性强的特征。如何更好地提高理赔工作质量，杜绝赔案中出现"错赔、滥赔甚至惜赔"的现象，充分维护保险人和被保险人的合法利益是理赔工作的核心。为了更好地贯彻汽车保险经营方针，提高汽车保险理赔的工作质量，汽车保险理赔工作必须遵循如下原则：

1. 恪守信用，依法办事原则

汽车保险理赔工作是经营车险的保险人践行合同义务的具体表现，汽车保险合同双方的权利义务关系是通过合同来实现的。保险人履行义务、承担赔偿责任的依据就是保险合同条款，它对合同双方当事人都有法律约束力。因此，保险人在理赔时要严格遵守保险合同条款，恪守信用，既不能随意扩大保险责任范围损害保险人的利益，也不能刻意压低赔款损害被保险人利益。在处理赔案时，保险人必须加强法制观念，要依法办事，守信用，只有这样才能树立保险人的良好信誉，扩大保险人的经营规模。

2. 实事求是原则

尽管汽车保险合同条款对相关赔偿责任做了原则性规定，但是实际的保险事故情况错综复杂，有些情况下，单纯依据保险合同条款很难判定是否属于保险责任范围，这就要求理赔人员根据条款精神灵活处理赔偿，既要按条款办事，又要考虑实际情况。发生汽车保险事故后，保险人要急被保险人之所急，及时安排事故车辆修复，并保证基本恢复车辆的原有技术性能，及时处理赔案，支付赔款。在现场查勘、事故车辆修复定损以及赔案处理方面，都要坚持实事求是的原则，在尊重客观事实的基础上，具体问题具体分析，既严格按条款办事，又结合实际情况进行适当灵活处理，力求各方都比较满意。

3. "主动、迅速、准确、合理"的理赔原则

（1）主动　主动就是要求汽车保险理赔人员对出险的保险标的，要积极、主动地进行调查，调研和勘查现场，掌握出险情况，并进行事故分析，进而确定保险责任。

（2）迅速　迅速是保证理赔效率的关键，能有效提高被保险人的满意度。汽车保险理赔的速度直接关系到被保险人能否获得及时的补偿。所以，保险人在汽车保险理赔时应遵循迅速性原则。保险人接到被保险人的报案以后，应该迅速做出反应。这种"迅速"体现在两个方面：①查勘定损力求迅速，确保保险人尽可能掌握第一手事故资料，防止被保险人为利益而隐瞒事实，实施欺骗。②案件处理应迅速，如果案件简单明了，应该迅速支付赔款并结案；如果案情复杂但可确定属于保险责任且符合预付赔款要求的，现场查勘之后应预付部分赔款，以解被保险人的燃眉之急；如果事故属于责任免除范畴，保险人要有理有据地出具拒赔通知书，并做好被保险人的安抚工作。

《保险法》第二十四条规定："保险人做出核定后，对不属于保险责任的，应当自做出核定之日起三日内向被保险人或者受益人发出拒绝赔偿或者拒绝给付保险金通知书，并说明理由。"第二十五条规定："保险人自收到赔偿或者给付保险金的请求和有关证明、资料之日起六十日内，对其赔偿或者给付保险金的数额不能确定的，应当根据已有证明和资料可以确定的数额先予支付；保险人最终确定赔偿或者给付保险金的数额后，应当支付相应的差额。"

（3）准确　准确就是要求从查勘、定损以至赔款计算，都要做到准确无误，不错赔、不滥赔、不惜赔。在汽车保险理赔时，涉及责任免除条款、被保险人义务的遵守、免赔的计算方法等许多专业性问题，并不是每一个被保险人都清楚无误，因此需要保险人在计算保险赔款时恪守准确性原则，不能因保险人具有全面的专业知识而刻意压低被保险人的赔款或欺骗被保险人。在汽车保险理赔时，应对事故导致的直接损失费用计算准确，依据保险合同条款的约定，合理地确定各项损失费用，确保被保险人对赔案的处理感到满意。

（4）合理　合理就是要求在理赔工作过程中，要本着实事求是的精神，坚持按条款办事。根据保险的分摊性质，如果部分赔案赔付过多，虽然个别被保险人受益，但会导致其他被保险人承担过多的保险费，同时也会影响保险人的偿付能力。如果部分赔案赔付过低，虽然保险人暂时受益，但被保险人对赔付结果的不满意将导致保险人的声誉下降，从而影响保险人后期的经营稳定性。所以，在保险理赔时，应遵循合理性原则，合情合理处理赔案。

理赔工作的"八字"原则是辨证的统一体，不可偏废。一方面，如果片面追求速度，不对具体情况作具体分析，盲目给出结论，或者赔款计算环节不准确，草率处理，则可能会发生错赔，甚至引起法律诉讼纠纷。另一方面，如果只追求准确、合理，忽视理赔速度，将会造成赔案久拖不决，也会造成不好的社会影响，损害保险人的信誉。理赔工作总的要求是从实际出发，理赔速度和质量兼顾。

5.2.3　汽车保险理赔的特点和意义

汽车保险与其他保险不同，是一种比较特殊的保险，理赔人员必须对汽车保险的特点有清晰、系统的认识，这是做好汽车理赔工作的前提和关键。

1. 汽车保险理赔的特点

（1）被保险人的普遍性　在我国，早期的汽车保险投保人、被保险人是以单位、企业为主，但是，随着汽车产业的发展和国民经济水平的提升，私家车的数量逐年增加，被保险

人中单一车主的比例越来越大。我国汽车保险的被保险人来自各个阶层的不同领域，他们中的大多数对汽车保险、交通事故处理、车辆修理等方面的知识了解甚少，这就要求保险人在理赔过程中要注意选择正确的交流方式，从而保证被保险人能够享受到相应的保险利益。

（2）事故发生概率高且损失幅度较小　　汽车保险的另一个特征是保险事故虽然损失金额一般不大，但是事故发生的频率较高，这就需要保险公司在人力、资金上有较大的投入。此外，不同保险标的发生事故的地点和时间具有随机性，这要求保险公司必须拥有一个运作良好的服务体系，同时要建立完善的受理机制和高覆盖网络体系。对保险人来说，尽管从个案的角度看赔偿的金额不大，但是，积少成多，这也会对保险公司的经营产生重要影响，因此，保险人在理赔环节应做到赔案无大小，力求被保险人满意。

（3）保险标的流动性大　　汽车保险标的的流动性是由汽车本身作为运输工具的特点决定的。汽车保险标的具有流动性的特点，这直接影响了汽车所面临的风险以及风险的种类，相应地也就对汽车保险的展业、核保、出单、检验、理算提出了更高的要求。汽车保险标的的流动性对保险人的影响主要表现在：①导致保险标的自身的风险发生概率增大，增加了保险人经营的不确定性，因此，保险人在研究条款和厘定费率时，应注重核保和核赔技术以及风险的防范工作。②汽车保险标的具有的流动性，增加了保险人"验标承保"的难度。因此，保险人对于承保的保险标的的风险控制能力较差，只能依赖于投保人的诚信，保险人更应注重防范道德风险和完善监控机制。另外，在发生风险事故时，汽车保险标的的流动性给保险人的检验和理赔工作增加了一定的难度，保险人应完善汽车保险事故查勘、检验的规程，还应建设和完善查勘、检验的内外部代理网络。

（4）理赔服务质量受修理厂制约　　汽车保险理赔中关键的一个环节是事故车辆的修复，在汽车保险的赔案中，涉及车毁人亡的恶性事故比例较低，多数保险标的发生风险事故后只是局部损坏，送到修理厂修复后即可恢复车辆的使用性能。所以，修理厂的修理价格、工期和修复质量等均直接影响汽车保险理赔的服务质量。多数汽车保险的被保险人在发生事故之后，均认为既然有保险，保险公司就必须负责将车辆修复，所以，被保险人在车辆交给修理厂之后就很少过问，一旦车辆的修理质量、工期甚至价格等出现问题，保险公司和修理厂均将被一并指责。事实上，保险公司在保险合同项下承担的仅仅是经济补偿义务，对于事故车辆的修理以及相关的事宜并没有负责义务。

在汽车保险事故车辆的修复工作中，争议较多的是车辆的维修质量和配件价格问题。由于不同品牌、不同质量的配件同时存在，部分修理厂受利益的驱动，经常在配件的更换上以次充好，造成事故车辆修复后技术指标难以达标。而保险公司因理赔人员人数有限，也不可能逐个追究修理厂的责任。要解决此类问题，一方面需要有关部门推进诸如事故车辆维修配件选用标准、维修工时标准、车险事故车辆的统一认证制度、修理质量的后台监控标准等的出台；另一方面还可以寻求被保险人的配合，例如，对事故车辆完成定损和赔款理算后，由被保险人与修理厂签订维修合同，明确修理厂的责任义务，并对修理厂的修理工艺和配件的质量进行把关；经营车险的保险企业还可以推行保险人定损、被保险人自主选择修理厂的方式，最终修理质量由被保险人监督把关。

（5）道德风险普遍　　道德风险也称道德危机，它是指当签约一方不完全承担风险后果时所采取的自身效用最大化的自私行为。从受损主体来划分，道德风险可分为社会（包括他人）道德风险与个体道德风险。目前，整个社会还缺乏良好的法律宣传和监控制度，很多人不了解《保险法》和《刑法》对保险欺诈行为的处罚规定，认为自己的骗保行为不会造成严重后果。保险人和被保险人之间存在的信息不对称问题，导致被保险人由于利己的机会主义而选择投机行为。在财产保险业务中，汽车保险是道德风险的"重灾区"。汽车保险具有标的流动性强、保险信息不对称等特点，再加上汽车保险条款不完善，相关的法律法规不健全，以及汽车保险经营和管理中存在的一些问题，给了不法之徒可乘之机，汽车保险欺诈案件时有发生。

2. 汽车保险理赔的意义

汽车保险理赔工作是保险标的发生保险事故后保险人对被保险人的保障活动，也是汽车保险商品由无形向有形的转化过程。因此，理赔是保险人履行保险合同的具体表现形式。汽车保险理赔质量的好坏，关乎被保险人的切身利益，也直接影响到保险人的信誉。保险人对保险事故处理的态度和结果，还会影响到保险人后期的汽车保险业务开展，甚至影响到保险人其他产险业务和人身保险业务的拓展，同时也决定了保险公司自身经营的经济效益。

（1）保障被保险人或受益人的合法权益 汽车保险的基本职能就是补偿损失，保险理赔是保险公司履行保险合同，对被保险人或受益人进行经济补偿的具体体现。当保险责任范围内的风险事故发生时，被保人或受益人应该享有获得经济补偿的权利，这种权利的获得是保险人通过理赔工作实现的。

（2）保障社会生产顺利运行 汽车保险理赔工作不仅能使因保险事故受损的单位和个人及时地获得经济补偿，还可以促进社会经济的稳步发展，为社会创造更多的财富，对社会生产的顺利运行起着积极的作用。

（3）完善保险人防灾减损的措施 防灾减损是保险人经营环节中一个非常重要的组成部分，它是指保险标的投保之后，保险人为避免风险事故的发生以及降低风险事故发生后的损失而采取的一系列措施，即在损失发生之前，对保险标的自身和周围环境进行全方位的分析后，为规避风险、降低风险发生系数而采取的一系列措施。总结风险事故发生的原因，掌握事故发生的规律，进而改善保险人防灾减损工作的不足，完善保险人防灾减损的措施。

（4）检验承保质量、提高保险人的竞争力 保险人在汽车风险事故发生前，对其展业工作是否深入、承保手续是否齐全、保险金额的确定是否恰当、保险费率厘定是否合理、各保险标的的风险状况等都缺乏具体的认知。因此，通过汽车保险理赔过程中暴露的问题，可以检验保险人的承保质量。与此同时，良好的理赔质量不仅可以扩大保险人的影响力，而且能提高保险人的信誉，有助于保险人拓宽经营规模，提高保险人的综合竞争力。

（5）反映保险人的经济效益 汽车保险的经济效益，是指在车险经营活动中，劳动成果同劳动耗费与资金占用的比较。汽车保险的经济效益包括社会效益和自身效益。社会效益即宏观效益，是指经营车险的保险人发挥保险自身的职能作用，对因风险事故所造成的财产损失和人身伤亡，及时给予经济补偿或保险金给付。从社会层面看，提高保险的经济效益，可以增加国家的财政收入，为国家提供更多的建设资金。自身效益即微观效益，是指保险人要积极从事车险展业，增加业务收入，同时降低成本，增加盈利。从保险人自身来看，提高汽车保险的经济效益，不仅可以积累更多的保险基金，提高风险事故造成损失的偿付能力，而且多余的资金还可以用于投资或转化为信贷资金，从而进一步提升自身的实力，促进保险业务的发展。

（6）促进保险业的法规制度建设 汽车保险理赔过程中所表现出来的相应车险条款的

不足和漏洞，以及现有的法律规章制度在解决车险赔案中所呈现的局限性，可以推进保险业的法规制度的建设，提高汽车保险业的立法与执法水平。

5.2.4　汽车保险理赔的时效与依据

1. 汽车保险理赔的时效

被保险人或受益人对有关汽车保险赔案的索赔，必须在索赔时效内提出，超过时效，如果被保险人或受益人没有向保险人提出索赔请求，或不提供必要单证、不领取保险金，可视为被保险人或受益人放弃该项权利。《保险法》第二十六条规定："人寿保险以外的其他保险的被保险人或者受益人，向保险人请求赔偿或者给付保险金的诉讼时效期间为二年，自其知道或者应当知道保险事故发生之日起计算。"

当被保险人或者受益人提出赔偿或者给付保险金的请求后，保险人应当及时对被保险人的索赔做出核定；赔案情形复杂无法及时核定的，保险人应当在三十日内做出核定，合同另有约定的除外。保险人应当将核定结果通知被保险人或者受益人，对属于保险责任的，在与被保险人或者受益人达成赔偿或者给付保险金的协议后十日内，履行赔偿或者给付保险金义务。保险合同对赔偿或者给付保险金的期限有约定的，保险人应当按照约定履行赔偿或者给付保险金义务。保险人未及时履行前款规定义务的，除支付保险金外，应当赔偿被保险人或者受益人因此受到的损失。

2. 汽车保险理赔的依据

被保险汽车发生风险事故造成损失后，理赔环节是保险人履行合同义务的实践，理赔的依据是汽车保险合同条款、保险相关的法规和保险行业规范。汽车保险事故造成的损失主要包括物损和人员伤亡损失，物损可以依据相应车险的保险金额和责任限额直接确定，人员伤亡方面的损失除了依据保险合同条款外，还涉及以下标准：

（1）医疗费　在公费医疗范围内，按照医院对当事人的交通事故创伤治疗所必需的费用计算，凭据支付。

（2）误工费　根据收入状况和误工时间确定。当事人有固定收入的，按照本人因误工减少的固定收入计算；无固定收入的，按照其最近三年的平均收入计算，受害人不能举证证明其最近三年的平均收入状况的，可以参照受诉法院所在地相同或者相近行业上一年度职工的平均工资计算。

（3）住院伙食补助费　按照交通事故发生地国家机关工作人员的出差伙食补助标准计算。

（4）护理费　伤者住院期间，护理人员有收入的，按照误工费的规定计算；无收入的，按照交通事故发生地平均生活费计算。

（5）残疾者生活补助费　根据伤残等级，按照交通事故发生地平均生活费计算。自定残之月起，赔偿 20 年。

（6）残疾用品费　因残疾需要配制补偿功能的器具的，凭医院证明按照普及型器具的费用计算。

（7）丧葬费　按照交通事故发生地的丧葬费标准支付。

（8）死亡补偿费　按照交通事故发生地平均生活费计算，补偿 10 年。对不满 16 周岁的，年龄每小 1 岁减少 1 年；对 70 周岁以上的，年龄每增加 1 岁减少 1 年，最低均不少于 5 年。

（9）被抚养人生活费　以死者生前或者残者丧失劳动能力前实际抚养的、没有其他生活来源的人为限，按照交通事故发生地居民生活困难补助标准计算。对不满18周岁的未成年人抚养到18周岁。被抚养人无劳动能力又无其他生活来源的，计算20年。但60周岁以上的，年龄每增加1岁减少1年，75周岁以上的，按5年计算。

（10）交通费　按照当事人实际必需的费用计算，凭据支付。

（11）住宿费　按照交通事故发生地国家机关一般工作人员的出差住宿标准计算，凭据支付。

5.2.5　汽车保险理赔的流程

被保险汽车发生事故后，被保险人首先要保护好现场，出现人员受伤的情况要主动抢救伤员，并采取必要的施救措施尽力减少财产的损失，例如，保险车辆发生火灾的应向消防部门报案。同时，还要及时向公安交通管理部门和保险公司报案。经营汽车保险的各个保险公司的理赔流程存在细微差别，以平安保险公司为例，汽车保险理赔的处理程序大致包括车辆出险、向公安交通管理部门报警及拨打95511报案、现场查勘、确定保险责任、定损核损、赔款计算、事故结案、赔款支付等步骤，平安保险理赔电话95511全天开通，全国通赔，单证齐全即可当地理赔。汽车保险理赔的流程如图5-5所示。

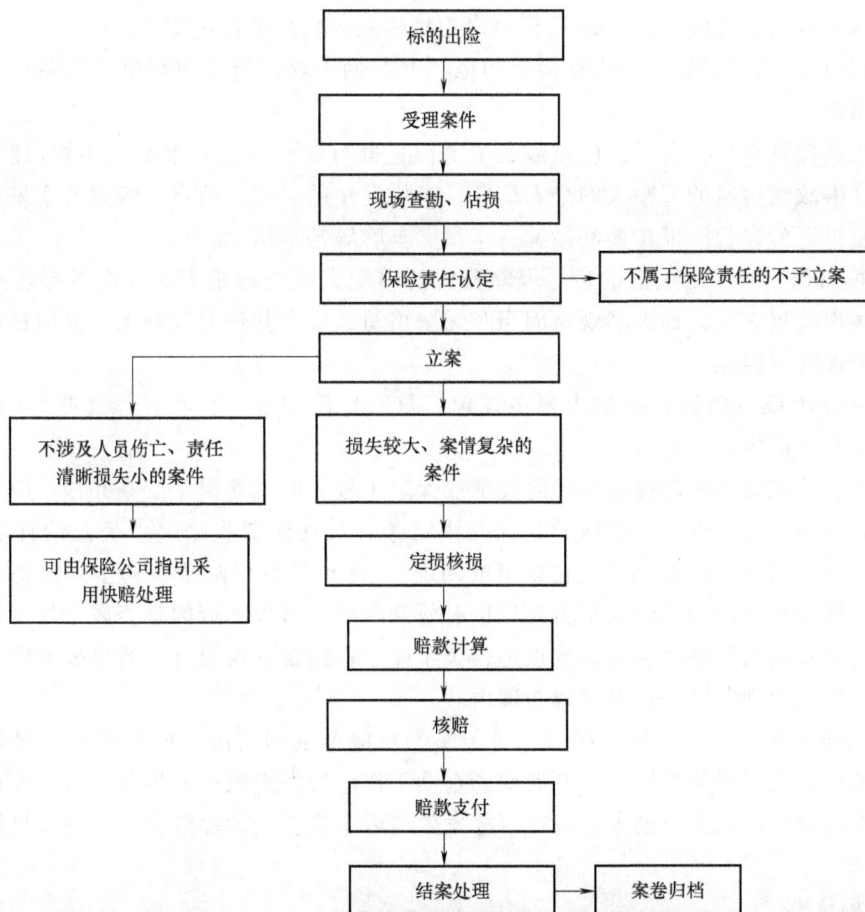

图5-5　汽车保险理赔的流程图

1. 标的出险

保险汽车发生风险事故后，投保人或被保险人应保护现场不被破坏，及时通知各自承保的保险公司并向公安交通管理部门报案。对于事故中的伤者要积极主动抢救，如有伤势严重者应该及时拨打120救助。汽车被偷时应先向公安局报案，再向保险公司报案索赔，向公安局报案要在24小时内，不可抗因素（丢车时没及时发现，丢车后由于地震等重大自然灾害或社会动乱不能及时报案等）除外，向保险公司报案要在48小时之内，否则保险公司拒赔受理案件。如果保险车辆发生火灾，还应及时向消防部门报案。

2. 受理案件

（1）客户报案　保险标的出险后，客户向保险人报案应说明事故发生的时间、地点、驾驶人信息以及事故发生的概况等涉案信息。客户报案的主要渠道如下：

1）拨打全国统一报案电话。例如，中国平安保险公司的全国统一报案电话95511，中国人保的报案电话95518。

2）客户上门报案。由于电话报案和网络报案都很便捷，目前，客户上门报案的情况比较少见。

3）手机App软件报案。手机App软件报案也是一些客户倾向选择的方式。例如，平安保险公司开发的好车主App，客户通过好车主App软件上传照片，即可进入平安理赔中心报案。或者通过专门的视频报案App上传客户拍摄的视频短片进行报案。

4）普通网络方式报案。许多保险公司依托互联网平台，给客户提供了简单、便捷、的车险报案渠道。

业务人员接到客户报案后，应对涉案主要信息进行记录，例如报案人和被保险人姓名、联系方式，事故发生时的驾驶人的个人信息，事故发生的时间、地点、经过及案发后的基本状态，保险单证号码，涉事车辆的品牌、车型、车牌等基本信息。

（2）填写保险车辆出险报案表　保险公司的内勤人员受理报案时，应指导客户据实填写保险车辆出险报案表，如因客观原因当时无法填写，应在其他时间补填，并向被保险人提供机动车辆保险索赔须知。

（3）查核单证　单证查核的内容主要包括核对保险单证、行驶证、驾照等的有效性，查核承保的具体内容。

内勤人员首先根据客户提供的保险凭证或保险单号立即查阅保单副本并抄单以及复印保单、保单副本和附表，查阅保费收费情况并由财务人员在保费收据（业务及统计联）复印件上确认签章（特约付款必须附上协议书或约定），然后依据保险条款初步判定是否应负赔偿责任，如保险汽车出险的时间是否在保单有效期限内，事故的近因是否属于保单承保范围内，出险时的驾驶人和事故发生的地点是否属于保单中约定的情况等，若事故原因不属于承保范围，应拒绝受理并以书面形式说明理由。

（4）安排查勘　单证查核完成后，对于属于承保范围的情况，内勤人员应报告损失情况及出险地点，及时通知查勘人员开展现场查勘工作。被保险汽车的出险地点在外地的，保险人可根据出险情况安排查勘人员赶往事故发生地或者委托当地保险公司、中介机构进行代查勘。

3. 现场查勘

现场查勘是保险人了解出险情况、掌握第一手材料和处理赔案的重要依据。查勘并不单纯是对事故现场拍照、留取资料等，而是较为专业的对事故现场进行全方位的分析和勘定，查勘交通事故所引起的损失程度的大小、损失的真实性等，更要对可能存在的骗保等虚假事故行为进行有效的甄别，因此，查勘工作是决定交通事故是否能够获得保险公司赔偿的基础。

保险公司理赔人员在接到查勘任务后，要立即赴现场进行查勘，并要求客户提供有关单证。如果事故现场尚未得到控制或人员、车辆尚处在危险中，应立即协助客户和有关部门采取有效的施救和保护措施，避免损失扩大。保险公司理赔人员出具《查勘报告》后，应指导客户填写有关索赔单证。原则上，查勘人员在接到保险公司内勤通知后1个工作日内完成现场查勘和检验工作（受损标的在外地的检验，可委托当地保险公司在3个工作日内完成）。

4. 保险责任的认定、立案

对现场查勘搜集的资料进行整理，依据汽车保险相关条款分析事故原因是否属于保险责任范围。对不属于保险责任范围的案件，在对现场认真查勘的基础上记录相关信息，向被保险人出具拒赔通知书时，要做出合理的解释和说明。对于属于保险责任范围内的事故，要在查勘24小时内立案，并准备好定损核损。对于责任界限不明确的复杂案件，应将有关材料报送上一级公司审定。

5. 定损核损

现场查勘过程中，查勘人员要取得被保险人、公安交通管理部门以及消防部门的配合，确认保险事故所造成的各项损失，包括保险车辆和其他涉案车辆损失的核定，车辆修理费用的核定，核定事故车辆的施救费用，货物损失的核定，其他财物损失的核定，事故中人员伤亡损失的核定，损余残值的处理等。

因保险事故导致的保险标的的损失，必须经保险人定损（定损可到保险公司指定的修理厂或4S店，也可到具有定损资格的其他机构进行，但必须保证三方人员全部在场），以核定损失的具体项目及金额，定损完毕后才可修理受损车辆。给第三人造成人身或者财产损害所需要支付的赔偿金，理赔前也要经保险公司核定赔偿项目和相关证据、数额。车辆定损的方式主要有：对于损失明显的小额案件，一般由查勘人员现场查勘时定损；对于符合电话直赔的情况，由保险公司内勤人员根据客户上传的照片定损；对于事故责任明确、案情简单的车辆损失，可由客户把车开到自助修理厂后由修理厂人员完成定损；对于车辆损失复杂的情况，还可以让客户把车开到修理厂后，由保险公司派定损人员定损。被保险汽车定损时需要注意以下事项：

（1）事先确定车辆损失部位的维修方式　定损时首先要明确被保险汽车哪些部位的损失是本次事故造成的，非本次事故造成的损失不予赔偿。定损人员要坚持能修不换的定损原则，一般来说，保险公司对车辆损失部件的处理意见以修复为主，即损失部件可以修复使用，且修复后不影响该部件正常使用功能的，都应当修复处理。如果损失部件无法修复的，可以更换损失部件，通过更换零部件能恢复正常使用功能的，决不更换总成。

所以，在对车辆损失部件进行定损时，被保险人首先就要与保险公司和维修单位确定所有损失部件中哪些是可以修复的，哪些是必须更换的，事先明确车辆损失部位的维修方式，避免被保险人和保险人在后期维修中因损失部件维修还是更换的问题而产生争议。

（2）确定车辆维修费用金额　在被保险车辆的修复过程中，维修费用的高低也是被保险人和保险人之间比较常见的争议内容。保险公司对于车辆维修费用一般是按照维修单位的资质等级来核定的，对于更换的损失部件则是按照配件市场区域价格进行报价。但是，对于部分维修单位，可能因为配件进货渠道等原因造成配件价格高出保险公司报价，或者其他原因造成维修工时费用较高。在这种情况下，保险公司定损人员核定的损失金额会低于维修厂所给出的维修金额。当客户对定损金额有异议时，可以与定损人员沟通，并由定损人员与维修厂方面进行沟通处理。因此，被保险人、保险公司定损人员、修理厂接待人员三方共同协商好修理费用金额是有必要的。

同时，如果保险标的除了新车出厂时的标准配置以外，还存在新增加的设备，对于新增加设备发生的损失，要核对客户有没有投保新增加设备损失险，如果没有，定损人员对新增加设备的损失不计入损失项目和损失金额。

（3）保险标的定损和维修尽可能在同一地点　事故车辆的定损地点与维修地点要尽可能在同一家维修单位。如果某事故车辆在4S店定损，确认好维修项目以及维修金额后又到社会修理厂维修，这种情况下被保险人和保险人会因为维修金额产生问题，因为保险公司对于4S店与社会维修厂的定损价格标准一般不一样。

（4）定损工作原则上一次完成，尽量避免二次定损　事故车辆如果是一般损失，定损人员应一次完成定损工作，避免拖延定损给保险人造成麻烦。对于被保险车辆损失情况严重、复杂的，由于保险公司的查勘定损仅仅是对外观的检查，内部检查难以深入进行，难免会出现定损遗漏的部位，这就需要事故双方到自己修车的修理厂重新进行评估并及时反馈给定损人员。如果受损车辆在修理厂解体后发现尚有属于本次事故造成的没有定损的损失，被保险人应要求修理人员及时通知保险公司检验人员进行二次检验，在核实损失后，可追加修理项目和费用。

6. 赔款计算与核赔

定损核损工作完成之后，保险人要针对保险责任范围内的损失计算赔款。首先是签收审核索赔单证，被保险人提供的单证大致有：保险单正本、财产损失清单、交通事故责任认定书、调解书、判决书和修理发票、医疗费发票、病历、误工费证明、被抚养人身份情况以及保险单正本复印件、身份证复印件、行驶证复印件、驾驶人驾照复印件等。资料提交给保险公司后，由保险公司计算赔款。各种单证齐全后，保险公司应当迅速审核验证有关单据，调查核实有关证明及资料。对有疑问的案件应进行调查取证，排除保险人的赔偿风险。单证齐全、审查核定正确无误的，在限定时间内给予赔偿。如果在审查核定中发现与被保险人提供的数据不符或超过保险公司的理赔范围，应与被保险人共同调查核实后予以赔付。对于重大事故赔偿金额超过一定限额的，当地保险公司要向上级保险公司进行汇报，由上级保险公司根据具体情况进行处理。核赔人员接到案件后，应对案卷的文件进行刑事审核、实质审核和赔款计算的审核，最终确认赔款金额。

7. 赔款支付

完成了赔款计算和核赔工作之后，保险人应及时把赔偿金支付给被保险人，如涉及权益转让问题则要求被保险人将其在保险事故中拥有的权益转让给保险公司。保险人应根据保险条款、事故责任、投保险种等核定赔偿金额，核对支付对象的信息，赔款到账。被保险人领取保险赔款时，领款人要携带保险单正本、被保险人身份证或者户口本原件，如委托他人代领，代领人还要携带身份证及被保险人出具的领取赔款授权书。赔款最长有效期为自事故报案当日起2年内，超出时限没领取赔偿金的可视为放弃权利。

8. 结案处理

保险人在支付赔款之后，应做结案登记和单证清分。内勤相关人员应把赔案有关的所有文件和单证，以及现场取证的音频和照片等资料归档保存。理赔案卷应按理赔卷内目录的内容进行排列，以便日后查阅。结案时，还需注意追偿问题，如果损失本应三责方负赔偿责任，被保险人在获得相应的保险补偿后应填写权益转让书，把对三责方的追偿权利转让给保险人。根据我国机动车辆保险条款规定：车辆损失险一次赔款等于保险金额时，车辆损失险的保险责任即行终止，机动车第三者责任险的保险责任为连续责任。保险车辆发生第三者责任保险事故，保险人赔偿后，无论每次事故是否达到保险责任限额，在保险期限内，第三者责任险的保险合同继续有效，直至保险期满。

上述过程是汽车作为保险标的，在投保当地出险后保险人的理赔流程。由于汽车具有流动性和出险情况复杂的特点，被保险汽车在以下情况出险后的理赔流程有所不同：

（1）异地出险后的理赔

1）报案。被保险人可以通过保险公司热线服务报案，这是办理异地车险理赔必走的流程。报案时间的早晚，也会直接影响理赔时间的快慢。大部分保险公司都开通了全国统一的报案电话，由于各家保险公司服务平台的运行模式不同，案件的受理方式和流程也存在区别。与此同时，车主应第一时间拍下事故现场的照片，即使定损员无法在预定时间内前来定损，车主也可将这些照片与维修单作为凭证，向保险公司索赔。

2）查勘、定损。异地汽车保险理赔通常有两种定损方式可供选择：出险地就近定损和回保单所在地定损。出险地就近定损是异地出险车辆较为常见的定损方式，由受理报案的当地分公司直接完成查勘、定损工作。回保单所在地定损，必须事先报案并征得保险公司的同意，否则很可能被保险公司视为错过报案期限处理。此外，如果保险事故损失较大或发生人员伤亡，车辆必须在当地完成查勘。通常汽车异地出险后，被保险人应收集相应索赔材料，如索赔申请书、交通事故证明、交通事故赔偿调解书、修车发票等，被保险人还应咨询当地理赔人员，索取标准格式化的定损单证，便于车主返回后顺利办理理赔手续。

3）核损、核赔。被保险人将理赔资料递交到保险公司网点，由工作人员将资料上传至车险理赔工作管理系统，理赔人员接收材料后开始进行审查、理算、核赔。如果被保险人的理赔资料与手续齐全，根据银保监会的规定，一般10个工作日便可赔付，实际情况下很多保险理赔的时长更短。被保险人领取汽车保险理赔金额时也有两种方式可供选择：就地领取和返回保单所在地领取。若被保险人不急需理赔款，可以选择返回保单所在地领取理赔金；若被保险人急需用理赔款，可申请到就近网点领取赔款或通过转账方式获得理赔款。

（2）全车盗抢险的理赔

全车盗抢险的保险责任之一，即在保险期间内，被保险机动车被盗窃、抢劫、抢夺，经出险当地县级以上公安刑侦部门立案证明，满60天未查明下落的全车损失，保险人依照保险合同的约定负责赔偿。该类事故因为涉及交警大队立案以及需要一定的侦破时间，所以相较其他车险事故处理起来周期比较长，其保险理赔的大致程序如下：

1）报案。发生车辆被盗（抢）的事故后，被保险人要保留现场并立即向当地公安刑侦部门（110）报案，同时向保险公司进行报案登记（48小时内），保险公司会在第一时间与被保险人联系，到丢失地点进行查勘，并协助被保险人进行后续环节的处理。被保险人于24小时内带齐身份证、驾驶证、行驶证原件向案发地派出所报案，取得加盖派出所公章的报案回执及被盗（抢）车辆报案表。

2）刊登寻车启事。被保险人应在一周内带齐报案回执、被盗（抢）车辆报案表到市级或市级以上报社发布寻车启事，索取并保存该期报刊。2个月后到当地公安刑侦部门开具未破案证明，同时到所属车管部门办理失窃车辆牌证注销手续。

3）开具被盗（抢）车辆侦破结果证明书。如果2个月后车辆仍未找到，被保险人应带齐报案回执、被盗（抢）机动车辆报案表到派出所和区公安分局刑警大队办理未侦破证明手续，并由上述两个部门在被盗（抢）车辆侦破结果证明书上盖章确认案件未破获。

4）车辆销户。被保险人到保险公司复印两份被盗（抢）车辆立案表并盖章，带齐被盗（抢）车辆侦破结果证明书、报案回执、被盗（抢）机动车辆报案表、被盗（抢）机动车辆立案表（一份交由车管所留存）、行驶证，填写机动车辆停驶登记申请表，在公安报上刊登销户声明，并取得销户证明。

5）提交单证进行索赔。收集相关索赔资料交保险公司办理索赔手续。被保险人需要注意的是，只有经出险当地县级以上公安刑侦部门立案证明，满60天未查明被盗抢车辆下落的，才可到承保公司进行索赔；如被盗抢车辆在60天内找到，但是在此期间发生车辆损坏或零部件丢失的情况，保险人也负责赔偿车辆的修复费用。保险人在确认索赔材料齐全后10日内，向被保险人支付赔款。被保险人索赔时应提供的材料主要包括：车钥匙两把、登报寻车启事、公安报案受理单、公安刑侦部门2个月未破案证明、车辆牌证注销登记表、保险单、损失清单、机动车行驶证、机动车登记证书、机动车来历凭证、车辆购置税完税证明、盗抢立案证明等。如所提供的汇款单位或个人与被保险人不符，需提供被保险人委托书。

6）损失理算。保险人在收到被保险人的索赔单证和有关材料后应及时进行理算，以确定最终的赔付金额。根据被保险人提供的索赔单证，保险人按以下规定进行赔偿。

① 被盗抢的保险汽车发生全车损失，按照保险合同条款规定计算赔偿金额。若被保险人未能提供机动车行驶证、机动车登记证书、机动车来历凭证、车辆购置税完税证明（车辆购置附加费缴费证明）或免税证明的，每缺少一项，增加1%的免赔率，缺少原车钥匙（任何一把）增加3%的免赔率。保险汽车部分损失的，按照实际修复费用计算赔偿，最高不超过全车盗抢险保险金额。

② 被保险人在索赔时，如果不能向保险人提供出险地县级以上公安刑侦部门出具的盗抢报案证明，保险人不负赔偿责任。

③ 保险人确认被保险人的索赔单证齐全、有效后，由被保险人签订权益转让书，保险人负责赔付结案。

7）赔付。保险公司财务人员依据案件理赔人员理算后的金额，向车主指定账户划拨赔款。如果保险人已支付赔款，保险车辆全车被盗窃、抢劫、抢夺后又被找回，这时保险车辆应归还被保险人，同时被保险人应将赔款返还给保险人。若被保险人不愿意收回原车辆，则该车辆的所有权归保险人，被保险人应协助保险人办理有关手续。

5.2.6 汽车保险事故的现场查勘

1. 现场查勘的内涵

（1）现场查勘的概念 现场查勘是指运用科学的方法和现代技术手段，对保险事故现场进行实地勘察和查询，将事故现场、事故原因等内容完整而准确地记录下来的工作过程。现场查勘是查明道路交通事故真相的重要手段，也是认定事故责任的基本依据。

汽车保险的现场查勘是指通过对交通事故现场进行勘查，对保险事故真实性以及定责、定损的过程。真实性是指通过客观、细致的现场查勘证明案件是普通的交通事故，还是为骗保而伪造的事故。定责是指通过对现场周围环境、道路条件的查勘，对事故经过进行分析调查，查明事故的主要情节和交通违法因素，分清标的车在事故中所负的责任，进而确定事故的保险责任。通过现场的各种痕迹物证，对当事人和证明人的询问和调查，结合保险条款和相关法规，确定事故是否属于保险责任的范畴。定损是指通过对受损车辆的现场查勘，分析损失形成的原因，确定该起事故中造成的标的车及第三者的损失范围。

汽车保险查勘人员接到现场查勘任务后，要迅速做好查勘准备，第一时间赶赴事故现场，会同被保险人及有关部门进行事故现场查勘工作。现场查勘应由两位及以上人员参加，并尽量查勘第一现场。如果第一现场已被改变或清理，要及时调查了解有关情况。

（2）代查勘　代查勘一方面是指保险公司各地的分公司所承保的汽车在异地出险时，出险当地的保险分公司有代承保公司查勘并提供协助理赔的义务。另一方面，代查勘又属于保险公估的范畴，指的是保险公司与保险公估公司签订相关合作合同或者协议后，在保险标的发生交通事故时，承保的保险公司委托该出险地点有服务网点和服务人员的保险公估公司，代理查勘其承保车辆发生事故的现场，确定保险责任，并对事故现场造成的人员伤亡、车辆及其他财物损失进行估损定价。保险公估公司会收取保险公司一定的费用。

保险人选择代查勘的优势有：①降低查勘工作的成本。由于免去了办案人员的往来差旅费，实际上相当于减少了保险公司的业务支出。②保证车险理赔的效率。代查勘的业务方式避免了保险公司查勘人员往返事故现场，减少了交通时间，可保证查勘定损人员较快地赶赴出险现场，尽快处理所发生的事故，以提高保险人的服务竞争力和信誉。

（3）现场查勘的意义　现场查勘是汽车保险理赔过程中的一个重要环节，查勘人员掌握的第一手资料决定了案件的性质和后期处理工作，查勘过程中发现和搜集的各种物证、人证是分析汽车保险事故发生的原因以及保险事故责任认定的重要证据。同时，查勘人员对于事故现场仍处于危险过程的财产、受害人要协助被保险人积极进行施救，防止损失进一步扩大。汽车保险查勘工作积累的业务资料，有助于保险人研究和制定风险事故的预防对策，并能够为保险人开发新的车险险种、厘定保险费率提供参考。

查勘工作质量的高低一方面直接影响保险人的赔付率和经济效益，另一方面决定了被保险人的服务感受，间接影响保险人的经营规模。现场查勘工作也是一项技术性、紧迫性和政策性极强的业务工作，查勘人员必须具有良好的职业道德，一丝不苟地做好查勘的每一项工作。

2. 汽车保险事故现场查勘的主要事项

现场查勘工作既是保险人对所承保的保险标的风险管控的有效手段，也是保险人履行合同义务、服务客户的重要方式。查勘工作人员不仅要熟悉保险相关的知识，还需要掌握相关的专业知识，例如传统汽车两大机构五大系统的基本结构组成，汽车的运动学特性，如汽车的加速性能、制动性能、制动初速度和制动距离的关系、转向性能等；人机工程学的基本知识，如人的视觉、知觉反应时间、人体的耐冲击性等，这有助于识别瞌睡、酒后驾车等情形，此外，还应熟悉汽车的运动碰撞力学基本知识，例如有效碰撞速度、相对碰撞速度、反弹系数、摩擦因数、塑性变形等。

汽车保险现场查勘的主要内容包括：确认事故现场并进行拍摄，安抚客户、协助处理现场情况，核实事故情况，核实车辆情况，核实驾驶人情况，核实事故损失，事故处理及索赔指引，出具查勘报告等。具体事项如下：

1）查明事故真实性、损失情况和帮助客户解除突发事件所带来的困扰。

2）核对单证，确认出险车辆的型号、号牌、VIN 码（车架号）是否与保单上一致。还需要查看被保险人的驾驶证、行驶证是否合法、有效。

3）确认保险标的出险时间是否在保单的有效期内。对于临近保单生效起、止时间出险的案件，查勘人员尤其要慎重，需要查明该车辆是否存在先出险、后投保以及保单有效期先止、后出险的现象。

4）对事故现场拍照，包括：反映事故现场全貌的全景照片（以事故现场附近固定参照物作为背景）；整车照片（反映受损车辆号牌）；VIN 码（车架号）照片（锁定本车）；损失部位特写照片（反映损失程度）；碰撞痕迹照片；其他物证照片等。拍摄内容应与现场查勘记录的内容相一致。

5）向驾驶人详细询问事故发生的经过，并对比被保险人原始报案记录，核对驾驶人的驾驶证，查明现场驾驶人与出险时的驾驶人是否一致。核对驾驶证准驾车型是否与出险车辆相符合，对于驾驶人涉嫌无证驾驶、酒后或醉酒驾车等严重违法行为的，可立即协同交警进行酒精检测和调查取证。

6）对出险现场痕迹反复查勘，走访目击证人，争取获得文字或视频证据，分析事故发生的原因，判断风险事故的原因是否在保险责任范围内。同时，检查车辆装载情况是否有违章行为，是否存在超重、超宽、超高或车辆技术状态不佳等问题。

7）观察出险车辆受损部位是否与现场碰撞痕迹相吻合，由此判断该现场是否是第一现场，被保险人有没有谎报出险地点、伪造事故现场、制造虚假保险事故等嫌疑。

8）查勘人员在确保自身安全的情况下，应该协助客户采取保护措施，并积极组织施救。对于单方事故，经被保险人同意，查勘人员可以帮助被保险人联系推荐维修厂参与施救。双方事故的施救，通常都是由交警部门组织。

9）对于轻微事故，应尽量争取现场核定损失，这可以提高理赔效率。对于损失金额比较大、需要对事故车辆进行拆检定损的，应与被保险人约定定损时间、定损地点。

10）涉及人员伤亡的案件必须查明受伤人数、姓名、年龄、性别、联系方式等，记录好受伤人员的详细情况，例如就诊医院及科室，及时将伤者的详细情况移交给保险人的医疗顾问进行医疗跟踪。对于重大事故，医疗顾问要一同查勘现场。

11）对出险时间、出险原因存在疑问的事故以及重大复杂事故等，要走访现场目击证人或知情人，做好相关人员的询问记录，并争取让被询问人过目签字（所有涉及事故的记录都必须有当事人签字确认）。

12）对于涉及货物损失、道路设施损失及其他财产损失的情况，应确定损失程度，查清事故各方承担的责任比例，能够现场定损的，要尽量争取现场定损。对损失较大、无法现场定损的，要另行约定定损时间。

13）对于多方事故或责任比例可能会有争议的双方事故，应绘制事故现场草图。草图应能反映各方车辆的接触点、制动拖带和事故前后位置变化情况等。

14）向被保险人发放相关单证，包括索赔申请书、索赔须知、赔付协议书等。需明确告知被保险人索赔需要提供的具体单证、索赔手续及流程，并指导客户填写索赔申请书，详细描述出险经过。

15）现场查勘工作完成后，查勘人员要认真填写现场查勘记录，并及时将现场查勘情况反馈给理赔相关人员。

3. 汽车保险事故现场的分类

汽车保险事故现场，顾名思义就是被保险汽车实际发生交通事故的地方，事故现场会保留事故车辆及涉事非机动车辆、伤亡人员及其他相关人员、牲畜等，以及事故造成的散落物品和各种痕迹等。现场查勘人员搜集物证及其他证据，有利于保险事故责任的认定和后期事故处理。由于汽车保险事故自身的特征，致使出险现场的情况复杂多样，合理区分汽车保险事故现场对于保险人正确指导查勘工作有着重要的意义。对于汽车保险事故现场的分类，由于区分的标准和角度不同而有所区别，常用的有以下几种分类方法：

（1）**按事故现场的状态不同分类**　依据事故现场的状态，可将事故现场分类如下。

1）初始现场。初始现场是指汽车保险事故发生后，现场遗留的涉事车辆、人员、牲畜以及事故造成的所有痕迹等均没有被改变的现场。初始现场也叫第一现场，这种现场能较为清楚地、真实地反映事故发生的过程，对保险人的查勘价值最大。汽车保险事故发生后，强调被保险人要保护现场、查勘人员应迅速赶往现场的意义就在于争取将现场保护在初始状态，为现场查勘工作提供有利证据。

2）变动现场。变动现场是指汽车保险事故发生后，由于人为的或自然的因素，导致出险现场的部分或全部发生改变的现场。这种类型的现场无法反映事故发生的真实状况，从而查勘工作带来较大的困难。汽车保险事故现场发生变化也是由车险事故现场的特殊性决定的。引起现场变化的主要原因有：

① 事故伤者需要抢救。汽车保险事故发生后，要对事故中的伤者积极抢救，为抢救伤者而被迫移动当事车辆、物体，或者使伤者倒卧的位置和现场的散落物品发生变动。

② 排除险情。汽车保险事故发生后，被保险人和投保人有积极施救的义务，为了排除正在发生的险情一般会造成初始现场发生变动。例如，被保险汽车发生火灾，相关人员积极进行灭火施救会导致第一现场发生变化。

③ 缓解交通拥堵。在交通主干线或城市繁华地段发生汽车保险事故后，往往会引起交通堵塞，妨碍道路车辆的正常通行，需要缓解交通拥堵而移动事故车辆以及现场的其他人证、物证等会改变初始现场。

④ 保护不周。汽车保险事故发生后，因现场保护不周，容易出现过往车辆碾轧，行人出于好奇心围观不慎，造成事故现场的痕迹消失或改变、现场物证发生变动。

⑤ 自然因素。自然环境的风吹、日晒、雨淋、水淹、雪落等气候条件的影响，也会导致事故现场的各种痕迹、物证的消失、破坏或改变。因自然因素变动的现场，在查勘时，应尽力找到当事人和目击证人，还原事故的初始状态。

⑥ 执行特殊任务。执行任务的消防、救护、警备、工程救险车以及首长、外宾、外交使节乘坐的汽车，在发生事故后因任务需要而驶离，也是事故现场变动的原因。

（2）**按现场被破坏的动机不同分类**　依据现场被破坏的动机不同，可将事故现场分类如下：

1）逃逸现场。逃逸现场是指交通事故的当事人为了逃避应该承担的赔偿责任，故意在事故后驾车逃离现场而造成的变动现场，如图5-6所示。注意，如果当事人因主观上疏忽，不知道发生事故而驾车驶离的，不视为逃逸现场。

图5-6 逃逸现场示意图

2）伪造现场。伪造现场与普通变动现场的最大不同，在于伪造现场的当事人是为了逃避责任、嫁祸于人或者实施骗取保险金额的欺诈行为，有目的地改变或布置虚假出险现场，如图5-7所示。伪造现场的特点是，现场中的证据多数不符合发生事故的客观规律。

（3）根据现场是否被重新设置分类 依据现场是否被重新设置，可将事故现场分类如下：

1）原发现场。原发现场是指交通事故发生后一直存在的现场，包括初始现场、变动现场、破坏现场，它是交通事故现场查勘的重点对象。交通事故原发现场如图5-8所示。

图5-7 伪造现场示意图

图5-8 交通事故原发现场图

2）再现现场。再现现场一般包括两种情况：一种是事故现场撤离后，基于案件的需要，办案人员根据现场勘查记录、照片以及现场查勘图等材料重新布置恢复的现场，目的是供事故原因分析或复查案件使用。另一种是由于诸多原因导致事发现场已不存在，办案人员根据目击证人及当事人的指证，重新布置的现场。再现现场仅供形象地再现事故现场的有关交通元素的位置及相互关系，并不具有现场查勘的价值，不是现场查勘的对象。交通事故再现现场示意图如图5-9所示。

4. 汽车保险事故现场查勘的程序

汽车保险事故的现场查勘是一项法制性、时间性、技术性极强的工作，查勘人员不仅需要较强的职业道德、高度的责任感，更需要丰富的专业技能、查勘经验。车险现场查勘的程序包括：查勘前期准备工作，及时赶赴出险现场，现场查勘，现场查勘拍摄，现场查勘图的绘制，撰写查勘报告。

（1）查勘前期准备工作 查勘前期准备工作大致包括以下内容。

1）查勘人员接受现场勘查调度，领取保险单抄件，同现场报案人员进行沟通。

2）通过内勤人员了解事故大致情况，包括标的出险地点、车型车号、保险金额和期

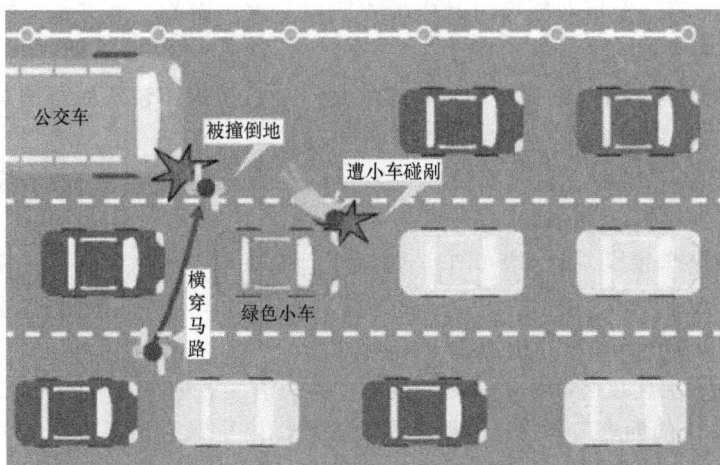

图 5-9 交通事故再现现场示意图

限、本保期出险次数、人员伤亡情况、车辆损失情况，携带查勘工具（包含索赔申请书，录音笔，相机等）前往现场。

3）前往现场途中，根据以上所掌握的情况，告诉保户是否通知交警（保险公司通常的做法是，对于事故损失小、双方事故责任明确无争议的，不要求报警及出具事故证明；对于事故损失严重的情况，通常建议被保险人报告交警并提供事故证明，同时有利于保险人把控风险）、推荐医院、修理厂等。

（2）及时赶赴出险现场 被保险人报案后，查勘人员要迅速赶赴出险现场，以求获得第一手资料。因为案发不久的时间内，现场的证据不容易遭受破坏，事故引发的相关痕迹比较清晰，事故当事人或取证人的记忆较为准确，这些都有利于查勘人员做出正确的查勘记录，公平、合理地分析保险责任。

（3）现场查勘 保险公司查勘人员到达现场后，如果有人员伤亡应该及时协助交警和被保险人对受伤人员进行抢救。现场查勘的对象涉及车辆和驾驶人、当事人以及出险现场环境内的其他物体，内容主要包括：核定现场事故责任，确认事故损失，事故现场痕迹比对（碰撞部位拉尺比对碰撞高度，碰撞痕迹方向细节，损失程度比对等），检查车辆，驾驶人和当事人的勘查，事故现场丈量等。

1）车辆的勘查。对事故车辆的勘查主要涉及车辆的技术性能（制动、行驶、转向、电气等）和乘员以及超载（超高、超宽、超重）、超速情况。在车辆技术性能方面，转向系统影响行车安全的表现有转向沉重、汽车摆头、行驶跑偏等，制动系统影响行车安全的主要表现有制动失灵、制动跑偏、制动距离过长、制动侧滑等，行驶系统影响行车安全的主要表现有轮胎爆胎、车轮脱离车体等，电气系统影响行车安全的主要表现有灯光故障、刮水器故障、扬声器故障等。勘查车辆时的具体操作如下：

① 查看轮胎的损失情况并拍照，包括轮胎的花纹、标牌型号、新旧程度、轮胎气压等情况。

② 查看发动机损失情况，例如发动机支架、缸体、排气管、飞轮壳、涡轮增压器等。

③ 查看撞击部位。发生正面撞击时应检查前保险杠、车灯、散热器、冷凝器（轿车）、中冷器、风扇、水泵等；发生右侧撞击时应检查前保险杠、车灯、叶子板、车门、右侧悬架

系统、轮辋、轮胎等；发生左侧撞击时应检查前保险杠、车灯、叶子板、转向系统、直拉杆、车门、左侧悬架系统、轮辋、轮胎等。

④ 若汽车被追尾，应查看货车的后横梁、尾灯、后桥等，轿车的行李舱盖、尾灯、后保险杠等。

⑤ 若汽车侧翻（倾覆）应查看货车的液压缸、倒车镜、车门、大箱板、主（副，车架，轿车的倒车镜、车门、玻璃、车灯等。

⑥ 若货车与轿车相撞，由于货车车身的刚度远比轿车车身刚度高，一般轿车的变形和破坏会比较大。同时，由于货车的车身比轿车要高，当轿车与货车相撞时，会出现轿车钻入货车车厢底板、车架下面的碰撞形态。

⑦ 检查车辆有无违反装载规定，车辆的使用性质有无改变等。

2）有关当事人的勘查。首先应查明被保险人对保险车辆有无保险利益关系，以及出险驾驶人（当事人）与被保险人的关系，主要确认驾驶人是否是被保险人允许的人员。然后，查明保险汽车出险时驾驶人有无从事违法犯罪活动，以及驾驶人的状态，有无疲劳型或单调型打瞌睡，还要查明驾驶人有无酒后驾车、吸食或注射毒品、被药物麻醉等情况，驾驶人有无驾驶证或审核过期后驾车，驾驶人驾驶证的准驾车型与出险标的是否一致等。此外，还要确认事故涉及的伤亡具体人数，事故发生时目击证人提供的信息等。

3）现场痕迹和物证的勘查。通常来说，汽车保险事故现场都存在车损、物损或人员伤亡的情况。保险事故造成的痕迹普遍存在。不同事故形成痕迹的方位、明显程度有所不同。由于保险事故产生痕迹的概率大，而且汽车保险事故形成的痕迹有明显特征，有利于保险责任的认定，所以，查勘人员认真测量和检验事故现场痕迹有重要的意义。

① 测量和勘查现场痕迹的作用。测量和勘查保险事故现场痕迹，一方面有利于分析事故的成因，查勘人员通过观察事故现场不同物体上痕迹的相互关系、形状、走向以及肇事车辆与有关物体、伤亡人员的相对位置，可以分析保险事故形成的原因，从而进行事故责任认定。另一方面，查勘人员通过观察现场车辆或物体表面的痕迹，以及道路上遗留的轮胎花纹和花纹走向、轮距等痕迹，可以判断肇事车辆种类及驶离方向。

② 现场痕迹的测量方法。现场痕迹的测量方法主要如下：

a. 轮胎印痕的测量。轮胎印痕测量中，对于每一个车轮留下的最长拖压印痕迹都应进行测量。借助阳光或灯光确定轮胎印痕的起始点，拖压印的终点较易认定，如果肇事车辆逃逸，可根据泥土和遗留物进行确定。对于断续的（如轮胎受不平路面冲击）痕迹距离和拖压印应作为一个整体来测量，如果车辆的制动拖印从一种路面过渡到另一种路面，应分别测量出每一种路面上的拖印长度，并注明从拖印起始点至拖印终点之间距离的测量情况。当车辆处于大面积滑行或滑转状态时，容易形成多方向拖压印痕，在这种情况下，应对所有的印痕沿曲线测量其长度。

b. 车体痕迹的测量。车体痕迹的测量应记录痕迹的形态、部位、面积、痕迹上下端距地面高度及左右端至前后端相同一侧的距离，以便认定事故发生时车辆之间、车辆与物体之间、车辆与行人或非机动车之间接触时的状态。对于汽车底盘上的痕迹，块状痕迹应测量其面积及痕迹突出点距地面的高度和至前保险杠的距离，横向痕迹应测量痕迹两端至前保险杠至有关车轮的距离。

③ 痕迹和物证的类型。常见的痕迹和物证的类型如下：

a. 痕迹的类型。根据痕迹的本质和特征不同，可将痕迹分为结构形象痕迹和整体分离痕迹；根据接触方式和作用力不同，可分为静态痕迹和动态痕迹；根据承受客体的表面变化，可分为立体痕迹和平面痕迹，其中平面痕迹又可分为加层痕迹和溅层痕迹。

b. 物证的类型。事故现场的物证一般包括外界散落物（玻璃、漆片、塑料、人体器官、外界物体散落等）、塑料附着物、油漆附着物、反光膜、油斑附着物、纤维附着物等。

交通事故中的痕迹和物证非常重要，两者皆具客观性。路面轮胎痕迹是判断驾驶人行车速度、采取措施的重要证据，痕迹接触点的走向、方位是定责的重要依据，车辆痕迹的走向、方位是判断车辆相对走向、同向车辆谁速度快、谁超车谁的重要证据。

（4）现场查勘拍摄　现场查勘拍摄是查勘工作中非常重要的一个环节，也是理赔中重要的取证方式，是查勘人员的必备技能之一。通过拍照可以确认出险标的，照片还能反映受损财产的损坏程度，同时可以间接反映保险事故的经过，因此，现场查勘拍摄在车险赔案的核损、核价、核赔赔案后审查等管控环节中具有不可替代的作用。车险查勘定损拍摄对照片的要求是信息完整、图像清晰。一个事故中至少应包括以下照片：需要审验的证件和证明的照片，标的 VIN 码等定型信息照片，带牌照的整车照片，受损部位照片，受损零部件的细节照片，以及其他证明保险事故的单证照片和事故现场的查看照片等。拍摄的照片要能准确反映出险现场的信息，有利于审核人员确定事故的保险责任。

1）现场拍摄的注意事项。随着网络的发展和普及，许多保险公司具有自己的网络运营平台，因此，现场查勘所拍摄的照片相应地也需要导入系统，这就要求拍摄照片的尺寸和分辨率符合系统要求，照片的时间和日期也必须同实际查勘的时间一致。另外，不同环境的光线条件下相机成像的时间有所不同，为了保证成像效果，摁下拍摄键后最好使镜头保持稳定2秒的时间。现场拍摄的取景布局也很重要，照片反映的重要信息应该集中位于照片的中心区域，同时还要兼顾所拍摄的受损部位在整车的位置。

2）现场拍摄的顺序和技术要求。现场拍摄要遵循一定的原则，即先拍摄容易被破坏和消失的部分，后拍摄不易消失和破坏的部分；先拍摄出险现场的路面痕迹，后拍摄车辆、人证、物证的痕迹。现场拍照应遵循先整体、后局部、最后细节的原则，即拍摄的位置由远及近，由外及内。由远及近、先整体后局部的拍摄如图 5-10 所示。具体的拍摄要求如下：

① 保险标的单方肇事情况。对于保险标的单方肇事的出险现场，查勘时应首先远距离拍摄整个出险场景，然后中等距离拍摄车损情况，接下来是近距离拍摄地面痕迹以及物品散落情况，最后是 VIN 码及驾驶人的两证等。对于重大单方事故，现场查勘拍照时还应拍摄车辆载人或载货情况、驾驶人的精神状态、涉事人员的手机通话情况，以及车内物品的散落和其他痕迹。

② 双方事故的情况。对于双方事故的出险现场，查勘时应首先远距离拍摄整个出险场景，然后拍摄现场附近的交通标志以及路面的标线（路面标线有助于反映车辆的行驶状态），接下来拍摄两车碰撞的痕迹以及损失情况，最后是 VIN 码及驾驶人的两证等。双方事故部分照片如图 5-11 所示。

③ 整车拍摄情况。整车的照片是每起保险事故现场查勘时必须拍摄的，要反映出险车辆整车及牌照号码，兼顾反映车辆受损部位。拍摄时，相机镜头与车身侧平面要成 45°角，镜头高度以稍微俯视为宜，力求使车辆的损失部位、车牌以及整车外观同时展示出来。对于车辆严重损坏、估损在 2 万元以上的，应该有 4 个斜角方向的整车外观照片，以反映车辆整体损失状况。整车拍照如图 5-12 所示。

图 5-10　由远及近、先整体后局部的拍摄

图 5-11　双方事故部分照片

图 5-12　整车拍照

　　④ 有关证件的拍摄。道路交通事故现场需要拍摄的证件包括涉事驾驶人的驾驶证、被保险车辆的行驶证、交管部门处理时的事故责任认定书以及身份证，对于营运车辆还需要拍摄相关营运资质证。拍摄证件时要注意避免反光，证件反映的信息要拍摄得足够清晰，有关证件的正本和副本要分开拍摄。驾驶证和行驶证拍照如图 5-13 所示。

图 5-13　驾驶证和行驶证拍照

查勘定损照片的主要拍摄要求包括以下内容：

① 查勘定损照片必须使用保险公司下发的带有相机标识和拍摄日期的相机拍摄。带有相机标识和拍摄日期的拍摄照片如图5-14所示。

相机标识

现场路况及交通情况

外界碰撞物

拍摄时间（必须有）

图 5-14 带有相机标识和拍摄日期的拍摄照片

② 要求拍摄应能反映事故现场全景及附近固定参照物的远景照片，以确定事故地点。

③ 拍摄车辆的近景照片时，必须有车辆牌号、车辆损坏部位以及财产损失的部位。车辆近景拍摄照片如图5-15所示。

④ 拍摄按照从前到后、从左到右、从外到里、先整体后局部的原则，重大事故必须拍摄车辆的发动机号，单方事故要将固定静止物被刮、擦、撞的部位用镜头拍出。

现场近景照片重点反映出标的车与外界物体碰撞的角度和高度

图 5-15 车辆近景拍摄照片

⑤ 对于单价超过500元的损坏配件，必须有单独拍摄的特写照片；对于单价超过1000元的非外观损坏的配件，应分置到相应损失项下。单价超过500元的损坏配件特写照片如图5-16所示。

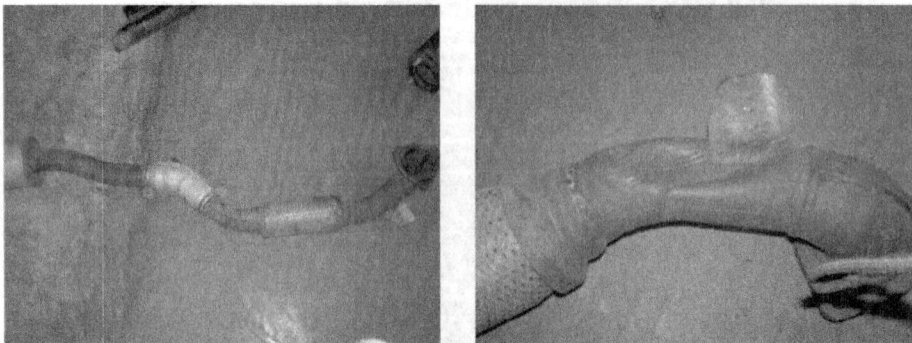

图 5-16 单价超过 500 元的损坏配件特写照片

⑥ 查勘定损员外出现场查勘定损时，应该有其在现场的照片。

（5）现场查勘图的绘制　道路交通事故现场查勘图是记载交通事故现场客观事实的证据材料，属于对查勘报告案件描述的补充说明。现场查勘图应全面、真实地表现交通事故现场的客观情况。现场查勘人员应根据查勘的内容将事故发生的位置、事故车的行驶轨迹、事故痕迹、道路设施及相关物体、周围环境等，按照一定比例绘制在图纸上。由于绘制现场查勘图的时间有限，对于现场存在的事故相关车辆、人员、道路及其他物证等可用道路交通事故现场图形符号代替，选定方位、确定坐标后即可据实绘制。常见的道路交通事故现场图形符号见表5-10～表5-19。

表5-10　常见机动车的图形符号

序号	名　称	图形符号	说　明
1	客车平面		大、中、小、微（除轿车越野外）
2	客车侧面		大、中、小、微（除轿车越野外）
3	轿车平面		包括越野车
4	轿车侧面		包括越野车
5	货车平面		包括重型货车、中型货车、轻型货车、低速载货车、专项作业车
6	货车侧面		按车头外形选择（平头货车）
7	货车侧面		按车头外形选择（长头货车）
8	牵引车平面		
9	牵引车侧面		
10	挂车平面		含全挂车、半挂车
11	挂车侧面		
12	电车平面		包括有轨电车、无轨电车
13	电车侧面		

（续）

序号	名 称	图形符号	说 明
14	正三轮机动车平面		包括三轮汽车和三轮摩托车
15	正三轮机动车侧面		
16	侧三轮摩托车平面		
17	普通二轮摩托车		包括轻便摩托车
18	轮式拖拉机平面		
19	轮式拖拉机侧面		
20	手扶拖拉机平面		
21	手扶拖拉机侧面		
22	轮式自行机械平面		

表 5-11　常见非机动车的图形符号

序号	名称	图形符号	序号	名称	图形符号
1	自行车		4	三轮车	
2	残疾人用车平面		5	人力车	
3	残疾人用车侧面		6	畜力车	

表 5-12　人体图形符号

序号	名称	图形符号	序号	名称	图形符号	序号	名称	图形符号
1	人体		2	伤体		3	尸体	

表 5-13 牲畜图形符号

序号	名称	图形符号	序号	名称	图形符号	序号	名称	图形符号
1	牲畜	▽	2	伤畜	▽	3	死畜	▼

表 5-14 常见道路结构功能图形符号

序号	名 称	图形符号	说 明	序号	名 称	图形符号	说 明
1	道路		路面类型、路面情况用文字说明,文字内容按 GA 17.4、GA 17.5 的代码名称标注,道路线形按实绘制	10	路肩		
2	上坡道	i	i 为坡度	11	涵洞		
3	下坡道	i	i 为坡度	12	矮道		
4	人行道			13	路面突出部分		
5	道路平交口			14	路面凹坑		
6	道路与铁路平交口			15	路面积水		
7	施工路段			16	雨水口		
8	桥			17	消火栓井		
9	漫水桥			18	路旁水沟		
				19	路旁涧水沟		

表 5-15 安全设施图形符号

序号	名 称	图形符号	说 明	序号	名 称	图形符号	说 明
1	信号灯		包括车道信号灯、方向指示信号灯,可水平或垂直放置	4	计时牌		
2	人行横道			5	隔离桩(墩、栏)	—x—x—	
3	黄闪灯			6	隔离带(或花坛)		
				7	安全岛		

（续）

序号	名　称	图形符号	说　明	序号	名　称	图形符号	说　明
8	禁令标志			11	指路标志		
9	警告标志			12	安全镜		
10	指示标志			13	汽车停靠站		
				14	岗台（亭）		

表 5-16　土地利用、植被和地物图形符号

序号	名　称	图形符号	说　明	序号	名　称	图形符号	说　明
1	树木侧面			9	路灯		
2	树木平面			10	里程碑		
3	建筑物			11	窨井		
4	围墙及大门			12	邮筒		
5	停车场			13	消防栓		
6	加油站			14	碎石、沙土等堆积物		外形根据现场实际情况绘制
7	电话亭			15	高速公路服务站		
8	电线杆			16	其他物品		中间填写物品名称

表 5-17　动态痕迹图形符号

序号	名称	图形符号	说　明	序号	名称	图形符号	说　明
1	轮胎滚印			2	轮胎拖印	L	L 为拖印长，双胎则为

（续）

序号	名称	图形符号	说明	序号	名称	图形符号	说明
3	轮胎压印	------------		6	自行车压印	（波浪形符号）	
4	轮胎侧滑印	///////////		7	血迹	（血）	
5	挫划印	～～～		8	其他洒落物	（范围图形）	画出范围图形,填写名称

表 5-18　交通现象图形符号

序号	名称	图形符号	序号	名称	图形符号
1	接触点	⊗	3	非机动车行驶方向	◄
2	机动车行驶方向	◁	4	人员运动方向	◄

表 5-19　方向和风向符号

序号	名称	图形符号	说明	序号	名称	图形符号	说明
1	方向标	✛	方向箭头指向北方	2	风向标	（风向标符号 X）	X 为风力级数

（6）撰写查勘报告　查勘人员在调研案件真实的出险情况后，为了明确事故责任，准确记录现场事故的信息，应根据现场调查取证的情况，对于案件性质、责任、损失情况撰写查勘报告。报告的内容应涉及保险标的出险的时间、地点以及出险车辆的信息，还应对具体的道路交通事故原因、事故发生的经过以及结果作案情表述，最后给出查勘报告的结论。

5. 典型汽车保险事故现场的特征

（1）酒后驾车出险现场　酒后驾车出险现场的常见特征有：

1）驾驶人表现出饮酒后的特征。

2）保险标的在道路上呈现不规则行驶，经常占道甚至逆向行驶。

3）驾驶人的伤亡情况较普遍。

4）保险标的损害程度较大。

5）追尾事故居多，碰撞护栏和路边固定物体的单方事故也较为常见。

（2）违反装载规定的车辆出险现场　违反装载规定的车辆出险现场是指保险标的违反国家或行业有关装载规定装载货物或载人，增加保险标的的危险程度并发生事故造成损失的现场。违反装载规定的车辆出险现场的常见特征有：

1）出险的标的车车身下沉，轮毂发热，转向系统及制动系统容易出现故障。

2）出险汽车多为大型货车及客运车型。

3）事故车辆在现场留下的制动痕迹明显较宽。

4）客运车辆的出险现场常见人员伤亡，现场的乘客会较多。

（3）改变使用性质的车辆出险现场　改变使用性质的车辆出险现场的主要表现形式有：

1）非法营运。

2）营运车辆投保非营运险。

3）客车用于货运活动。

4）货车用于载客。

改变使用性质的车辆出险现场的常见特征有：

1）事故车辆多为货车、面包车及小型客车。

2）客车座位已被拆除用于载货。

3）驾驶人对乘客的情况不太了解。

4）驾驶人多为运载人员和外地人员。

（4）未经检验合格的车辆出险现场　未经检验合格的车辆是指投保人向保险公司投保的是未经检验合格的车辆，或是保险标的在保险有效期内检验合格期满，被保险人没有及时对车辆安全技术条件进行合格检验的车辆。被保险人使用未经检验合格的车辆出险后的现场的常见现象为：

1）标的车多为旧款车型，即将达到机动车辆报废条件的车辆或外地车较多。

2）被保险人的行驶证上没有当年年检记录，或者行驶证上有伪造的年检记录。

（5）驾驶人"调包"或人为制造事故现场　此类情况一般是指保险车辆发生事故后，当事人因酒驾或其他原因找他人顶替承担事故责任及处理事故；被保险人或其他相关人员在保险车辆没有发生保险事故的情况下，人为制造事故现场。驾驶人"调包"或人为制造事故现场的常见现象有：

1）驾驶人神情紧张，不能详细描述事故经过，对车主及被保险人的情况、车内物体存放及车上乘客乘坐的信息不太清楚。

2）人为制造事故的车辆多为旧款进口车型，事故多发生在夜晚和凌晨时分，事故地点多为相对偏僻之处。

3）人为制造事故中几乎无人员受伤，事故道路上很少有制动拖印。驾驶人一般有多年驾龄，查勘时驾驶人会故意表现出急躁情绪，督促查勘人员尽快给出查勘结论。同时，驾驶人对事故经过描述不清楚或者会虚构事故情景。

4）车损部位和现场痕迹容易出现无法吻合的情况，事故车身存在旧的痕迹和锈迹，事故现场附近停有无关车辆等。

6. 现场查勘的安全注意事项

汽车保险事故的发生是随机的，在极端天气下，自然灾害发生时，以及任意时间和环境下，均有可能发生汽车保险事故，因此，保险公司的查勘人员在认真完成查勘业务、维护被保险人和保险人利益的同时，首先要提高自身安全意识，这样才能保证查勘工作顺利完成。

（1）极端天气查勘的安全注意事项　在日常生活中，越是暴雨、冰雪等恶劣天气情况下，越有可能发生汽车保险事故。对于极端天气情况下的查勘，查勘人员要注意携带雨具，避免身体和查勘设备被雨淋坏；避免走近高压区域，防止触电、雷击事故发生；针对涉水车辆事故，要注意探明水情，防止溺水；对于冰雪情况下的查勘，查勘人员首先要做好自身的防冻保暖工作，还要注意路面防滑以及预防其他车辆侧滑可能造成的误伤等。

（2）特殊情况查勘的安全注意事项　特殊情况包括特殊的作业环境（如地震后、施工工地、火灾现场或者查勘运输危险品的车辆）以及特殊路段（如结冰路段、繁华街道的拥堵路段）等，特殊情况下作业时，查勘人员尤其要提高安全防护意识。针对运输危险品车辆的查勘，查勘人员首先要做好自我防护，查勘现场禁止明火、禁止使用手机、禁止接触车辆的泄漏物体；针对下雪结冰路段的查勘，查勘人员应穿反光背心并及时摆放警示牌，注意避免来往车辆发生侧滑造成的误伤。

（3）查勘车辆使用的安全注意事项　查勘车辆的安全使用是保险公司理赔查勘管理中的重要工作，也是顺利实现查勘以及后续理赔的保证，因此，查勘人员务必做到避免疲劳驾驶、行驶中违规变道、超速行车。只有查勘人员养成正确用车、安全停车以及对车辆实时检查养护的好习惯，才能保证查勘工作的顺利实施。

（4）现场拍照的安全注意事项　现场拍照是查勘工作的重要内容，鉴于查勘现场情况复杂，拍照时需要注意以下事项：在特殊天气下或夜间，由于光线不好，查勘人员需要穿反光背心；风力较大时，需要防范建筑物上的物体（花盆、玻璃、瓦片等）吹落砸伤；拍照时，还要随时注意提防过往车辆，避免其他车辆造成的伤害。

（5）事故现场沟通的安全注意事项　汽车保险事故查勘过程中，查勘人员需要同当事人进行适时沟通，现场沟通不当或其他原因也会造成危机。如果沟通对象是吸毒人员、酒驾人员、碰瓷者以及其他社会闲杂人等，大多数情况下，他们不会与查勘人员进行积极有效的沟通，尤其是后两种情况，当事人可能还会刻意干扰查勘人员的正常沟通。如果出险现场涉及伪造现场、酒驾后调包、驾驶证或行驶证过期以及现场痕迹矛盾等情况，查勘人员在核实信息或者通知当事人事故不属于保险责任时，容易招致对方的抵触，甚至引发过激行为。因此，查勘人员进行事故现场沟通时，一定要灵活处理各种危机，在增强自身服务意识的同时还要运用恰当的沟通技巧，避免人身安全受到威胁。

（6）新能源汽车的查勘注意事项　新能源汽车在结构、性能、安全方面同传统汽车存在较大的差异，新能源汽车装载的高能量能源系统存在潜在的风险（例如能源系统遭受挤压后容易爆炸，电路容易发生短路而起火，电池损坏后易引发电解液泄漏等）。同时，新能源汽车电池的高电压还会带来触电的危险。

根据欧盟汽车标准法规体系ECE R100标准的规定，交流电压小于等于30V、直流电压小于等于60V为安全电压，目前国内外的电动汽车和混合动力汽车的电池电压大部分集中在280~400V之间，中巴车在400~500V之间，大巴车在600V左右，人体触电后会导致电击重伤或死亡。查勘人员在开始检查前应戴上绝缘橡胶手套，最好穿上避免与地面形成回路的绝缘鞋，拔下点火钥匙使车辆处于断电状态，关闭动力电池充电口，并使用万用表检查每一个故障点。另外，新能源汽车的电池电解液普遍是酸性或碱性溶液，操作不当会造成皮肤或眼睛烧伤，在检查电池是否漏液前，查勘人员应戴上眼罩防止电解液溅出。最后，处理受损的新能源汽车时还要坚持红色标识、高压警示、化学标示三不碰原则。图5-17和图5-18所示分别为某品牌新能源汽车的动力电池和高压配电盒。

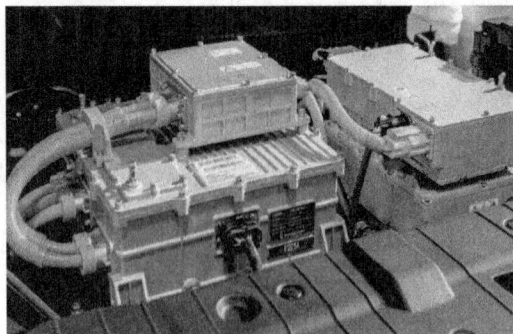

图 5-17　某品牌新能源汽车的动力电池

图 5-18　某品牌新能源汽车的高压配电盒

5.2.7　汽车保险的索赔

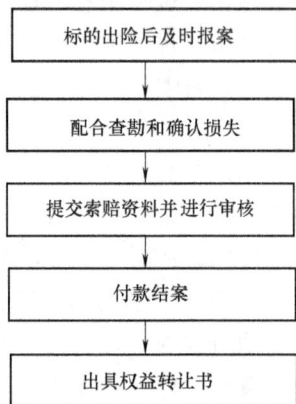

图 5-19　汽车保险的索赔流程

汽车保险的索赔是指当保险标的发生保险责任范围内的事故后，被保险人依据事故损失向保险人提出的索赔要求。汽车保险的索赔流程如图 5-19 所示，机动车辆索赔申请书见表 5-20。

1. 标的出险后及时报案

保险标的发生保险事故后，应在 24 小时内及时通知保险人并进行报案，若超过规定的报案时间，保险人可以拒绝赔偿。若被保险人对后续索赔流程不了解，报案时可以向保险人咨询相关理赔流程，以及索赔需要提交的资料。

2. 配合查勘和确认损失

保险人接到投保人或被保险人报案后，会通知相关理赔查勘人员进行现场查勘定损。投保人或被保险人需要协助理赔查勘人员对事故现场进行勘查，并且在理赔人员的指导下填写索赔申请书，确定修理项目、修理方式和费用。如果案件不需要现场查勘定损，可以将事故车辆拖至离事故现场较近的修理厂进行维修。

3. 提交索赔资料并进行审核

被保险人按照保险人的要求提交索赔所需的全部资料，索赔资料应当在公安机关交通管理部门对交通事故处理结案之日或车辆修复起的 10 天内提供。保险人收到索赔资料后会对其真实性和完备性进行审核，若资料齐全、审核通过，保险人会告知被保险人，若索赔资料不完整，保险人会及时通知被保险人将资料补全，并根据合同约定进行赔款的计算。

4. 付款结案

被保险人的索赔资料审核通过后，保险人依据合同约定计算赔偿金，然后通过与被保险人商定的赔款方式在规定的工作日内给付赔偿金并结案。

5. 出具权益转让书

如果保险事故是由第三方引起的，保险人向被保险人赔偿后，被保险人需将向第三方索赔的权益转让给保险人，由保险人向第三方追偿。

表 5-20　机动车辆索赔申请书

交强险单号				承保公司			
商业险单号				承保公司			
被保险人				号牌号码		使用性质	
发动机号				车架号			
报案人		联系电话		驾驶人		联系电话	
出险时间	年 月 日 时 分		出险地点		报案时间	年 月 日 时 分	
出险原因	□碰撞　□倾覆　□盗抢　□火灾　□爆炸　□台风　□自燃　□暴雨　□其他						

其他事故方交强险投保及损失信息

车牌号码	厂牌车型	被保险人	交强险单号	承保公司	损失金额	定损公司

开户名		开户银行		账号	

出险原因及经过:

以上信息为报案人电话报案时所描述,如需补充,请在备注栏中填写。
备注

兹声明本人报案时所陈述以及补充填写的资料均为真实情形,没有任何虚报和隐瞒,否则,愿放弃本保险单之一切权利并承担相应的法律责任。

本人同意提供给 XX 集团(指中国 XX 保险(集团)股份有限公司及其直接或间接控股的公司)的信息,及本人享受 XX 集团金融服务产生的信息(包括本单证签署之前提供和产生的),可用于 XX 集团及因服务必要而委托的第三方为本人提供服务及推荐产品,法律禁止的除外。XX 集团及其委托的第三方对上述信息负有保密义务。本条款自本单证签署时生效,具有独立法律效力,不受合同成立与否及效力状态变化的影响。

被保险人签章:　　　　　　　　　联系电话:　　　　　　　年　　月　　日
报案人签章:　　　　　　　　　　联系电话:　　　　　　　年　　月　　日

特别告知:

1. 本索赔申请书是被保险人就所投保险种向保险人提出索赔的书面凭证。

2. 保险人受理报案、现场查勘、参与诉讼、进行抗辩、向被保险人提供专业建议等行为,均不构成保险人对赔偿责任的承诺。

3. 为充分保障您的权益,根据《机动车交通事故责任强制保险条例》的相关规定,我司已书面告知您需要向保险公司提供的与赔偿有关的证明和材料(详见本索赔申请书背面之《索赔告知书》)。

被保险人签章:　　　　　　　　　　联系电话:　　　　　　　　年　　月　　日

5.2.8 汽车保险的赔款理算

> **案例导入**　李先生自有一辆比亚迪轿车，他为自己的爱车投保了交强险、保险金额
> 15 万的车辆损失险和赔偿限额 50 万的第三者责任险，其中车辆损失险和第三者责任险
> 的免赔率均为 15%。保险期间内的某日，李先生驾驶车辆过程中不小心撞到正在过马路
> 的张先生，经交警裁决，李先生负有此次事故的全部责任，李先生的车辆损失 7000 元，
> 张先生因伤花费的医疗费用 40000 元，死亡伤残赔偿 80000 元。保险公司经查勘定损，
> 最终赔偿李先生 121450 元，其中赔偿受害人张先生 115500 元，赔偿李先生车辆损失
> 5950 元。请思考：保险公司的最终赔款是如何计算出来的？

接下来介绍有关不同险种的汽车保险的赔款理算过程。

1. 交强险的赔款计算

交强险的赔付分有责和无责两种情况，相应的损失在有责和无责两种情况的各项限额内
计算即可。

当道路交通事故涉及多个受害人时，各分项损失赔款等于各受害人各分项核定损失承担
金额之和，即每次事故死亡伤残费用赔款等于各受害人死亡伤残费用核定承担金额之和，每
次事故医疗费用赔款等于各受害人医疗费用核定承担金额之和，每次事故财产损失赔款等于
各受害人财产损失核定承担金额之和。当各受害人各分项核定损失承担金额之和超过交强险
相应各分项赔偿限额时，各分项损失赔款就等于交强险各分项赔偿限额。

例 5-4　甲、乙两车互撞，甲车承担 70% 责任，车损 3000 元，乙车承担 30% 责任，车
损 5000 元，则甲、乙两车交强险的赔偿分别为：

甲车投保的交强险对乙车的赔偿：由于乙车车损 5000 元>2000 元，故赔款 = 2000 元，
而不是 5000 元×70% = 3500 元>2000 元，故甲车交强险赔偿乙车损失 2000 元。

乙车投保的交强险对甲车赔偿：由于甲车车损 3000 元>2000 元，故乙车交强险赔偿甲
车损失 2000 元。

例 5-5　甲、乙两车相撞，造成甲车 1 人死亡，医疗费用 3000 元，死亡赔偿各项费用
50000 元，精神损失费 10000 元，乙车 1 人受伤，医疗费用 30000 元，伤残赔偿各项费用
48000 元，精神损失费 5000 元，甲车主责，乙车次责，则甲、乙两车交强险赔偿分别为：

甲车交强险所在保险公司负责乙车损失的赔偿：乙车医疗费用 30000 元>有责医疗赔偿
限额 10000 元，所以赔偿 10000 元。死亡伤残赔偿 48000+5000 = 53000 元<有责死亡伤残赔偿
限额 110000 元，所以此项赔偿 53000 元，甲车交强险限额内共需赔偿乙车损失 = 10000 元+
53000 元 = 63000 元。

乙车交强险所在保险公司负责甲车损失的赔偿：甲车医疗费用 3000 元<有责医疗赔偿限
额 10000 元，所以赔偿 3000 元。死亡伤残赔偿 50000 元+10000 元 = 60000 元<有责死亡伤残
赔偿限额 110000 元，所以赔偿 60000 元。乙车交强险限额内共需赔偿甲车损失 = 3000 元+
60000 元 = 63000 元。

三车以上出现互撞的，各车均将除自身之外的其他车方作为赔偿对象，对其损失按照责
任进行分项分摊赔偿。

例 5-6　甲、乙、丙三车互撞，甲车负 70% 的责任，车损 3000 元，车上 1 人受伤，死亡

伤残费用 60000 元，医疗费用 70000 元，乙车负 30% 的责任，车损 5000 元，车上 1 人死亡，死亡伤残费用 80000 元，医疗费用 8000 元，精神损害赔偿 20000 元，丙车无责任，车上 1 人死亡，死亡伤残费用 80000 元，精神损害赔偿 20000 元，医疗费用 6000 元，车损 8000 元，则甲、乙、丙三车在交强险项下赔偿分别为：

甲车交强险赔偿：

（1）对乙车的赔偿

死亡伤残赔偿 = 80000/（80000+80000）×110000元 = 55000 元。因为死亡伤残总费用超过 110000 元，故精神损害没有得到赔偿。

医疗费用赔偿 = 8000/（8000+6000）×10000元 = 5714.29 元。

财产损失赔偿 = 5000/（5000+8000）×2000元 = 769.23 元。

（2）对丙车的赔偿

死亡伤残赔偿 = 80000/（80000+80000）×110000元 = 55000 元。因为死亡伤残总费用超过 110000 元，故精神损害没有得到赔偿。

医疗费用赔偿 = 6000/（8000+6000）×10000元 = 4285.71 元。

财产损失赔偿 = 8000/（5000+8000）×2000元 = 1230.77 元。

所以，甲车交强险对乙、丙两车的死亡伤残赔偿共计 11 万元，医疗费用赔偿共计 1 万元，财产损失赔偿共计 2000 元。

乙车交强险赔偿：

（1）对甲车的赔偿

死亡伤残赔偿 = 60000/（60000+80000）×110000元 = 47142.86 元。

医疗费用赔偿 = 70000/（70000+6000）×10000元 = 9210.53 元。

财产损失赔偿 = 3000/（3000+8000）×2000元 = 545.45 元

（2）对丙车的赔偿

死亡伤残赔偿 = 80000/（60000+80000）×110000元 = 62857.14 元。由于丙车死亡伤残费用加上精神损害赔偿共计 10 万元，减去甲车对丙车的死亡伤残赔偿 55000 元还余 45000 元，而 62857.14 元>45000 元，所以乙车交强险对丙车死亡伤残需赔付 45000 元。

医疗费用赔偿 = 6000/（70000+6000）×10000元 = 789.47 元。

财产损失赔偿 = 8000/（3000+8000）×2000元 = 1454.55元

丙车交强险赔偿：

由于丙车无责，所以应在无责任各项限额内赔付。

（1）对甲车的赔偿

死亡伤残赔偿 = 60000/（60000+80000）×11000元 = 4714.28 元。

医疗费用赔偿 = 70000/（70000+8000）×1000元 = 897.43元。

财产损失赔偿：由于无责的财产损失赔偿共计 100 元，所以习惯算法是甲车和乙车各 50 元。

（2）对乙车的赔偿

死亡伤残赔偿 = 80000/（60000+80000）×11000元 = 6285.72 元。

医疗费用赔偿 = 8000/（70000+8000）×1000元 = 102.57 元。

财产损失赔偿乙车 50 元。

2. 涉及商业汽车保险主险的赔款计算

（1）车辆损失险的赔款

1）车辆全部损失的赔款计算。

① 保险金额高于出险时车辆的实际价值时，按出险实际价值计算赔款。

车损赔款=（实际价值-残值-交强险对车辆损失赔偿金额）×事故责任比例×（1-免赔之和）

② 保险金额低于或等于出险时车辆的实际价值时，按保险金额计算赔款。

车损赔款=（保险金额-残值-交强险对车辆损失赔偿金额）×事故责任比例×（1-免赔之和）

2）车辆部分损失的赔款计算。

车损赔款=（核定修理费用-残值-交强险对车辆损失赔偿金额）×

事故责任比例×（1-免赔率之和）

3）施救费用的计算。

施救费用赔款=[（核定施救费用-交强险对施救费赔偿金额）×事故责任比例×

（保险车辆实际价值÷实际施救财产价值）×（1-免赔率之和）

例5-7 甲车投保了交强险和车损险，保险期间内发生驾驶人单车肇事的保险事故，该车新车购置价（含车辆购置税）为150000元，保险金额为150000元，实际价值128240元，驾驶人承担全部责任，依据条款规定承担15%的免赔率，同时由于非约定驾驶人驾车肇事，应增加5%的免赔率，车辆全部损失，残值510元，请思考：保险公司应赔付多少？

保险金额>出险时实际价值，按出险时的实际价值计算。

赔款=（实际价值-残值-交强险对车辆损失赔偿金额）×事故责任比例×（1-免赔率）

=（128240-510）元×100%×[1-（15%+5%）]

=102184元

（2）第三者责任险的赔款

按照汽车保险交强险先行赔付的原则，计算第三者责任险的赔款时，应先扣除涉事方保险公司赔付的交强险赔款部分，然后进行第三者责任险的赔偿计算。

1）被保险人应该承担的赔偿金额超过第三者责任险的责任限额时：

赔偿金额=第三者责任险的赔偿限额×事故责任比例×（1-免赔率）

2）被保险人应该承担的赔偿金额低于第三者责任险的责任限额时：

赔偿金额=应承担的赔偿金额×事故责任比例×（1-免赔率）

例5-8 王先生购买了交强险和10万元限额的商业三责险后，不幸遭遇车祸致使某行人伤残，王先生承担事故的全部责任，共需要赔偿受害方3.8万元，赔偿金额包括伤残费用2万元、医疗费用1.2万元、财产损失6000元。请思考：王先生所购买的交强险和商业三责险应如何赔付？

按照交强险先行赔付的原则，交强险限额内保险公司应赔偿受害人3.2万元，其中死亡伤残费用2万元，医疗费用1万元，财产损失费用2000元；然后按照商业三责险的理赔条款计算，剩余的6000元理赔款包括医疗费用2000元、财产损失4000元。但由于事故中王先生承担事故全责，保险公司通常会对三责险的赔付扣除20%的免赔率，这时王先生得到的商业三责险的理赔款=6000元×（1-20%）=4800元，所以王先生所购买的交强险应赔偿受害人3.2万元，商业三责险应赔偿受害人4800元。也就是说，受害方从王先生的交强险和商业三责险中总共能得到3.68万元的理赔款。

例5-9 甲车主将其所有的车辆向A保险公司投保了交强险和保险金额为20万元的车辆损失险，乙车主将其所有的车辆向B保险公司投保了交强险和赔偿限额为50万元的第三者责任险。然后在保险期间发生了交通事故，导致甲车主车辆损失18万元、货物损失2万元，乙车主车辆损失15万元、货物损失5万元。经交通管理部门裁定，甲车主负主要责任，为70%，乙车主负次要责任，为30%，按照保险公司免赔规定：负主要责任免赔15%，负次要责任免赔5%。请思考：

（1）A保险公司应赔偿多少？

（2）B保险公司应赔偿多少？

A保险公司交强险应赔付乙车主的车辆损失和货物损失，由于乙车主的车辆损失和货物损失为15万元+5万元＝20万元>有责时交强险财物损失赔偿限额2000元，所以A保险公司交强险部分应赔偿乙车损失2000元。

B保险公司交强险应赔付甲车主的车辆损失和货物损失，由于甲车主的车辆损失和货物损失为18万元+2万元＝20万元>有责时交强险财物损失赔偿限额2000元，所以B保险公司交强险部分应赔偿甲车损失2000元。

A保险公司车损险应赔偿金额＝（甲车车辆损失－交强险对乙车辆损失赔偿金额）×甲车的责任比例×（1－免赔率）＝（180000－2000）元×70%×（1－15%）＝10.591万元

B保险公司三责险应赔偿金额＝（甲车车辆损失和货物损失－交强险对甲车辆损失赔偿金额）×乙车的责任比例×（1－免赔率）＝（180000+20000－2000）元×30%×（1－5%）＝5.643万元

所以，A保险公司应赔偿数额等于交强险和车损险赔款之和，即2000元+10591元＝12591元。B保险公司应赔偿数额等于交强险和三者险赔款之和，即2000元+56430元＝58430元。

（3）车上人员责任险的赔款

车上人员责任险赔款总额等于每人赔款金额之和，人数以投保座位数为限。

1）被保险人应该承担的赔偿金额高于每座赔偿限额时

$$赔偿金额＝每人赔偿限额×（1－免赔率）$$

2）被保险人应该承担的赔偿金额未超过每座赔偿限额时

$$赔偿金额＝应承担的赔偿金额×（1－免赔率）$$

（4）全车盗抢险的赔款

1）全车损失。当车辆保险金额超过实际价值时，按实际价值进行计算，车辆保险金额未超过实际价值时，按车辆保险金额进行计算。

$$赔款＝保险车辆实际价值或保险金额×（1－免赔率之和）$$

2）部分损失。

$$赔款＝（实际修理费用－残值）×（1－免赔率之和）$$

（5）涉及附加险的赔款

1）玻璃单独破碎险的赔款计算。

$$赔款金额＝实际修理费用$$

2）不计免赔特约险赔款计算。

不计免赔特约险赔款金额=每次赔款中已承保且出险的各险种免赔金额之和

3）车身划痕险的赔款计算。车身划痕险全称车身划痕损失险，家庭自用车辆、非营业车辆可投保，是指在保险期间内，保险车辆发生无明显碰撞痕迹的车身表面油漆单独划伤，保险公司按实际损失负责赔偿。车身划痕险是车辆损失险的附加险，即需要在投保了车辆损失险的情况下方可投保，不可单独投保。

车身划痕险在保险金额内按实际修理费用计算赔偿，保险期间内，如果赔偿金额累计达到保险金额，保险责任自动终止。

例 5-10 李某驾驶的载货汽车（甲车）与王某驾驶的小型客车（乙车）相撞，两车负有同等责任，导致甲车车辆损失 3000 元，车上货物损失 5000 元，乙车车辆损失 10000 元，乙车车上一名人员重伤致残，医疗费用 20000 元，残疾赔偿金 50000 元。

甲乙两车均投保了交强险；甲车投保了车辆损失险、第三者责任险、车上货物责任险、不计免赔险；乙车投保了车辆损失险、第三者责任险、车上人员责任险、不计免赔险。请计算各险种的赔款。

（1）交强险赔款计算

1）甲车赔偿金额。

① 财产损失赔偿金额。受损财产核定金额=乙车车辆损失=10000 元>2000 元，财产损失赔偿金额=2000 元，其中，乙车得到赔偿=2000 元。

② 医疗费用赔偿金额。医疗费用核定损失金额=20000 元>10000 元，医疗费用赔偿金额=10000 元，其中，乙车人员得到赔偿=10000 元。

③ 死亡伤残费用赔偿金额。死亡伤残损失核定损失金额=50000 元<110000 元，死亡伤残赔偿金额=50000 元，其中，乙车人员得到赔偿=50000 元。

因此，甲车交强险总赔偿金额=2000 元+10000 元+50000 元=62000 元

2）乙车赔偿金额。

计算财产损失赔偿金额。受损财产核定金额=甲车车辆损失+甲车车上货物损失=3000 元+5000 元=8000 元>2000 元，财产损失赔偿金额=2000 元，其中，甲车得到赔偿=2000 元。

因此，乙车交强险赔偿金额=2000 元。

各方分项得到的交强险赔偿为：

甲车得到：

财产损失=2000 元

其中，赔偿车辆=3000/（3000+5000）×2000 元=750 元，赔偿货物=5000/（3000+5000）×2000 元=1250 元。

乙车得到：

车辆损失赔偿=2000 元

医疗费用赔偿=10000 元

死亡伤残赔偿=50000 元

（2）商业保险赔款计算

1）甲车。

车辆损失险赔偿金额=（车辆损失−交强险赔偿金额）×责任比例=（3000−750）元×50%=1125元

车上货物责任险赔偿金额 =（5000-1250）元×50% = 1875元

第三者责任险赔偿金额 =（乙方损失-交强险赔偿金额）×50% =（10000+20000+50000-2000-10000-50000）元×50% = 9000元

甲车商业保险赔偿金额 = 1125 元+1875 元+9000 元 = 12000 元

2）乙车。

车辆损失险赔偿金额 =（10000-2000）元×50% = 4000元

车上人员责任险赔偿金额 =（20000+50000-10000-50000）元×50% = 5000元

第三者责任险赔偿金额 =（甲方损失-交强险赔偿金额）×50% =（3000+5000-2000）元×50% = 3000元

乙车商业保险赔偿金额 = 4000 元+5000 元+3000 元 = 12000 元

汇总整理全部计算结果：甲乙两车交强险和商业保险全部赔偿金额 = 62000 元+2000 元+12000 元+12000 元 = 88000 元。

5.2.9　汽车保险理赔的监督管理

1. 汽车保险监督管理的意义

汽车保险监督管理是指国家以及保险相关职能机构对汽车保险行业运营过程的监督管理。国家可以通过保险立法，对整个保险业进行监督与管理，保险相关职能机构则是依据保险法规和相关制度对保险行业进行管理，确保保险法规的贯彻落实。汽车保险行业监管的内容主要有汽车保险市场的准入监管、保险人内部控制监管、汽车保险资本的充足性及偿付能力监管、汽车保险交易行为监管、网络汽车保险的监管、汽车保险理赔环节监管等。

汽车保险对我国社会经济的发展和人民生活的安定做出了积极的贡献。汽车保险理赔的差异性使得保险经营本身存在不确定性，加上行业内部激烈的竞争和汽车保险道德风险及保险欺诈的存在，使得汽车保险成了高风险行业。国家以及保险相关职能机构对汽车保险理赔环节进行严格的监管，不仅可以推动整个汽车保险行业的良性发展，也是现阶段培育、发展和规范汽车保险市场的需要。汽车保险监督管理要遵循以下原则：

（1）依法监督管理的原则　保险监督管理部门必须依照有关法律或行政法规实施保险监督管理行为。保险监督管理行为是一种行政行为，不同于民事行为。凡法律没有禁止的，民事主体就可以从事民事行为；对于行政行为，法律允许做的或要求做的，行政主体才能做或必须做。保险监督管理部门不得超越职权实施监督管理行为，同时，保险监督管理部门又必须履行其职责，否则属于失职行为。

（2）独立监督管理原则　保险监督管理部门应独立行使保险监督管理的职权，不受其他单位和个人的非法干预。当然，保险监督管理部门实施监督管理行为而产生的责任（如行政赔偿责任）也由保险监督管理部门独立承担。

（3）公开性原则　保险监督管理需体现透明度，除涉及国家秘密、企业商业秘密和个人隐私以外的各种监管信息应尽可能向社会公开，这样既有利于提高保险监督管理的效率，也有利于保险市场的有效竞争。

（4）公平性原则　保险监督管理部门对各监督管理对象要公平对待，必须采用同样的监管标准，创造公平竞争的市场环境。

（5）保护被保险人利益原则　保护被保险人利益和社会公众利益是保险监督管理的根

本目的，同时也是衡量保险监督管理部门工作的最终标准。

（6）不干预监督管理对象的经营自主权的原则　保险监督管理对象是自主经营、自负盈亏的独立企业法人，在法律、法规规定的范围内，独立决定自己的经营方针和政策。保险监督管理部门对监督管理对象享有实施监督管理的权利，负有实施监督管理的职责，但不得干预监督管理对象的经营自主权，也不对监督管理对象的盈亏承担责任。

2. 汽车保险理赔监督的方式

（1）行业监督　在我国，《保险法》《中华人民共和国外资保险公司管理条例》《中国保险监督管理委员会主要职责内设机构和人员编制规定》共同赋予中国银保监会对保险机构实施非现场监控与现场检查的权力。通过银保监会、行业协会以及保险公司委托的外部机构等对汽车保险理赔环节形成有效的监督，一方面能够保证监督的透明度，对保险公司的车险理赔业务真正形成压力，另一方面可以在消费者心目中为保险企业塑造良好的形象，增强汽车保险的投保人和被保险人对保险企业的信心。

（2）社会监督　社会监督可以促进保险公司车险理赔环节服务质量的提高，进一步解决保险公司车险理赔难的问题。各地保监局还可通过汽车保险理赔结案周期、汽车保险理赔投诉率、汽车保险查勘人员比例等指标，对保险公司的汽车保险理赔服务进行评价。各家运营汽车保险的保险公司还可以建立车险理赔信息客户查询制度，让客户自主查询投保车辆的理赔信息。例如，平安产险通过运用先进的信息技术手段，将车辆保险理赔制度、理赔服务程序向社会公示，推出网上理赔自助查询系统，为客户提供便捷的服务，自觉接受社会的监督。这不但提升了企业的理赔服务质量，也消除了消费者的误解。保险企业还可以定期或不定期借助媒体报道车险理赔情况，接受社会监督。

（3）自我监督　经营汽车保险的保险公司可以通过内部管控实现对汽车保险理赔工作的监督，包括定期检查制度、专项检查制度、案件回访制度、客户满意度调查制度等。通过内部对汽车保险理赔业务、相关财务和审计实施定期和不定期的检查和监督，建立保险公司内部的监督和管理机制。保险公司对汽车保险理赔业务的具体监督内容包括：检查汽车保险理赔档案是否齐全，检查定案估损是否准确、责任确定是否符合法律和条款规定、赔款计算是否正确合规、审批手续是否齐全、拒赔案件的拒赔理由是否合理充分，检查理赔工程中是否存在以赔谋私等。

3. 汽车保险理赔的管理

经营汽车保险的保险企业必须高度重视汽车保险理赔业务的管理工作，强化基础管理，提升理赔服务质量。2012年，由原中国保监会依据《保险法》及相关法律法规印发的《机动车辆保险理赔管理指引》，明确了汽车保险理赔管理工作的目标和要求。为了提高汽车保险理赔管理和服务标准的统一性和规范性，确保机动车保险理赔信息的一致性和可比性，2015年，原中国保监会根据《保险法》《机动车辆保险理赔管理指引》等法律法规，制定了《机动车保险理赔基础指标》，旨在对汽车保险理赔工作进行引导和完善。

《机动车辆保险理赔管理指引》第九条规定："保险公司应建立健全车险理赔组织管理制度。明确理赔管理架构、管理机制、工作流程及各环节操作规范，明确各类理赔机构和人员的工作职责及权限、考核指标、标准及办法。明确理赔关键环节管理机制、关键岗位人员管理方式。明确理赔岗位各相关人员资格条件，建立理赔人员培训考试及考核评级制度，制定与业务规模、理赔管理和客户服务需要相适应的理赔资源配置办法等。"

5.3 车险快捷理赔方式的创新

保险公司赖以生存的基础是客户资源，因此，提高客户满意度、为客户提供方便快捷的理赔服务，是保险公司提升竞争力、维持现有客户规模、增加新客户的主要手段。随着新经济时代的到来，车险理赔方式也不断创新，以客户需求为导向、以网络技术作为核心竞争手段的车险快捷理赔方式呈现多样化发展。

1. 平安电话直赔

2015年，平安在整个车险领域首次推出电话直赔服务。电话直赔操作步骤非常简单，大致包括电话报案、上传照片以及接收赔款。客户在被保险汽车出险后首先拨打电话95511报案，并跟接受报案的内勤人员确认使用电话直赔服务；其次，客户按照平安推送的相关指引，通过短信连接、官方微信或平安"好车主"APP等通道上传车损照片；客户上传的照片被确认符合要求后，即刻收到全额赔款。电话直赔的条件为：凡是上班时间内，平安私家车主客户发生单方事故，而且无人员伤亡，赔款在一千元以下的情况，客户即可享受电话直赔的极简体验。平安电话直赔的平均时效为0.39天，最快完成理赔的案件时效仅为几分钟，有效地提升了客户的理赔体验。

2. 平安闪电快赔

平安产险公司推出的闪电快赔服务，突破了全行业要求车主报案并完成修车后才能拿到赔付款项的流程，符合一定条件的平安车主，在报案并确认维修方案后，即可使用快速理赔通道，快速拿到赔付款。这种"先赔付、再修车"服务的优势就是车主无须自己垫付修车费，而且车主可以在修车前把所有与汽车保险理赔相关的事情办妥。满足闪电快赔的条件如下：

1）纯车损事故。

2）损失在一万元以下。

3）被保险人的单方事故。

4）被保险人同意进入平安快赔合作厂维修。

5）出险的事故责任明确，理赔所需相关单证、影像文件有效齐全。

6）被保险人同意修车发票及理赔单证由平安快赔合作企业收集。

此外，平安在整个车险行业首个推出"报案到赔款，3天到账"的理赔时效承诺，让符合一定条件的平安家用车主报案后即可快速理赔，3个工作日内即可拿到赔付款项，而且结案后赔付款即时到账，不受任何节假日影响。如果平安理赔时超出承诺期限，将按3倍银行活期日利率支付车主罚息。

3. 高峰快闪

高峰快闪是指针对全国主要城市高峰时段、拥堵区域发生的现场小额案件，指引客户快速撤离现场，减少客户的等待时间，从而提升客户的体验。在城市高架、环路、商业中心等拥堵路段或区域，在各城市上下班高峰时段，满足高峰快闪的条件为：①单方纯车损小额事故；②双方纯车损小额事故。符合高峰快闪条件的全体车险客户，当单方纯车损小额事故符合高峰快闪的服务条件时，当事人在确保安全的情况下，优先用手机对现场拍照取证（可选择），迅速撤离事故现场，撤到不拥堵的地方再进行电话直赔或将车开到4S店由修理厂定损处理，不符合条件的按正常理赔流程处理。

4. 平安产险公司的"信任赔"

平安车险利用新技术和新理念一次次将车险理赔服务推到新的高度。2018年12月27日，平安信任赔服务在广东地区试点上线首日，12点49分，在广州市番禺区市桥街道，车主吴先生在路上倒车时不小心撞到石柱，造成爱车后保险杠及后保险杠装饰条受损，他通过好车主APP完成信任赔首单1000元赔付，仅用时1分55秒。平安信任赔颠覆了传统车险理赔模式，真正实践了将处理理赔、管理理赔的主动权交给车主。

2019年1月25日，平安产险公司在全国范围内正式上线车险信任赔服务（费改地区仅上线信任承诺），通过人工智能和大数据计算，综合测评车主驾驶习惯、交通违章和车辆维修记录等多个维度，实现一人一车一额度，满足条件的车主可在额度内自主理赔。具体的操作步骤为：车主进入好车主APP，点办理赔，然后点信任理赔项，在申请索赔页面录入不高于本人信任额度的维修金额，确认事故信息，拍摄并上传事故损失照片，上传身份证、驾驶证、行驶证照片，即可获取赔付。

客户可以通过平安好车主APP及平安车险小程序查看自己的信任额度，而且信任额度会呈现动态变化。客户使用信任理赔服务后，信任额度将被相应扣减；如果客户实施保险欺诈等违法行为，将被取消信任额度，依法追偿后被记录在个人车险理赔信用体系中。平安信任赔的服务特点如下。

（1）客户授信额度智能授予　平安保险的客户可以根据新车购置价、安全驾驶的时间、连续续保的周期、品牌维修价、保单的均保费、NCD系数（指无赔款优待系数，保险公司是根据车险信息平台反馈的被保险车辆三年出险记录来确定NCD系数的浮动范围）等，通过相关数学模型计算获取的信任额度，客户信任额度将采取"一人一车一额度"的模式。非平安的客户同样可以领取额度，转保成为平安客户即可使用。

（2）额度自主增长　客户信任额度可随不出现车险事故月度的增加而增长，也可以通过传播安全驾驶行为获取额度。例如，客户通过在微信朋友圈晒额度，每天前三次分享可随机领取额度红包。还可以通过好友助力途径，客户好友扫描二维码，可以为分享者助力信任额度，每人每月可为好友助力一次。同时，公益额度红包也是额度增长的途径之一，在微信小程序"益行关爱"中，通过捐赠获得《文明安全好车主》证书，可以领取公益额度红包。

车险理赔信任额度还可以与客户安全驾驶行为进行绑定，如果客户安全驾驶，在不出险的情况下，可获得更高的信任额度。

（3）客户自主理赔　对于单方小额事故，客户都可以在平安好车主APP或"微信平安车险理赔助手"小程序通过信任赔服务入口，只需要报案上传照片、确认接收赔款两步实现自主理赔。

（4）信任赔"四大服务承诺"　平安信任赔的承诺如下：

1）理赔查勘人员到达现场限时服务承诺。即对于需要现场服务的案件，查勘人员限时到达现场。

2）足额质保维修服务承诺。客户在平安合作维修企业维修车辆时，在保险责任金额内保证足额维修，提供事故车维修质保。

3）赔款到账限时服务承诺。客户按要求将理赔资料提交齐全，理赔人员承诺赔款到账时间。

4）对于理赔全过程提供专属线上陪伴服务承诺。理赔人员向客户推送微信名片，全程线上陪伴。信任赔和传统理赔的流程区别如图 5-20 所示。

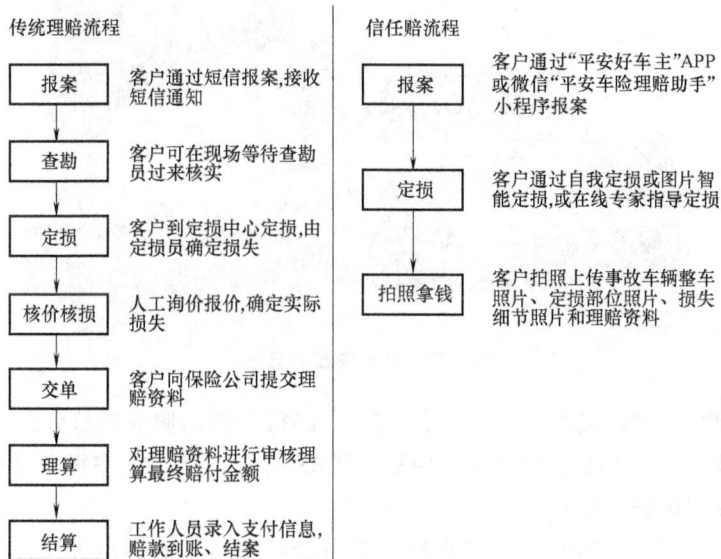

图 5-20 信任赔和传统理赔的流程区别

传统的汽车保险理赔流程大致包括：报案、查勘、定损、核价核损、交单、理算、结算等，平安信任赔的理赔方式相对便捷，免去了中间复杂的环节。

信任赔可以促使驾驶人员遵守交通规则，防范交通事故的发生，推动国家信用体系建设，引领国内车险行业构建安全驾驶诚信体系，并且打破了客户和保险公司之间的信任障碍，提供了便捷赔付通道，提升了客户的服务体验，减少了理赔查勘人员的工作负担，变传统价格战为服务战。

5. 太平洋产险公司的 3G 快赔

太平洋产险公司的 3G 快赔模式，采取省级集中管理，片域责任制，运用 3G 移动视频查勘新技术，无线网络跨区域采集影像资料，一方面实现了前台查勘定损、后台录入核损，另一方面简化了查勘定损的流程，同时自主研发上线理赔智能化理算核赔系统，对小额案件实施自动核价核算核赔，集中优势技术力量用于高损失、高风险案件的审核，提高了案件流转速度。对于相对复杂的人伤案件，由人伤客服经理人全程协助客户处理案件，做到"全地域、全时段、全流程"的专业化、专家式现场指导服务。该举措实施以来，公司理赔时效性明显提升，得到了客户的普遍好评。3G 快赔示意图如图 5-21 所示。

6. 中国人寿财险公司的"3G 一路行"

中国人寿财险公司安徽省分公司推出"3G 一路行"理赔操作系统，实施"一站式"快捷服务。中国人寿财险公司首先为安徽全省查勘车辆统一安装 GPS 设备，实现理赔就近调度，保证第一现场查勘率。前端查勘人员通过便携式计算机与后台在线同步视频，现场上传查勘影像资料，后台同步定损、核损，实现"查、定、核"同步服务，理赔过程采取用空间换时间，有效缩短各环节处理时间。对 3 万元以下非人伤案件，公司开通绿色通道，简化理赔流程，对在现场确实无法全部收齐必需索赔材料的，由查勘员向客户发放"快赔信使"信封，注明需补充提供的索赔材料，客户准备齐材料后，一个电话快递人员即免费上门收单，

图 5-21 3G 快赔示意图

实现了"足不出户",理赔轻松到位。实施"3G 一路行"理赔服务项目后,公司车险理赔案件处理效率有效提升,车险赔案件数结案率提高到 83.4%,金额结案率提高到 67.06%。

7. 阳光产险"闪赔"服务

顾名思义,"闪"即"快",阳光产险安徽分公司承诺车商渠道客户:10000 元以下非人伤案件报案 24 小时内免单证赔付,超时百倍罚息。车商以外渠道客户,5000 元以下非人伤案件报案 24 小时内免单证赔付,超时百倍罚息;损失金额 1000 元以下的人伤案件,经协商在报案 72 小时内完成赔付。与此同时,公司还提供"救援服务",包括为车辆提供现场快修、更换备胎、应急拖车、紧急泵电、应急送油、应急加水、困境救援(VIP 客户专享)等。"闪赔"服务实施以来,极大地提高了公司理赔速度,24 小时结案率达到 70.40%,"闪赔"案件平均处理周期仅为 0.58 天。

8. 阳光产险公司的"一键赔"

阳光产险公司的以"始终关注客户体验、充分运用科技,再造理赔流程"为三大支撑。近年来,伴随着大数据、云计算、人工智能等领域的高速发展,诸多行业进入产业转型升级期,科技亦成为保险行业新风口。

在科技的推动下,阳光车险的理赔场景是这样的:如果一位客户发生了保险责任范围内的事故,他只需要停车在路边,拿起手机,在微信中找到"阳光一键赔"小程序,按照指引连线阳光的理赔人员,远程视频进行查勘和定损。

如果事故只涉及车损,不涉及人伤,损失在 5000 元以下,而且不需要拆解车辆就能确定损失,那么通过视频和保险公司协商一致定损金额后,就能获得赔付,整个过程最快可以短到十几分钟。如果是需要拆解才能确定的损失,客户可以先与理赔人员沟通,再开车到 4S 店或者修理厂,然后启动小程序"阳光一键赔"。阳光的理赔人员会通过视频远程确定损失项目,与客户视频协商损失金额,无需客户提供理赔资料,就能马上打款赔付,整个过程非常快速和方便,让客户享受趋于极致的理赔体验。

阳光车险借助"互联网+"推出的"阳光一键赔"服务,大大改变了传统车险的理赔服务方式。传统的车险理赔模式基于风险审核,出险后,客户需要在现场等待,而理赔人员到达现场的时间会受很多客观因素制约,待理赔人员到达现场查勘,后续还有定损、核损、核价、收单、核赔、结案支付等环节,单个案件平均产生 5.18 个人工作业流程。在后续的理赔过程中，查勘等工作需多头推进，平均需要与客户反复沟通 8 次左右，导致理赔流程耗时费力、环节连贯性差、客户等待时间长、客户体验较差，车险理赔服务亦由此成为车险行业的痛点。

"阳光一键赔"的出现，有效解决了以上痛点，利用远程视频连线技术对事故车损失情况进行查勘定损，自动化案件核赔，AI 图像定损，节省了客户等待查勘和核赔通过时间，进一步提高了理赔效率。在某些偏远地区或是遇到交通不畅的情形，"阳光一键赔"服务通过视频连线在第一时间与客户进行联系，更是极大地体现了科技赋能的优越性，即时为客户排忧解难。

"AI 图像定损"的原理是，"阳光一键赔"通过视频连线获取到车辆的损失照片后，后端图像定损引擎根据照片中受损车辆情况，自动识别损失部位、损失类型、损失程度、是否需要修换件等，之后将识别结果实时反馈价格数据库，并即刻将定损金额返回用户。图像定损引擎还会根据采集数据的反馈结果不断细化、迭代算法，让识别更迅速、结果更精准。

数据表明，"阳光一键赔"已经得到越来越多的客户和理赔人员的青睐，该项目自实施以来，累计服务客户超过 100 万人次，服务范围基本实现全国覆盖。符合"阳光一键赔"的案件，92.2%的案件能在报案后 10 分钟内连线查勘，"阳光一键赔"案件的平均结案周期已缩短至 1.59 天。

巩固与思考

1. 什么是汽车保险的承保？汽车保险承保的业务流程包括哪些？
2. 简述汽车投保时应该重点检查哪些车辆。对重点车辆应做哪些重点检查？
3. 什么是汽车核保？核保的程序有哪些？
4. 汽车保险单证有哪些类型？保险单证应该怎样进行管理？
5. 分析汽车商业保险退保的原因。退保的条件和程序是什么？
6. 什么是续保？如何办理续保手续？
7. 什么是批改？办理批改手续的条件有哪些？批改作业的主要内容有哪些？

第6章

交通事故中的损伤评定

学习目标：

　　熟悉事故车辆评定损伤的方法；掌握事故车辆评定损伤的原则；掌握机动车车身结构零部件修与换的标准；掌握发动机、底盘、电气系统、转向系统、传动系统等零部件的损伤鉴定；掌握汽车水淹后的损失要点、复核要点以及处理原则；掌握如何施救水淹汽车；掌握汽车遭受火灾后的定损方法以及如何预防汽车火灾的发生；掌握人员伤亡赔款费用核定的目的与宗旨，赔偿范围；掌握人员伤亡理赔的规定及处理流程；掌握常见人员伤亡虚假案件的特点；掌握财产损失评估的原则与方法；掌握施救费用确定的原则和注意事项；掌握汽车残值的处理办法。

6.1　概述

　　《中华人民共和国道路交通安全法》中对道路交通事故的定义为：车辆在道路上因过错、意外造成的人身伤亡或者财产损失的事件。当车辆、道路、过错或意外、造成的人身伤亡或财产损失这四个条件共同存在时，车辆才可得到保险赔偿。

　　当交通事故发生后、保险车辆遭受损失时，保险人应对损失的保险车辆及其附属财产进行损伤评定，包括车辆损伤评定、非车辆损伤评定、事故施救费用和人身伤亡评定，以及残值处理等。

6.2　交通事故中的车辆损伤评定

6.2.1　事故车辆损伤评定概述

　　交通事故发生后，遭受损失的保险车辆由保险公司准确核定损失，因此对保险公司的定损人员要求极高。对于事故理赔，保险公司应做到公平、公正，即保险公司的工作人员应在报案后第一时间赶赴现场进行查勘理赔，做好本职工作，对在交通事故中车辆遭受的损失，做出合理、公正的鉴定，对需更换的配件做出正确报价，及时按照质量要求把事故车辆维修好。

近些年，为了减少汽车零配件乱报价现象，越来越多的保险公司在内部建立了有效便捷的报价系统。同时，为了降低赔付率、提高结案率，要求查勘定损人员对事故车辆所造成的损失做出准确无误的鉴定。

6.2.2　事故车辆定损的原则与方法

1. 事故车辆定损的原则

遭受损失的车辆经现场查勘，已明确属于保险事故而需要修理时，保险公司应对出险车辆的修复费用进行准确、合理的估价。在对车辆进行修理时，尤其是零配件的更换，要考虑两个方面：一方面要体现保险公司的经济效益，另一方面则要为被保险人（和无责任方）考虑，将车辆修复至基本恢复到事故发生前的状态。

机动车定损时，定损人员要做到公平公正查勘，不得偏袒任意一方。在车辆修理过程中，应根据修复工艺的难易程度，参照当地交通运输管理部门规定的修理工时及单价，掌握各类型零配件的修理费用，合理、准确地定损核价。保险公司在定损估价中，还应注意对零配件能修不换，即能修理的零配件要尽量修理，确保零配件恢复到案发前的状态，不要随意更换零配件。

保险公司定损人员需根据车辆的损伤情况，确定保险赔付范围和赔付方式，选择修理或更换某部分零部件，或者更换汽车结构总成。车辆的外覆盖件的修复方法，是根据汽车的损伤程度和损伤面积来确定的。对于不同部位的零部件或具有不同功能的零部件，例如功能件，判断零件的修理或更换存在一定的难度，需要定损人员掌握足够的汽车结构、理论、性能等方面的专业知识，准确判断事故原因及损伤形成的原因。定损人员应正确区分车辆本身故障造成的损失与车辆正常使用过程中由自然磨损、老化、锈蚀等造成的损失，掌握使用、维护不当造成的损失和损伤后没有及时进行维护修理致使损伤扩大造成的损失以及撞击直接造成的损失等的特点。

2. 定损方法

被保险人与保险人在定损范围与维修价格上经常会存在分歧，被保险人希望能得到高的赔付金额，而保险人则希望能尽可能降低赔付金额。同时，汽车保险业经常有骗保案件发生。因此，定损人员必须掌握正确的定损方法。

（1）确认出险车辆是否属于保险责任范围　根据机动车车辆保险相关条款及现场查勘的情况，保险人需验明出险车辆号牌、发动机号、车架号与车辆行驶证及有关证件是否一致，同时还需验明驾驶人身份、驾驶证载明的准驾车型是否与所驾车型相符。

（2）确定事故车辆修理范围　事故车辆的修理范围仅限于本次事故造成的损失，因此需要对修理范围进行界定。

1）要区分事故损失与机械损失。在车辆保险中，保险公司只承担保险条款载明的保险责任导致的事故损失的经济赔偿。凡是由故机械故障、轮胎爆裂、制动失灵以及零部件的锈蚀、朽旧、老化、变形、断裂等所造成的损失和故意造成的损失，保险公司不予赔偿。

2）确定事故车辆的损伤程度。查勘理赔人员在到达事故现场时，要询问当事人的车辆是否受到损伤，若有损伤，要查勘损伤的具体部位，查勘人员需拍摄照片，尤其要注意照片上损伤部位的清晰程度，照片要客观、真实地表现出事故的结果和车辆的损伤部位，查勘人员还应对损伤零部件逐一进行检查。对车身及覆盖件查验时，要注意检查损伤面积、塑性变形量、凹陷程度、撕裂伤痕的大小，必要时应该测量、检查车身及车架的变形量，以此确定零件是否需要修理或更换。

3）区分新旧碰撞损失。属于本次事故碰撞的部位，一般会有脱落的漆皮痕迹和新的金属刮痕；非本次事故的碰撞处往往会有油漆和锈迹（在部分小事故定损、估价、赔偿后，有些车主没有进行修复，并且会将上次事故发生的损失与本次事故合并报案，此时应避免重复估价）。

4）拆检不能直接检查到内部损伤的零件。车辆发生大强度的正面碰撞后，会导致车身及外覆盖件被撞坏，有些内部的零件也会因此受到损坏，如空调装置等，要想具体确定受损部位及程度，就需要进行解体分析。

（3）车上货损的处理　保险条款中规定："由于诈骗、盗窃、丢失、走失、哄抢造成的货物损失，保险人概不负责"。这一规定表明，车辆发生碰撞、倾覆等造成车上货物损失时，查勘定损人员只需对损坏的货物进行数量清点，并分类确定其受损程度。

（4）处理好施救过程中对车辆造成的损坏　机动车辆保险条款规定："发生保险事故时，被保险人或其允许的驾驶人应当及时采取合理的、必要的施救和保护措施，并在保险事故发生后 48 小时内通知保险人。"在处理此类案件时，保险人员会看重整个过程中采取的保护、施救措施是否合理。在对车辆的施救过程中，经常会有出险车辆再次受损的情况发生，例如使用吊车吊装时，钢绳对车身的漆皮造成损伤，如果施救过程是合理的，保险公司可承担相应赔偿责任，否则保险公司有权拒赔。

6.2.3　汽车碰撞损失评估

在车辆保险事故发生过程中，最普遍的一种情况是碰撞，在小区门口、学校门口、交通路口等地方的碰撞危险系数尤其高。图 6-1、图 6-2 所示分别是在小区门口、交通路口的碰撞事故现场。查勘定损人员一定要掌握碰撞造成损失的规律，进一步还要掌握事故车辆的维修方法以及汽车零部件的修理及更换标准等。

图 6-1　小区门口的碰撞事故现场

图 6-2　交通路口的碰撞事故现场

要准确评估一辆事故车辆，需要对出险车辆的碰撞受损情况做出准确判断，即确切评估汽车损伤的严重程度、波及范围和受损部件，评估之后方能确定维修工艺，制定维修方案。对碰撞做出准确诊断是衡量评估人员工作能力的重要标志。

通常，保险定损人员对碰撞部位直接造成的零部件损伤都能做出诊断，但是对与其相关的零部件影响以及由此波及的附近损伤部位常常忽略。因此，较大的碰撞损伤，不能通过目测鉴定，还应借助专业的测量仪器和设备来鉴定。

1. 汽车车身损伤鉴定的一般事项

进行车身损伤鉴定的注意事项如下：

1）在查勘碰撞受损的汽车之前，先要查看汽车上是否有破碎玻璃棱边，以及是否有锋利的刀状和锯齿状金属边角，安全起见，最好对危险部位做安全警示或进行处理。

2）如果闻到汽油泄漏的气味，切勿使用明火和开关电气设备。

3）如果机油或者齿轮油泄漏，应当心滑倒。

4）在检验电气设备状态时，注意不要造成新的设备和零部件损伤。例如，在车门变形的情况下，检查电动车窗升降功能时，切勿盲目升降车窗玻璃，以免造成车窗玻璃的损坏。

5）应在光线良好的场所进行碰撞诊断，如果损伤涉及底盘或需在车身下进行细致检查时，务必使用汽车升降机。

2. 车身碰撞损伤评定

汽车车身结构有三种基本类型，即承载式车身、半承载式车身和非承载式车身。非承载式车身在经历碰撞后，可能会造成车架损伤，也可能造成车身损伤，或者这两者均受到损伤。车架车身都损伤时，可以通过更换车架实现车轮定位及主要总成定位。但是，当承载式车身发生碰撞后，一般会造成车身结构件的损伤。碰撞对不同车身结构的汽车影响不同，所采用的修理工艺和方法也不同。图 6-3 所示是由两车相撞引起的车身变形。

图 6-3　由两车相撞引起的车身变形

（1）碰撞对非承载式或半承载式车身结构的影响　非承载式车身由车架及周围的可分解部件组成，车身通过橡胶件固定在车架上，橡胶件能减缓从车架传至车身的振动效应。但需要注意，车架遇有强烈振动时，橡胶垫上的螺栓可能会折曲，并导致车架与车身间出现缝隙。

车架变形一般有左右弯曲、上下弯曲、皱折与断裂损伤、平行四边形变形和扭曲变形等。车架发生变形，会使车身四周的离地间隙发生改变。汽车的离地间隙与汽车通过性有关，当离地间隙过小时，可能会导致汽车被地面托住，无法通过。当悬架弹簧的弹力不一样大或者车架扭转力超过悬架在空载状态下的弹力时，可使离地间隙发生改变。因此，对车架损伤进行鉴定时需加以鉴别，一定要排除悬架弹簧弹力不均的问题。

（2）碰撞对承载式车身结构的影响　承载式车身的壳体是由薄钢板连接而成的，车辆发生碰撞时引起的振动大部分可以被车身壳体吸收。通常把由振动波造成的影响称为"二次损伤"，这种损伤会影响车身内部的零部件以及造成相反一侧的车身变形损伤。采用承载式车身结构的汽车在前部和后部均设置有一个碰撞应力吸收区域，主要目的是控制二次损伤变形以及为乘员提供一个更安全的空间。车辆受到碰撞时，车身的前部和后部形成的吸收能量的结构，能够最大限度地吸收碰撞产生的能量，增加乘员的乘坐安全性。例如，当汽车以近 50km/h 的车速撞击坚固障碍物时，发动机舱的长度会被压缩至原有长度的 60%～70%，但此时乘员室的长度仅仅被压缩 1%～2%。

3. 车身变形的修复工艺

事故车辆车身变形后的修复工作是出险车辆理赔程序的一项重要内容，只有合理的损失修复，才能使受损车辆恢复到事故发生前的技术状态。

（1）车身修复的意义　车身修复对恢复汽车整车性能，保证汽车正常行驶状态具有重要意义。

1）车身变形的矫正。汽车在行驶过程中，常会出现刮蹭、碰撞等交通事故，会使车身产生变形，对车身的凹陷、弯曲、扭曲、缺失等采取整形矫正措施，保证各构件的组装准确性和可靠性，可以为后续的修复工艺奠定好基础。

2）改善车身局部的强度和刚度。车身修复中采用撑拉和焊接等维修工艺会使车身覆盖件和重要结构件的强度和刚度随之下降。在车身修复中，有针对性地、合理地采取校正、补强等处理措施，可缓解甚至消除车身强度和刚度下降的情况。

3）增强车身抗侵蚀性。车身中的金属元件在与外界环境接触的过程中，会受到水分、空气、有机溶剂等化学侵蚀而导致其使用性能降低，此时应该做好涂膜、美容等工作，提高车身的抗侵蚀性。

（2）车身修复的主要内容　车身修复的内容主要有钣金修复和涂装修复两大类。

1）钣金修复的主要内容。车身钣金修复的主要内容包括鉴定、拆卸、修整与装配等。

① 鉴定。鉴定是维修人员利用尺子、样板或模具等检查车身损伤部位，以确定损伤的性质和具体的修复办法。一般地，为了更好地鉴定完整的损伤情况，这项工作会结合拆卸进行。

② 拆卸。拆卸时应注意尽量避免零件的损伤和毁坏，可用钻孔、锯、錾、气割、扳手等方式拆卸零部件。

③ 修整。车身在碰撞后会有不同形式与程度的损伤，应当采取不同的方法，如气体保护焊、电阻点焊、铝合金钎焊、等离子弧切割、锤敲、撑拉、挖补等。

④ 装配。在修理过车身后，应当按照原车的标准，将修整的车身和局部零部件、已修复或更换的零件重新装配。

2）涂装修复的主要内容。汽车涂漆按性质可分为制造涂漆和修补涂漆两大类。其中，制造涂漆按汽车零部件不同可分为车壳涂漆、车身骨架涂漆、底盘部件涂漆、发动机部件涂漆、电气设备涂漆、车厢涂漆等，修补涂漆可分为局部修补涂漆、零部件修补涂漆和重新涂漆等。

4. 零件的换件原则

零部件更换主要依据以下三个原则：成本控制原则、鼓励修复原则以及近因原则。

（1）成本控制原则　成本控制原则是指损坏的配件尚可修复，未达到更换标准，或者只有当修复过程中支付的费用超过该配件的更换金额的60%时，原则上才予以更换。

（2）鼓励修复原则　鼓励修复原则是指对于达到"换件标准的配件"，如果当地有相应修复水平的技术，鼓励通过外修等方式予以修复。

（3）近因原则　近因原则是指由配件上的老旧痕迹直接导致配件更换的，只给以修复金额，若是间接原因，则可通过协商处理，折扣赔付。

5. 车身结构零件的修与换

在汽车损失评估中，对受损零件修与换标准的把握是评估人员必须掌握的技能，也是衡量评估人员水平的一项重要标志。

（1）承载式车身结构钣金件的修与换 承载式车身受到碰撞损伤时，车身结构钣金件的修与换是定损人员通常面临的问题。美国汽车撞伤修理业协会给出受损零件修与换的一个原则，即"弯曲变形就修，折曲变形就换"。一般而言，弯曲的特点是：零件损伤部位和非受损部位连接过渡光滑，接近于弹性变形，即通过拉拔矫正可使受损部位恢复原样。折曲的特点是：折曲变形较强烈，曲率半径小于3mm，即在极短的长度上弯曲可达到90°以上。

除了将"弯曲"和"折曲"作为判断承载式车身修与换的依据，定损人员还需注意以下几点：①车身折曲后在矫正的过程中钢板发生的变化。②经过矫正后，在棱和孔处仍然存在裂纹的轴类、梁类等零件，应当给予更换。③决定采用更换结构板件时，应完全遵照制造厂的建议。需要切割或分割板件时，必须严格遵守厂方的工艺要求。④高强度钢在任何条件下，都不能用加热法来矫正。

（2）车身覆盖钣金件 承载式车身的覆盖钣件一般包括可拆卸的车门、行李舱盖、发动机罩、前翼子板和不可拆卸的车顶、后翼子板等。

（3）新TOP100零件中车身部分的换件标准 新TOP100零件标准是根据国内某保险公司新制定的换件标准确定的（本章中零件的换件标准均是采用此标准）。车身部分主要包括保险杠组、中网组、发动机罩组、翼子板、前内部构件、前后门及其机构、行李舱及尾门、车身构件、灯配件组等。

1）保险杠组零部件的换件标准。保险杠组包括保险杠皮、保险杠电眼、保险杠骨架等，保险杠皮的材质有塑料、玻璃钢和铁，无论是哪一种材质的损坏，均按照以下四个标准换件：①螺钉卡扣等衔接部位缺损、遗失两个以上。②破损缺口最小直径大于10cm。③单处开裂裂痕大于15cm。④非漆面材质（麻面）划伤/破损，更换标准同种普通材质。

保险杠电眼分为可视和感应式两种，可视电眼的损坏类型又分为刮伤、断线、破裂三种。刮伤会影响可视效果，可进行更换；断线的换件标准是断线位置在电眼根部2cm以内；电眼本体破裂即可更换。感应式电眼会出现断线、破裂等损坏，断线的位置在电眼根部的2cm以内时可对电眼进行更换，破裂则体现在电眼本体破裂，与可视电眼一样，本体破裂即可更换。

保险杠骨架有铁、玻璃钢和铝合金三种材质，除了玻璃钢只有破裂、缺失两种损坏情况外，铁和铝合金都多了变形这一损坏类型。保险杠骨架的换件标准参见表6-1。

表6-1 保险杠骨架的换件标准

零部件名称	材质/属性	损坏类型	换件标准
保险杠骨架	玻璃钢	破裂	破裂口长度大于或等于5cm
		缺失	可以更换（如果玻璃钢的缺失面积较小,建议选择补偿性修复）
	铁	变形	变形面积达到总面积的20%
			折曲度达到30°
		破裂	可以更换
		缺失	可以更换
	铝合金	变形	折曲度达到15°
		破裂	可以更换（若铝合金的裂口较小或简单维修,不影响安装使用,则建议继续使用）
		缺失	可以更换

2）中网组零部件的换件标准。中网的材质有塑料和镀铝两种，主要有刮伤、破裂、缺失三种损伤形式。中网的换件标准参见表6-2。

表6-2　中网的换件标准

配件名称	包含项目	材质/属性	损坏类型	换件标准
中网组	中网	塑料	刮伤	麻面硬塑料划伤且无法烤漆(不影响使用,协商修复)
			破裂	可以更换
			缺失	可以更换
		镀铝	破裂	可以更换
			缺失	
			刮伤	可以更换(不影响使用,协商补偿性修复)

3）发动机罩组零部件及翼子板内衬的换件标准。发动机罩的主要配件有发动机罩内衬、发动机罩铰链等，其材质分别是布及海绵组合、铁，有变形和破裂两种损伤形式。翼子板内衬有塑料和化纤两种材质，会出现破裂、缺失两种损坏类型。发动机罩组部分零部件和翼子板的换件标准参见表6-3。

表6-3　发动机罩组部分零部件和翼子板的换件标准

配件名称	包含项目	材质/属性	损坏类型	换件标准
发动机罩组	发动机罩内衬	布及海绵组合	变形	皱褶面积达到发动机罩内衬面积的30%(原则上不破损不更换)
			破裂	因撞击造成内衬上下脱开,可以更换(破裂轻微不影响安装,建议协商修复处理)
	发动机罩铰链	铁	变形	最大变形处达到1cm,肉眼可辨(破裂轻微不影响安装,建议协商修复处理)
			破裂	可以更换(断裂)
翼子板	翼子板内衬	塑料	破裂	断脚达到2个
			缺失	可以更换(如缺失不影响使用,建议协商修复)
		化纤	破裂	断脚达到2个或内衬面破裂
			缺失	可以更换(如缺失不影响使用,建议协商修复)

4）前内部构件部分零部件的换件标准。前内部构件的损伤主要体现在散热器框架和前纵梁，可能出现破裂、缺失、变形等损伤类型，具体换件标准参见表6-4。

表6-4　前内部构件部分零部件的换件标准

配件名称	包含项目	材质/属性	损伤类型	换件标准
前内部构件	散热器框架	塑料	破裂	可以更换(若轻微开裂,建议修复处理)
			缺失	可以更换
		铁	变形	变形面积达到散热器框架面积的20%
				出现死褶
	前纵梁	铁	变形	变形弯曲达到30°
				褶皱溃缩达到10cm
			破裂	开焊长度达到15cm

（续）

配件名称	包含项目	材质/属性	损伤类型	换件标准
前内部构件	前纵横	铝	变形	变形弯曲达到10°
				出现死褶
			破裂	可以更换

5）前门及其构件部分零部件的换件标准。前门及其构件的损伤主要包括倒车镜的损伤，具体体现在倒车镜外壳、倒车镜镜片、倒车镜转向灯、倒车镜总成底座等，损伤形式主要有刮伤、破裂等，具体换件标准参见表6-5。

表 6-5 前门及其构件部分零部件的换件标准

配件名称	包含项目	材质/属性	损伤类型	换件标准
前门及其构件	倒车镜外壳	塑料	刮伤	麻面刮伤长度达到2cm（若擦刮轻微，建议抛光修复）
			破裂	可以更换
		镀铬	刮伤	可以更换（若擦刮轻微，建议抛光修复）
			破裂	可以更换
	倒车镜镜片	玻璃	破裂	可以更换
	倒车镜转向灯	塑料	刮伤	可以更换（若擦刮轻微建议抛光，如果可以单换转向灯的则无需更换倒车镜总成）
			破裂	可以更换
	倒车镜总成底座	塑料、铝	破裂	可以更换（如果可以单换底座的则无需更换倒车镜总成）

6）前后门及其构件、车身外观的换件标准。前后门及其构件的主要受损部件是前后门饰条，材质有塑料和镀铬两种。塑料材质的前后门饰条会出现刮伤、变形、破裂、缺失等损坏形式。镀铝材质的饰条会出现刮伤和变形两种损坏形式，若饰条出现刮伤，则可更换；若饰条出现变形，变形的表面出现皱褶时才可更换。

塑料材质车身外观的换件标准是：零件产生塑性变形无法安装或者裂痕的长度达到一定值。铝质车身外观的换件标准是：金属件的变形面积占外表总面积的30%及其以上并且深度也超过1cm；金属件出现破裂、缺失。铁质车身外观的换件标准是：配件非边缘部位的变形折角外角大于90°；配件非边缘部位的纯变形面积超过单件外表面总面积的一半。其中，对于特殊整体扭曲变形，如玻璃框，可以更换；配件破裂裂口或者开焊长度达到一定值可以更换。

其中，铁质车身外观换件标准中的外角是指配件变形后未变形截面的延伸线与变形截面的夹角，如图6-4所示。特殊部位指门、叶子板等配件的腰线，发动机舱盖及行李舱盖的筋线，门框、玻璃框，发动机舱盖、行李舱盖等边缘双层金属部位。

图 6-4 外角示意图

7）车身构件零部件的换件标准。车身构件的损伤主要体现在底大边，当塑料材质的底大边和金属材质的底大边出现的损伤达到一定程度时可换件。

6. 电器照明系统的换件标准

电器照明系统包括照明系统、安全气囊组、暖风和空调组、车身电器等。

（1）照明系统　发生碰撞事故时，不管正面碰撞还是追尾，或者侧面碰撞，都会造成照明装置受损。照明系统部分零部件的换件标准参见表6-6。

表6-6　照明系统部分零部件的换件标准

零部件名称	材质/属性	损坏形式	换件标准
前照灯	塑料	刮伤	灯面划痕深度达到1mm，或者刮伤面积达到灯面的20%
		破裂	断脚且此断脚缺失或者断脚达到2个
			灯外面罩、灯内部壳体、灯后壳体破碎
大灯高压包	—	变形	变形造成配件内部损坏，可以更换
		破裂	断脚可以更换
雾灯	玻璃/塑料	刮伤	刮痕深度达到1mm
		破裂	断脚可以更换，但是断1只脚且未缺失，一般建议修复处理
尾灯	塑料	刮伤	灯面刮花深度达到1mm，或者刮伤面积达到灯面的20%
		破裂	断脚可以更换，但是断1只脚且未缺失，一般建议修复处理
			破裂可以更换

（2）安全气囊组部分零部件的换件标准。当车辆发生碰撞时，安全气囊能够起到缓冲作用，从而降低撞击对车内乘客造成的伤害。因此，一定要保证安全气囊正常运行，一旦发现安全气囊组零部件有损坏，则可参照表6-7的换件标准更换零部件。

表6-7　安全气囊组部分零部件的换件标准

零部件名称	材质/属性	损坏类型	换件标准	注意事项/建议
气囊卷簧	塑料	内部损坏	限位功能损坏	顺逆旋转都在约2.5圈正常范围内，则无需更换
			气囊触发后由于高电流导致气囊卷簧烧融	日系车辆烧蚀相对多，大众车一般不会
气囊计算机	—	变形	可以更换	建议装车试验后确认是否损毁
		破裂	可以更换	—
		内部损坏	可以更换	部分车辆的气囊计算机可以解码处理，例如宝马车、奥迪车（可解码2次）等，奔驰车气囊触发后气囊计算机控制板一般无需更换，也无需解码，只有当报故障码时才需要更换，福特福克斯气囊触发后，气囊计算机可以重复使用5次，但前提条件是没有任何破损并且自测时也没有任何故障码，否则就必须更换掉

（3）暖风和空调组部分零部件的换件标准。空调系统主要由冷凝器、制冷压缩机、蒸发器、鼓风机、储液罐、空调泵与空调管等组成，空调泵、冷凝器、空调管的材质均为铝合金，会有变形和破裂的损坏形式。

1）冷凝器。冷凝器采用铝合金材料，对于中低档车型，冷凝器的损坏程度达到中度就可进行更换，而高档车辆冷凝器的损坏程度在中度以下的可采用氩弧焊修复。冷凝管的换件标准参见表6-8。

表 6-8 冷凝管的换件标准

零部件名称	材质/属性	损坏类型	换件标准	注意事项/建议
冷凝器	铝合金	变形	工作管道凹陷变形到达 3 根	需扩大损失
			弯曲、局部剧烈变形达到 15° 或出现明显褶皱	整体连续变形,需校正,轻微变形,不影响压力,安装,建议继续使用
		破裂	明显可见管路破损,缺失	定损要点:1)干燥瓶破损需核实有无单独更换。2)事故车拆解前可检测空调系统内部是否还有压力。3)仅散热片卷曲,轻微破损,工作通道为磨损的,无须更换

2）制冷压缩机。制冷压缩机在事故中易出现带盘变形、压缩机轴弯曲变形、压缩机壳体破裂、压缩机空压管接头损坏等。

3）蒸发器和鼓风机。车辆碰撞也极易使蒸发器和鼓风机因受到挤压而发生壳体破碎。当壳体破碎的面积较小时,可选择塑焊的方法处理,当壳体破碎的面积较大,有壳体配件的,可进行更换壳体处理,一般不轻易更换总成。

4）储液罐。因碰撞产生变形的储液罐,一般采取更换措施。

5）空调泵与空调管。空调泵的损坏形式分为变形、破裂两种,前者的换件标准是电磁离合器带盘明显变形、泵轴变形或者泵体可见变形;后者的换件标准是泵体外壳、电磁离合器或者控制插头有明显破裂、开裂、缺失的痕迹。

（4）车身电器部分零部件的换件标准 车身电器的损坏主要体现在发电机、蓄电池、车身线束等。车身电器部分零部件的换件标准参见表 6-9。

表 6-9 车身电器部分零部件的换件标准

配件名称	包含项目	材质/属性	损坏形式	换件标准
车身电器	发电机	铝合金	变形	带轮变形无需单换,或者导致轴变形
			破裂	壳体、端头塑料盖开裂(仅电机断一到两个散热口通风口,建议焊接修复;端头塑料盖轻微开裂建议补偿性修复)
	蓄电池	塑料	刮伤	刮痕深度达到 2mm
			变形	变形发白达 10cm^2 或棱角处出现变形
			破裂	可以更换
	车身线束	—	断线	线束完全断开超过 10 根
			缺失	插头破裂或者丢失达到 3 个,且没有插头单独更换(各地区插头电子市场一般有插头单独供应,外修单位也都有办法维修)

1）发电机。发电机一般安装在发动机机体前部的侧面,当车辆发生碰撞时,发电机可能会出现带破损或变形,发电机外壳破裂,电驱轴弯曲,前、后端盖支臂螺孔处断裂等情况。

2）蓄电池。大部分汽车的蓄电池安装在发动机舱盖里、车架纵梁外侧或驾驶人座位下,当蓄电池遭受直接撞击时,会有不同程度的损坏。蓄电池内受损的各部件均可以单独进行修复或予以更换。只有当蓄电池外壳破碎,极板组栅架弯曲、变形,活性物质脱落无法修复时才可更换总成,否则不得轻易更换总成。

3）车身线束　没有线束，就不存在汽车电路。车身线束是将各个电器之间的连线选择最短的途径，并把同一路径的若干导线用绝缘带包扎而成的。车辆发生碰撞时，车身线束极易被损坏。对于线束出现轻微机械损伤、绝缘破损、线路短路、接线松动、导线接头锈蚀或接触不良等，可以进行修复。线束故障修复时须彻底消除故障发生的根源，杜绝故障再次发生。

7. 发动机的定损

车辆发生碰撞、倾翻等交通事故时，车身因直接承受撞击力造成不同程度的损伤，同时由于波及、诱发和惯性作用，可能会导致发动机和底盘各总成存在损伤。在车辆定损查勘过程中，应根据撞击力的传播趋势认真检查发动机和底盘各总成的损失。图 6-5 所示是追尾造成的发动机舱受损事例。

图 6-5　追尾造成的发动机舱受损

发动机一般安装在车辆前部的发动机舱，当车辆发生正面碰撞，严重时可造成发动机及附属零部件损伤。对遭受碰撞的发动机进行损伤鉴定时，应详细检查发动机缸体部位及周围支架、管路等总成和零部件是否有损伤。显而易见的损伤部位可采用就车拆卸、修复或者更换的方法。如果发动机的支撑件等基础零部件损坏时，可将发动机拆卸下来进行维修。如果发现或猜测发动机内部零件有损坏、破裂缸体出现破裂损伤时，则需要对发动机解体检验和维修。

发动机损伤主要体现在油底壳、散热器、散热器电子扇总成、氧传感器、三元催化器、进气歧管、空气滤清器总成等机件上，其具体的换件标准参见表 6-10。

表 6-10　发动机组部分零部件的换件标准

配件名称	材质/属性	损坏类型	换件标准	注意事项/建议
油底壳	铁	变形	凹陷变形深度达到 1cm	
	铝合金		可以更换	
	铁、铝铝合金	破裂	可以更换	
散热器	—	变形	工作管道凹陷变形到达 3 根	1)仅散热片卷曲，轻微破损，工作通道为磨损，无需更换。整体连续变形的需校正，轻微变形不影响安装的，建议继续使用 2)需扩大损失
			弯曲、局部剧烈变形达到 15°或出现明显褶皱	
		破裂	明显管路破损或者塑料水槽破损	
			断脚可以更换	断 1 只脚且未缺失建议修复处理
散热器电子扇总成	塑料	变形	电动机肉眼可见明显变形且影响使用功能	需核实损坏部分有无单件供应，需单换
		破裂	风圈固定脚、风扇支架、风扇叶、电动机断裂	需核实损坏部分有无单件供应，需单换
氧传感器	—	变形	氧传感器本体变形	断线离氧传感器 3cm 以外，可以焊接修复
		破裂	断线可以更换	

（续）

配件名称	材质/属性	损坏类型	换件标准	注意事项/建议
三元催化器	—	变形	接口变形,影响排气管安装	鉴别三元催化器损坏的方法: 1)通过晃动有是否异响来判断内部是否损坏。 2)通过装车来判断接口处是否变形。 3)可以通过倾倒看是否有碎裂物倒出
		内部损坏	内部蜂窝状陶瓷物质受损	
进气歧管	硬塑料	破裂	可以更换	
			断脚可以更换	断1只脚且未缺失建议修复处理
空气滤清器总成	塑料	破裂	可以更换	
			断脚达到2个	

8. 汽车底盘碰撞损伤鉴定

（1）铸造基础件　变速器、主减速器和差速器的壳体常用球墨铸铁或铝合金铸造,车辆发生碰撞时,这些部位的壳体会受到冲击载荷,常常会造成固定支架的断裂,但是由于球墨铸铁或者铝合金都是可以焊接的,因此,断裂的变速器、主减速器和差速器的壳体可以焊接,但变速器、主减速器和差速器的轴承座附近的断裂一般不采用焊接,而是进行更换。

（2）悬架系统零件　车辆发生碰撞事故时,悬架弹簧、减振器、悬架上下支臂、稳定杆等零部件会出现不同程度的变形和损伤。悬架系统部分零部件的换件标准参见表6-11。

表6-11　悬架系统部分零部件的换件标准

配件名称	包含项目	材质/属性	损坏形式	换件标准
悬架系统	万向节	铸铁/铝	变形	可以更换(若无法从外观发现明显变形,则需定位后确定,需注意对于定位异常的不可一次更换全部悬挂件,需逐个排查(主要监测外倾角数据))
			破裂	可以更换(外观无法反映明显变形的,需定位后确定,需注意对于定位异常的不可一次更换全部悬挂件,需逐个排查。悬挂件中一般最容易受损为下支臂,最后才是万向节(主要监测外倾角数据))
	下支臂	铁/铝合金	变形	出现明显爆漆、褶皱变形(外观无法反映明显变形的,需定位后确定,需注意对于定位异常的不可一次更换全部悬挂件,需逐个排查)
			破裂	可以更换(轻微凹陷,表面刮损,不影响定位的建议不更换。)
	减振器	液压减振器	变形	可以更换(判定前减振器变形的方法有:1)肉眼判断变形。2)新旧件外观对比。3)辅助工具测量)
			内部损坏	减振器出现漏油,伸缩无明显压力(需区分漏油是否由于事故造成)
		空气减振器	变形	可以更换(判定前减振器变形的方法有:1)肉眼判断变形。2)新旧件外观对比。3)辅助工具测量)
			破裂	可以更换

（3）转向系统和制动系统的定损　发生一般汽车碰撞事故时,转向系统元件不易遭受损失;当发生较严重的碰撞事故时,波及和传导作用会造成转向传动机构和转向器的损伤。发生碰撞事故时,制动系统零部件也会遭受损失。例如,撞击力的波及和诱发作用,会造成车轮制动器的元器件及制动管路损坏。转向系统和制动系统部分零部件的换件标准参见表6-12。

表 6-12　转向系统和制动系统部分零部件的换件标准

配件名称	包含项目	材质/属性	损坏类型	换件标准	注意事项/建议
转向系统	转向助力泵	—	变形	带轮及泵轴撞击变形	定损要点: 1)可根据EPC确定带轮是否单换。 2)可通过测量带盘与泵体的位置是否有差异来判断泵轴是否变形
			破裂	固定脚断裂、壳体断裂	插头处损坏建议修复,储油壶漏油、损坏需确定储油壶单独更换,不可随意更换总成
	转向横拉杆	铁	变形	直观可见撞击变形	
			破裂	可以更换	
制动系统	ABS泵	—	缺失	可以更换	若塑料外壳缺失较小,可以再制造修复
				ABS泵线束插口缺失影响安装	
			破裂	泵体开裂,塑料外壳开裂导致电路板损失	单纯塑料外壳受损需修复
			变形	电动机外壳变形,导致泵体出现故障	计算机检测

（4）行驶系统零部件的换件标准　行驶系统零部件的换件标准可参见表6-13。

表 6-13　行驶系统零部件的换件标准

配件名称	包含项目	材质/属性	损坏类型	换件标准	注意事项/建议
行驶系统	轮胎	橡胶	刮伤	可以更换	轻微刮伤建议补偿性修复,若更换,则定损时需要扩大损失并加大自付比例
			变形	轮胎表面鼓包	定损时需要扩大损失,并根据轮胎新旧程度协商自付比例
			破裂	可以更换	定损时需根据轮胎新旧程度协商自付比例
			缺失	可以更换	定损时需根据轮胎新旧程度协商自付比例
	钢圈	铁	变形	失圆或者出现凹陷变形	肉眼无法判定的失圆需要提供理论依据
			缺失	可以更换	外修单位能填补维修
		铝合金/拉丝	刮伤	铝合金材质划伤面积达到钢圈面积的50%,拉丝材质划伤面积达到钢圈面积的20%,且表面涂层被破坏	小面积划痕以修复烤漆为主
				刮伤深度达到15cm	外修单位能填补的,打磨维修即可
			变形	失圆或者出现凹陷变形	
			破裂	可以更换	
			缺失	可以更换	
		镀铬	破裂	可以更换	
			缺失	可以更换	
			刮伤	划伤或磨损破坏表面涂层	常见车型:克莱斯勒300C,凯迪拉克SRS等

（5）车桥的定损　车桥部分零部件的主要损伤类型有变形、破裂、刮伤、内部损坏等，其换件标准参照表6-14。

表6-14　车桥部分零部件的换件标准

配件名称	包含项目	材质/属性	损坏类型	换件标准	注意事项/建议
车桥	元宝梁	铁/铝合金	变形	变形后定位尺寸无法满足技术要求的	判定元宝梁变形的方法有：1）将元宝梁反向放置与平整地面，若4个角不在水平面，可以更换。2）对角线测量数据差1cm可以更换。3）出现明显褶皱，影响底盘件的安装定位，可以更换。4）使用专用测量工具测量其是否变形
			破裂	可以更换	破裂不影响相关的定位尺寸，建议协商补偿性修复
	半轴	铁	刮伤	刮擦造成球笼套损坏时，如果球笼不单独提供可以更换半轴	半轴杆刮擦不予更换
			变形	可以更换	可通过参照物（直线）确定变形
			内部损坏	球笼受损无单换，球笼价格比总成高，可更换半轴	球笼损坏类型：1）三叉头键槽损坏。2）滚珠丢失，"花篮"碎裂
	后桥总成	铁/铝合金	变形	出现明显撞击、褶皱痕迹，爆漆且对角线测量数据有误的	变形轻微且在非固定端位置不影响安装使用时建议协商补偿
			破裂	可以更换	

（6）车轮损坏损伤评定及处理　轮胎在遭受撞击后，可能会造成爆胎，需要更换；轮辋在遭受撞击后容易变形损伤，也需要更换；轮罩在遭受碰撞后破损时需要更换。

（7）变速器的损坏　变速器在经历撞击变形后，轻度的损坏一般通过修复完成，中度及其以上的损坏考虑更换。手动变速器内部的零件基本都可独立更换。

6.2.4　水淹汽车损伤评估

1. 水淹汽车的特点

水淹车辆具有数量集中、单车损失金额高、处理时效性强等特点，对保险查勘、定损的技术要求较高。

（1）水淹事故的损坏形式　根据水淹事故的形成方式可分为静态水淹车损事故和动态水淹车损事故。

1）静态水淹车损事故是指处于静止状态的车辆遭受暴雨、洪水等，造成车辆进水。车辆在静态进水时，电器、排气管、发动机等部件可能会受到不同程度的损坏，部分车辆在进水后其电喷发动机还可能因短路导致点火不成功等。停在小区内的汽车因突降的大暴雨造成汽车损失，这样的事故就是静态水淹车损事故，如图6-6所示。

2）动态水淹车损事故是指车辆在涉水行驶过程中，发动机气缸因进水而熄火，或者行驶的车辆意外落水造成水淹而发生损失。车辆在动态进水时，因为吸进气缸的水无法压缩，在强大的冲力下，连杆和曲轴所承受的负荷增加，有可能导致连杆和曲轴弯曲、断裂，甚至造成缸体损坏。图6-7所示为动态水淹车损事故。

图 6-6　静态水淹车损事故

图 6-7　动态水淹车损事故

（2）水淹事故损失的影响因素　影响水淹事故损失大小的重要因素包括水淹的水质、车辆被水浸泡的时间、水淹的高度和汽车配置情况等。

（3）水淹车辆损失的确定要点　水淹车的处理对时效性要求很高，关键要做到"六快"，即快速清洗、快速拆检、快速干燥、快速诊断、快速定损和快速修理。

（4）水淹车辆的损失复核　对于遭受水淹的汽车，定损人员一般采取"快拆快定"的工作方式，在出具正式定损单之前，还需加强定损复核工作。

（5）大面积水淹车的事故处理原则　对因暴雨、洪水、台风等重大自然灾害造成的大面积水淹事故，应建立完善的防灾预警机制，同时做到主动、及时、科学施救，保持报案专线的畅通，特事特办、积极引导、统一标准、合理定损、强化监控、准确统计、认真总结等。

2. 水淹汽车损伤评估

汽车水淹时间的长短是评价汽车水淹程度的一个非常重要的参数。查勘员在现场查勘时，通常会第一时间确定汽车水淹时间，其计量以小时（h）为单位，通常分为6级，见表 6-15。

表 6-15　水淹等级参数

水淹等级	水淹时间 t/h	水淹等级	水淹时间 t/h
1	$t \leq 1$	4	$12 < t \leq 24$
2	$1 < t \leq 4$	5	$24 < t \leq 48$
3	$4 < t \leq 12$	6	$t > 48$

汽车遭受水淹的高度是评定水淹程度的另外一个重要参数。一般是根据汽车上某个重要位置作为参数，汽车水淹高度也可分为6级，对应的损失率见表 6-16。

表 6-16　水淹汽车的损失率

水淹高度（等级）	特点	可能造成的损失	损失率（%）
1	水淹高度在车身底板以下，制动盘和制动毂下沿以上	制动盘和制动毂可能会有损坏，主要损坏形式是锈蚀	通常不计损失或约为 0.1
2	乘员舱进水，水面在座椅坐垫面以下，在车身底板以上	四轮轴承进水；全车悬架下部连接处因进水而锈蚀；配有 ABS 的汽车轮速传感器磁通量传感失准；底板进水后，如果车身底板防腐层和油漆层本身有损伤就会造成锈蚀	0.5～2.5

（续）

水淹高度（等级）	特点	可能造成的损失	损失率（%）
3	乘员舱进水,水面在在仪表台以下,座椅坐垫以上	座椅、部分内饰潮湿和污染;真皮座椅、真皮内饰损伤严重,若水淹时间超过24h,还会造成桃木内饰分层开裂,车门电动机进水,变速器、主减速器及差速器可能进水,部分控制模块、起动机、音响被水淹	1~5
4	乘员舱进水,水面在仪表台面上,不超过仪表台上沿	发动机进水;仪表板中部音响控制设备、CD机、空调控制面板受损;蓄电池放电、进水;大部分座椅及内饰被水淹;音响的扬声器全损;各种继电器、熔丝盒可能进水;所有控制模块被水淹	3~15
5	乘员舱进水,水面漫过仪表台,在顶篷以下	全部电气装置被水淹;发动机严重进水;离合器、变速器、后桥也可能进水;绝大部分内饰被水淹;车架大部分被水淹	10~30
6	汽车被淹没顶部	汽车所有零部件都受到损伤	25~60

图 6-8 所示的水淹汽车受损情况,按照汽车水淹高度的评估均属于 2 级水损程度。

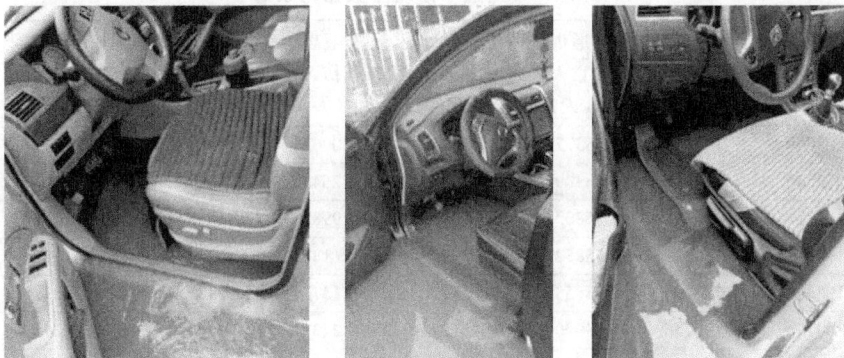

图 6-8　水淹汽车受损图

6.2.5　车辆火灾事故损伤评估

1. 火灾的定义和类型

火灾是指在时间和空间上失去控制的燃烧造成的灾害。根据汽车起火的原因,将汽车遭受损失的火灾分为碰撞起火、自燃、被引燃、爆炸起火、汽车机械故障造成的起火、烘烤造成的起火、雷击起火七种类型。

2. 遭受火灾车辆的定损

对比汽车其他原因造成的损失,遭受火灾的车辆的损失评定难度会大很多。在对受损车辆定损时,首先要对受损车辆的损坏情况进行分析,接着对车辆进行定损。

火灾对车辆造成的损坏,一般分为整体燃烧损坏和部分燃烧损坏。整体燃烧是指机舱内部线路、发动机附件、部分电器线路、仪表台、内装饰件、座椅烧损,车身、车架烧毁变形,车体金属件(钣金件)脱碳(材质内部结构发生变化),表面漆层大面积烧损的现象。部分燃烧是指车辆发生火灾,导致机舱内部线路、发动机附件、部分电器线路、塑料件等部分烧损，可以通过修理恢复其用途和功能。

对部分燃烧的车辆进行定损时，要对明显烧损的零部件进行分类登记；对机械件进行测试、分解检查，尤其是要注意转向、制动、传动部分的密封橡胶件；对金属件（尤其是车架、前桥、后桥、壳体类）应考虑是否因燃烧而退火、变形等。

遭受整体燃烧的车辆，所有能燃烧的零部件基本都会报废，部分金属部件高温变形、熔化，车辆已无修复价值，此时，各保险公司可以根据条款约定与客户协商赔付方案。

6.3 交通事故中的非车辆损伤评定

6.3.1 交通事故中的人员伤亡

据国家数据网站统计，从 2009 年到 2017 年，交通事故中受伤人数和死亡人数总和平均每年达 289982 人次，其中机动车交通事故中受伤人数和死亡人数总和平均每年达 270283 人次，占总人数的 93.21%。具体的交通事故发生数据和机动车交通事故的百分比见表 6-17 和表 6-18。

表 6-17 交通事故发生数据记录表

年份	交通事故发生数（起）	机动车交通事故发生数（起）	交通事故死亡人数（人）	机动车交通事故死亡人数（人）	交通事故受伤人数（人）	机动车交通事故受伤人数（人）	交通事故伤亡人数（人）	机动车交通事故伤亡人数（人）
2017 年	203049	182343	63772	59166	209654	188585	188585	247751
2016 年	212846	192585	63093	58803	226430	205355	289523	264158
2015 年	187781	170130	58022	54279	199880	181528	257902	235807
2014 年	196812	180321	58523	54944	211882	192887	270405	247831
2013 年	198394	183404	58539	55316	213724	198317	272263	253633
2012 年	204196	190756	59997	57277	224327	210554	284324	267831
2011 年	210812	198113	62387	59673	237421	224619	299808	284292
2010 年	219521	207156	65225	62380	254075	241823	319300	304203
2009 年	238351	225096	67759	64781	275125	262254	342884	327035

表 6-18 机动车交通事故的百分比

年份	机动车交通事故发生数占交通事故总发生数的百分比（%）	机动车交通事故死亡人数占交通事故死亡人数的百分比（%）	机动车交通事故受伤人数占交通事故受伤人数的百分比（%）	机动车交通事故伤亡人数占交通事故伤亡人数的百分比（%）
2009 年	94.44	95.61	95.32	95.38
2010 年	94.34	95.64	95.18	95.27
2011 年	93.98	95.65	94.61	94.83
2012 年	93.42	95.47	93.86	94.20
2013 年	92.44	94.49	92.79	93.16
2014 年	91.62	93.89	91.04	91.65
2015 年	90.60	93.55	90.82	91.43
2016 年	90.48	93.20	90.69	91.24
2017 年	89.80	92.78	89.95	90.61

由表 6-18 可见，机动车交通事故伤亡人数占交通事故伤亡人数的比例从 2009 年的 95.38%逐年下降，到 2017 年的百分比为 90.61%，但是仍占据交通事故伤亡人数的 90% 以上。

1. 人员伤亡赔偿费用核定

（1）人员伤亡理赔管理规定的目的和宗旨

1）人员伤亡理赔管理规定的目的是加强保险标的人员伤亡案件医疗核损的专业化管理，提升医疗核定损失工作人员的专业技术水平，指导医疗核损人员的操作，提升客户服务质量，有效控制不合理的人员伤亡赔付费用，提高结案率、降低赔付率、增加续赔率，以达到控制公司经营风险的目的。

2）人员伤亡理赔管理规定的宗旨是实现保险标的事故涉及人员伤亡时处理的标准化、精细化管理，明确医疗、伤残、死亡等各项费用的赔付标准，加强与医院、交警队、司法鉴定机构、卫生行政主管部门、医疗保险部门、法院等的合作，使客户得到及时、有效、合理的救治，控制医疗抢救费用，合理控制人员伤亡案件后续费用等各项赔偿，为客户提供更优质、便捷的服务，真正实现高水平的管控和服务。

（2）人员伤亡费用的赔偿范围 人员伤亡费用赔偿包括医疗费、误工费、护理费、交通费、住院伙食补助费、营养费、残疾赔偿金、残疾辅助器具费、丧葬费、被抚养人生活费、死亡赔偿金、精神损害抚慰金等。

1）医疗费。医疗费是指在保险事故中受伤的人员在治疗期间需要的治疗费用，包括挂号费、手术费、治疗费、住院费、合理的整容费等，保险人赔付医疗费的依据是机构出具的医药费、住院费等收费凭证，同时，还需结合病历和诊断证明等相关证明。

2）误工费。误工费是指在保险事故中受害者在治疗期间耽误工作造成的损失，以及受害者的亲属因参与保险事故处理导致的合理误工损失。保险人赔付的误工费需根据受害者的误工时间和收入情况确定，误工时间是以受害者接受治疗时由医疗机构出具的证明为准。受害人因伤残持续误工的，误工时间可以计算至定残日前一天。受害人有固定收入的，误工费按照实际减少的收入计算。受害人无固定收入的，按照其最近三年的平均收入计算。受害人不能举证证明其最近三年的平均收入状况的，可以参照受害人所在地相同或者相近行业上一年度职工的平均工资计算。

3）护理费。护理费是指在保险事故中遭受严重损伤的人员在抢救治疗期间，必须有陪护人员护理的费用。保险人赔付的护理费是根据护理人员的收入和人数、护理期限确定的。

4）交通费。交通费是指受害者及其必要的陪护人员在治疗期间实际发生的交通费用。保险人赔付交通费时，必须验证受害者提供的正式票据与就医地点、时间、人数、次数等重要信息是否符合。赔付标准应当参照出险地国家机关一般工作人员出差的差旅标准。

5）住院伙食补助费。住院伙食补助费是指保险事故中的受害者在住院治疗期间关于伙食费用方面的补助，住院伙食补助费同样参照出险地国家机关一般工作人员的出差伙食补助标准。

6）营养费。营养费根据受害人的伤残情况并参照医疗机构的意见确定。保险人赔付营养费时，受害者需要提供医疗机构出具的意见，该意见包括增加营养的必要性、期限、标准，同样参照出险地国家机关一般工作人员的出差伙食补助标准。

7）残疾赔偿金。残疾赔偿金是根据受害人丧失劳动能力程度或者伤残等级，按照受诉法院所在地上一年度城镇居民人均可支配收入或者农村居民人均纯收入标准，自定残之日起按 20 年计算，但 60 周岁以上的，年龄每增加 1 岁减少 1 年，75 周岁以上的按 5 年计算。

8）残疾辅助器具费。残疾辅助器具费是指在保险事故中遭受损伤的受害者购买一些辅助其生活自理或者从事生产劳动的生活自助器具所需的费用。保险人赔付的残疾辅助器具费以普通适用器具的合理费用为标准，部分伤情特殊者的赔付费用可以辅助器具配制机构的意见与相应的合理费用为标准。

9）丧葬费。丧葬费按照受诉法院所在地上一年度职工月平均工资的标准，以六个月总额计算。

10）被抚养人生活费。被抚养人生活费是指受害者在去世前或丧失劳动能力前依法承担抚养义务的未成年人或者无其他生活来源的配偶、父母等成年近亲属在生活、物质上提供的抚养与赡养的补偿费用。

11）死亡赔偿金。死亡赔偿金是对在保险事故中死亡人员的一次性补偿，以受诉法院所在地上一年度的城镇居民人均可支配收入或农村居民人均纯收入为标准。

12）精神损害抚慰金。精神损害抚慰金是对受害者或死者近亲属遭受精神损害的抚慰的赔偿金，适用《最高人民法院关于确定民事侵权精神损害赔偿责任若干问题的解释》予以确定。保险人在赔付该赔偿金时，需注意精神损害抚慰金只有在精神损害非常严重的情形下才给予赔偿，其他情况一般不予赔偿。

2. 人员伤亡理赔规定及处理流程

人员伤亡案件的处理时刻都处于动态变化的过程，从被保险人报案开始一直到整个案件最终结案，都需要保险人时刻参与，应严格按照《保险法》《合同法》等相关法律法规操作，整个过程都需要跟踪服务，每一个环节都需要严格把控，按照相关规定和标准进行赔付。

（1）人员伤亡理赔制度　人员伤亡理赔制度主要包括提前介入、控制重点和过程跟踪、随访制度等。

1）提前介入、控制重点。提前介入是指交通事故发生后，对人员伤亡案件可能涉及的赔偿项目，提前介入案件的处理过程，主动采取措施，杜绝各种可能出现的作假行为，降低损失程度。控制重点是指在医疗核损的工作流程中，出现住院查勘阶段、调解结案阶段和赔案审核阶段三个阶段，每个阶段的侧重点不同，需要不同的控制方式。住院查勘阶段的重点是防止不合理医疗费的产生；调解结案阶段的重点是防止除不合理医疗费以外相关费用的产生；赔案审核阶段的重点是防止虚假人伤赔案的产生。

2）过程跟踪、随访制度。过程跟踪是指在交通意外事故发生后，从被保险人向保险公司报案开始，到赔案审核结束，期间所有涉及人员伤亡赔付的环节，保险人员都必须要追踪了解受害者伤情和案情的进展，及时与被保险人沟通，向他们传达正确的理赔信息并提出指导意见，杜绝各环节中可能出现的问题。随访制度的制定主要是为了分析受害者的诊疗方案和已经消费的医疗费用是否合理，了解受害者的治疗情况，如果发现不合理的事项可向主管医师或主管部门咨询；同时，还需向主管医师了解受害者之后的治疗方案，并适当提出建议。

（2）人员伤亡报案流程　保险事故发生后，被保险人应第一时间向保险公司报案，并且根据受害者的受伤情况，决定是否需要拨打 120 或直接带伤者去往医院检查。在报案过程中，保险公司的信息员应当给被保险人做简单的人员伤亡案件理赔指引，同时安排一名人员伤亡调查员进行查勘。

（3）人员伤亡定损流程　人员伤亡定损调查人员应参与协助保护、参与调解到结案的所有工作，首先要取得被保险人的书面授权，并事先声明参与调解的结果并不构成保险公司的理赔承诺。

（4）人员伤亡核赔流程　人员伤亡核赔流程主要体现在以下几个方面：

1）再次审核赔偿标准和索赔单证，扣除不合理的费用，主要包括误工费的时间及计算标准、医疗费中超范围用药的、伤残补助费用及残疾用具费用的计算标准等。

2）案件中涉及被抚养人补偿费用的，应当着重审核相关证明材料，如发现疑点应追究到底，要求人员伤亡调查员再行核查，必要时可以通知保险调查人参与调查。

3）及时、准确了解不同地域的赔偿标准，按照保险条款和相关法律法规并结合调查情况进行审核，准确判定属于保险责任范围的赔偿金额。

4）对于涉及一次性赔偿或协商赔偿的赔案，应与被保险人签订赔偿协议，避免出现"长尾巴"案件或由于被保险人翻案引发的纠纷。

5）对于涉及诉讼的案件，应及时向上级报告，并通知相关部门尽快进入法律程序，充分掌握诉讼证据，及时关注案件处理的进展情况。

（5）抢救费担保函服务　已经开展担保服务的公司需要严格按照担保管理规定处理。担保函包括交通事故责任强制险担保函和机动车商业险担保函两种，只有当被保险人承担主责及其以上责任且不超过公司的最高担保额时，才可追加担保。

3. 常见虚假人伤案件的特点

（1）伪造单证、获取赔款　在发生交通事故后，一些被保险人为了获得保险公司的赔款，减少自己的损失，常常会篡改或虚造单证，如：假医疗发票、假疾病诊断证明、假医生或医疗工作人员签字凭证、假公章、假法医伤残评定书、假事故责任认定书、假事故当事人协议书、假收据证明、假身份证、假户籍证明、假供养证明、假住宿证明等。

（2）小伤大养　常见的现象是能够在门诊治疗痊愈的伤者要求住院，已经住院痊愈的伤者要求医生延长住院时间等。

（3）距离保险合同生效和终止时间接近　保险公司应该特别重视发生在保险期间距离生效和终止期近的事故，尤其是单方肇事事故，主要是因为此类案件无现场、无目击证人等，不容易取证。因此，当被保险人主动上门投保和推迟报案时间时，保险人应当展开详细调查，特别要重点检查在医院保留的就诊时间和病理描述，不能仅仅参照有关部门的证明。

（4）"搭车"看病，冒名顶替　常见的现象是假借交通事故之名，实际治疗原发疾病或做美容手术，或者李四受伤王五看病等。

（5）增加被抚养人，减少抚养义务人　这类案件常常表现为计算被抚养人时虚拟被抚养人，把受伤或死亡之前实际无抚养义务的人列为被抚养人，把伤残者或死者列为抚养义务人或者直接减少抚养义务人的人数。

（6）混淆险种　这类案件常常表现为车上人员受伤谎称第三者人员受伤，特别是货车、货厢人员受伤谎称撞到行人。这种混淆险种的事故，经常造成保险公司的赔偿金额大幅度增加。

6.3.2 非车辆财产损失评估

保险事故不仅会导致车辆损失，还会导致第三者的非车辆财产损失。第三者非车辆财产损失的范围较广泛，种类较多，包括车上货物、道路、道路安全设施、市政设施、房屋设施、道旁花卉及农田庄稼的损失等，从而构成交通事故责任强制险、第三者责任险和车上货物损失险项下的赔偿责任。对第三者的非车辆财产损失进行评估时，要依据实际损失的价值在相应保险责任限额内评定。

6.4 施救费用的确定和损余物资的残值处理

1. 施救费用的确定

（1）确定施救费用的原则 施救费用的确定要坚持必要、合理的原则，保险公司是否承担施救费用主要依据以下内容：

1）保险车辆发生火灾时，使用他人非专业的消防单位的消防设备、施救保险车辆所消耗的合理费用及设备损失。

2）保险车辆出险后失去正常行驶能力，被保险人雇用吊车进行抢救的费用，以及将出险车辆拖运到修理厂的运输费用。

3）抢救中，因抢救而损坏他人的财产，应由被保险人赔偿的费用。

4）被保险人自己和他人义务派来抢救的抢救车辆在拖运受损保险车辆途中，发生意外事故造成保险车辆的损失扩大部分和费用支出增加部分。

（2）确定施救费用需注意的事项 在抢救过程中，抢救人员的个人物品丢失，不予赔偿；受雇的抢救车辆发生意外，造成保险车辆的损失扩大部分和费用支出增加部分，不予赔偿；保险车辆出险后，被保险人等奔赴肇事现场所支付的费用，不予赔偿；如果被保险人没有购买车上货物损失险，则车上货物的施救保护费用不予赔偿；进口车或特种车去外地修理的移送费，予以赔偿，但不属于施救费用，而是修理费用；车辆施救前，如果施救费与修理费之和估计已达到或超过保险金额时，一般不再施救，可按推定全损予以赔偿。

2. 损余物资的残值处理

损余物资是灾害事故发生后尚存的一部分具有经济价值和能为投保人继续使用的受损物资。《保险法》中规定，保险财产的损余物资应充分利用，作价折归保户，保险人在赔款中做相应的扣除。因此，处理好损余物资对于减少赔款、提高保险人的经济效益具有重要意义。

按照保险合同，损余物资的处理须经双方协商，合理确定其剩余价值（残值）。残值确定后，一般采取折价归被保险人并重建损失金额的处理方式。当保险人就残值折价归被保险人并扣减损失金额的处理方式与被保险人协商不成时，保险人需要将残值收回。

巩固与思考

1. 一辆轿车在行驶的过程中，因发生轻度的正面碰撞向保险公司报案。待该轿车拖至汽车修理厂修理时，发现发动机内部第三缸的活塞连杆折断，缸体损坏。根据交通事故的普遍经验，轿车发生轻微的碰撞不会导致发动机出现如此严重的损伤。查勘员向车主详细询问了情况，该车在五天前强行涉水，导致当场熄火，车主只是将积水进行了简单清理，更换空气滤清器后，继续驾驶汽车。请思考：本案例中保险人是否应当赔付损失？如果赔付，应该赔付哪些损失？

2. 非车辆财产损失评估的原则和方法分别是什么？

3. 怎么判定施救费用是否合理且必要？

第7章

汽车保险电子商务

学习目标：

掌握汽车保险电子商务的类型；熟悉网络车险的营销模式；了解车险电话营销的特点；掌握互联网车险的运行特点；了解车联网的概念，熟悉车联网保险的特点；熟悉保险公司车险信息管理系统的功能和作用。

7.1 保险电子商务的发展

7.1.1 保险电子商务概述

电子商务是从 20 世纪 90 年代开始，随着电子计算机和互联网的发展逐渐兴起的一种新型商业运行模式。这种新型的商业模式将传统商业行为"搬运"到互联网平台上，由于继承了互联网的时效性、便捷性等诸多优点，受到消费者的广泛青睐，并迅速在世界各地发展起来。

保险电子商务从狭义上讲是指保险公司或新型的网上保险中介机构通过互联网为客户提供有关保险产品和服务的信息，并实现网上投保、承保等保险业务，直接完成保险产品的销售和服务，并由银行将保费划入保险公司的经营过程。从广义上讲，保险电子商务还包括保险公司内部基于互联网技术的经营管理活动，对公司员工和代理人的培训，以及保险公司之间、保险公司与公司股东、保险监管、税务、工商管理等机构之间的信息交流活动。

保险电子商务在长期的发展中主要形成了以下三种服务模式：

1）B2C（保险公司对消费者），针对客户是个人的电子商务平台，是市场上最为常见的一种销售模式，兴起于网络零售业，其中具有代表性的有淘宝、京东、亚马逊等电商平台。

2）B2B（保险公司对销售代理机构），针对客户是企业或个体商户的电子商务平台，将一些保险产品通过相关代理平台进行销售，具有代表性的有太平洋保险的诚信通代理平台。

3）C2B（消费者对企业），先有消费者需求产生而后有企业生产，是以消费者为核心的互联网经济时代新的商业模式，通过较多的消费者聚集消费，从而获得一个相对优惠的价格，也就是人们常说的"团购"。

7.1.2 保险电子商务的特点

1. 提高经营效率，降低交易成本

传统的保险销售需通过保险代理人来进行面销，在这个过程中不可避免地需要耗费一定的人力、物力和财力。而保险电子商务借助互联网平台可以有效地减少中间环节的费用，降低佣金费用的支出，节约了成本。同时，也可避免由于销售人员业务水平不达标导致的服务质量低下的问题。互联网的存在极度契合保险产品这种无形产品的特征，二者的结合为保险行业插上了互联网的翅膀，优化了保险服务体验，拓展了服务渠道和服务时间，提高了保险人的经营效率并降低了经营成本，形成了受到广大消费者欢迎的新型保险电商。

2. 提高客户服务体验水平

借助互联网，保险公司可以与用户建立不受时间和空间限制的服务平台，不再受限于传统保险服务模式对代理商的诸多依赖问题，客户可以通过互联网平台随时随地了解保险公司和保险产品的诸多信息，公司也能根据客户的需求反馈信息，提供更加有针对性和人性化的服务，拉近保险公司与消费者之间的距离，同时也增强了公司的服务能力，优化了客户的服务体验。

3. 优化信息管理能力

21世纪是信息化和网络经济的时代，借助电子计算机和互联网技术，企业可以有效地降低人力成本、提高信息利用率、提高信息查找效率等。由于经营汽车保险的公司面向的客户群体大，流程复杂，所以对信息管理系统也有着更高的需求，借助时代科技的"东风"，保险业可以获得更加高效、安全、可靠的信息管理平台。

4. 整合资源、拓宽营销渠道

传统的营销渠道主要是通过代理商来进行保险的推销和售卖。借助互联网平台，保险公司可以将保险产品放上电商网站，利用电商的交易便捷、价格透明、渠道信息化、服务成熟等优点进行一系列保险产品的销售，既扩宽了营销渠道，也降低了保险产品的同质化，提高了产品竞争力，满足客户更广泛的投保需求。

7.1.3 保险电子商务的业务内容

不同网站的运作模式不同，因此保险类第三方网站和保险公司的网站内容各有异同，本章简要介绍几种基本业务内容。

1. 宣传推介

企业通过互联网平台，以更低的投资成本、更快的信息传递速度、更广的受众范围，进行网络营销和形象宣传，使客户更便捷、有效地了解保险产品服务。

2. 提供信息咨询服务

在网页上向客户提供公司介绍、服务情况、保险产品种类及费率、保险新闻、政策法规、保险知识等信息，以及通过即时通信软件（例如QQ）在线交流的方式，对客户的咨询和疑问做出及时反馈。

3. 提供保险产品方案设计的服务

部分在线交易网站可以根据客户的需求自由组合所销售的产品，通过大数据分析，系统可以自动呈现出符合客户要求的保险方案，客户可以自行比较、选购各种产品或组合，享受个性化服务。

4. 提供在线投保服务

在客户选定需要购买的保险产品后，后台能够自动核算出保费，供用户决定是否购买，并能够在线自动核保，在线支付保险费和在线获取保单等。

5. 提供在线理赔服务

一些规模较大，服务较完整的电子商务网站，还能提供理赔服务。客户通过在线理赔服务，按照理赔作业流程提供理赔所需单证和资料证明，然后由网站后台将数据传递给保险公司理赔人员，并监督和督促理赔流程。在此期间客户可实时查询自己的案件理赔进度。

6. 提供在线保全服务

网站提供对各种已经成立的保险契约的保全服务，例如保单变更、续期交费以及保单效力的中止以及复效等。需要指出的是，由于电子商务模式不尽相同，有的第三方网站仅具有保险销售渠道的功能，即只针对保险销售这一环节。

7.1.4 保险电子商务的发展趋势

由于我国保险业起步晚，保险电子商务作为一种新生事物还处在探索阶段，随着互联网技术的发展与成熟，再加上保险公司对电商发展非常重视，电子商务的发展潜力不可小觑。我国作为一个人口大国，保险市场潜力巨大，保险电子商务已成为我国保险业的重要经营模式。同时，保险业也存在着激烈的竞争，特别是我国加入WTO后已融入世界经济大环境，国外保险公司进入中国市场势必会对本土保险公司造成一定冲击，如果没有核心竞争力，未来保险公司将面临更大的挑战。保险电子商务对于我国的保险公司而言，既是机遇也是挑战，如何在信息社会中立于不败之地，是保险行业亟须解决的问题。

目前，我国保险电子商务的发展趋势如下：

1. 提高信息化发展水平

保险电子商务的发展应该与信息技术的发展进程相适应，信息化技术是保险电子商务发展的基石。一方面，企业内应该加强信息管理水平，为保险电子商务的发展提供一个优良的内部发展环境，另一方面，企业需对外积极宣传保险电子商务的优势和功用，消除客户的疑虑，为保险电子商务打造更好的外部市场。

2. 进一步完善保险电子商务相关政策法规

我国保险电子商务还处在发展的初级阶段，相关的法律法规还在完善中，一个商业模式的健康长期发展离不开法律的保护和约束，只有法律更加完善，才能在服务的各项环节和问题上做到有法可依，才能保障消费者和保险行业的相关权益。保险电子商务在服务的过程中涉及个人隐私、电子签名、信用制度、信息安全等诸多问题，只有不断完善相关法律，才能给消费者提供更加优质的产品和服务。

3. 培养更多的保险电商人才

一个新兴市场的发展除了需要新技术的支持，也需要相关人才。由于电商起步晚，相关人才存在着巨大的缺口，现行保险营销人员素质良莠不齐，会给保险公司的长期发展带来极大风险和隐患，所以加强保险电商队伍的人才建设十分重要。保险公司需要擅长电子商务且精通保险专业知识的全方位综合性人才来为保险公司的发展注入新活力，只有优质的人才才能创造更大的价值，才能为消费者带来更优质的服务体验和更全面的服务内容。

7.2　互联网车险的运营

7.2.1　互联网车险

1. 概述

互联网车险是指实现保险信息咨询、保险计划书设计、投保、交费、核保、承保、保单信息查询、保全变更、续期交费、理赔和给付等保险全过程的网络化，是一种新兴的以计算机互联网为媒介的保险营销模式。有别于传统的保险代理人营销模式，互联网车险是互联网和金融相互渗透的新产物。随着我国网络经济的快速发展，互联网车险市场也进入了高速发展阶段。

2. 现状与发展

我国互联网车险起步晚，发展时间不长，从2000年我国保险公司开始开通全国性网站，到如今以BAT为代表的互联网公司纷纷进入保险行业布局，被蚂蚁金服、腾讯、平安和软银投资的众安在线于2017年9月在中国香港上市，我国互联网保险市场正在稳步发展中。实现传统保险到新型互联网保险的转型与发展是一个漫长的阶段，需要从业者不断地探索创新，将金融业与互联网深度结合，打造出让消费者更加满意的产品和服务。附银保监会统计近几年我国互联网保费收入情况（见表7-1）、互联网财产险保费收入情况（见表7-2）以及互联网车险保费收入情况（见图7-1）。

表 7-1　2013~2016 年互联网保费收入及占比

年　份	互联网保费收入（亿元）	互联网保费占保费比例（%）	年　份	互联网保费收入（亿元）	互联网保费占保费比例（%）
2013 年	318.40	1.70	2015 年	2233.96	9.20
2014 年	858.90	4.24	2016 年	2347.97	7.58

表 7-2　2013~2016 年中国互联网财产险保费及增速

年　份	互联网财产险保费收入（亿元）	增速（%）	年　份	互联网财产险保费收入（亿元）	增速（%）
2013 年	263.90	134.00	2015 年	768.36	768.36
2014 年	505.77	113.00	2016 年	502.29	502.29

7.2.2　互联网车险的运营特点

1. 互联网车险的运营模式

作为互联网风口上的产物，互联网车险自诞生以来就被业界寄予厚望，有大量资本跟进，产生了几种不同类型的互联网车险，主要分为以下三种。

（1）线下转线上的车险公司　这是传统的保险公司自己筹建的网络平台，代表性的有

单位(亿元)

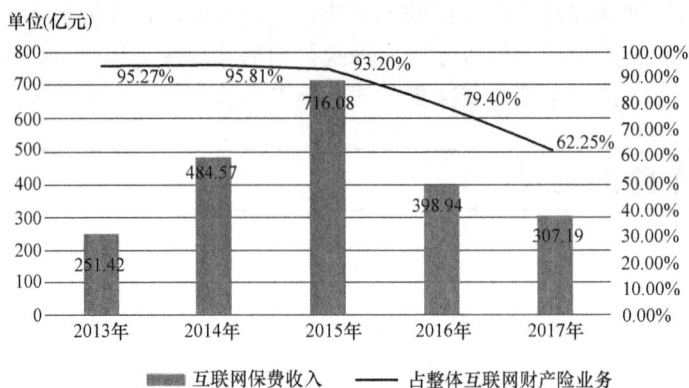

图 7-1　2013~2017 年互联网车险保费收入及占比

太平和大地车险等，主要是传统保险公司为了扩展业务、迎合市场、加强其产品竞争力而将销售渠道衍生到互联网平台上，传统保险公司本身拥有着一定的品牌知名度，在互联网保险的运营上有着一定的优势。

（2）纯线上互联网车险公司　此类是专业性的主攻互联网保险的公司，代表性的有众安在线和泰康在线车险等。它们一般是用互联网模式和产品思维打造的互联网公司，产品具有一定的创新性，但是这类公司往往线下资源不丰富，这会大幅降低保险公司的运营成本，但保险在理赔阶段离不开线下公司，所以单纯的互联网保险公司在车险领域还存在着一定的弊端，线下资源不丰富既是纯互联网公司的优势也是其劣势。在经营地域上，跨省经营需在该区域先设立分公司，分支机构不得跨省经营保险业务，而新保险公司两年内只能在省内运营。纯线上互联网车险作为新的风口，在发展的过程中也面临着挑战。

（3）线上线下联合服务的互联网车险公司　代表性的有保骉车险，这类往往是传统车险公司和互联网车险公司联合推出的品牌，整合了线上线下资源，具有时效性、灵活性、交互性和经济性等特点，能够提高客户体验、降低渠道费用、加速产品更新换代速度、提高资源配置效率等，是资本角逐的新宠儿。

2. 互联网车险的特点

作为一种依靠互联网为媒介的新型商业模式，互联网车险跟传统车险相比具有以下特点。

（1）时域性　互联网车险与传统车险营销渠道的最大区别之一就是互联网车险借助互联网平台可以实现时间和空间上的交易自由，让消费者可以全天 24 小时随时随地选择购买自己需要的商品，不再受到时间和空间的限制，方便消费者进行选择和消费。

（2）交互式　传统车险营销渠道主要是通过保险代理人宣传、电话推销、电视等媒体的广告等方式进行宣传，而互联网车险可以将保险相关信息展示在网页上，用户可以根据自己的需求去点击浏览，消费者再也不仅仅是信息的被动接受者，通过互联网平台可以主动地去寻找自己需要的信息。通过企业投放在网页上的相关信息，消费者可以有针对性地了解目标保险的各方面情况，从而做出更优的选择。同时，互联网渠道拉近了消费者和企业之间的距离，利于企业加强与客户之间的联系。通过网上客服，消费者还可以跟企业产生互动，加强了企业的竞争力，并使客户获得更优质的服务体验。

（3）机会性

1）给中小型保险公司一个崛起的机会。当前我国保险行业的市场份额主要被一些保险巨头所瓜分，中小型保险公司市场份额占比小，扩展空间有限，保险市场形成了一定的垄断，不利于行业持续的健康发展。通过互联网保险渠道，相关中小企业有机会弯道超车，通过差异化竞争赢取市场，这种良性竞争可以更好地发掘市场潜力，促进行业发展，消费者也能从中受益，获得更加优质的服务。

2）给相关行业一个产品业务创新的机会。传统保险行业产品单一化，缺乏创新。互联网营销绝不应该仅仅是销售渠道的改变，还需要借助新科技，摸索新思路，将互联网和金融深度结合，发生"化学反应"，诞生颠覆性的产品或模式。我国互联网车险起步晚，历时短，还在不断的成长中，市场还有很大的潜力可供挖掘，相信不久的将来我国会诞生更成熟的相关产品和模式。

3）给保险行业一个改善形象的机会。过去，保险销售人员素质参差不齐，部分业务员为了业绩等做出虚假承诺，关键条款含糊不清，误导消费者。互联网营销可以避免以往保险业务员为了业绩骚扰客户的行为，改善品牌形象。

4）给保险业一个发掘市场潜力的机会。我国是一个人口大国，根据国家统计局数据显示，截至 2018 年底，我国民用车保有量约有 2.32 亿辆，汽车保险市场巨大，但是我国的平均保险深度（指某地保费收入占该地国内生产总值之比）和发达国家相比还有较大差距，保险业还存在着很大的市场潜力等待挖掘。互联网车险是一个新的机遇，给保险业注入了互联网的新鲜血液，合理运用互联网这一工具，有助于企业增强市场竞争力，拓宽市场，优化用户体验。

（4）经济性　经济性也是互联网渠道一大特点，现在很多年轻人喜欢网购，主要原因就是网上的商品相对便宜，因为电商节省了经营成本。相对应的，互联网车险通过节省机构网点的运营费用和代理人或经纪人的佣金，一端对接保险公司，一端对接终端消费者，使得互联网渠道的产品成本降低，产生了价格优势，增强了产品竞争力。

3. 互联网车险事业部门架构及职责

一个公司的高效发展离不开团队的贡献，合理利用每一位员工的知识和技能协同工作，解决问题，才能达到事半功倍的效果，所以科学合理地组织公司人事架构对保险公司的发展有着举足轻重的意义。以下对某保险公司互联网汽车保险事业部人员架构及岗位职责做简要介绍：

（1）互联网车险事业部门架构（见图7-2）

（2）互联网车险各事业部门岗位职责

1）保险事业部总监：

① 全面负责保险事业部的市场运作和管理。

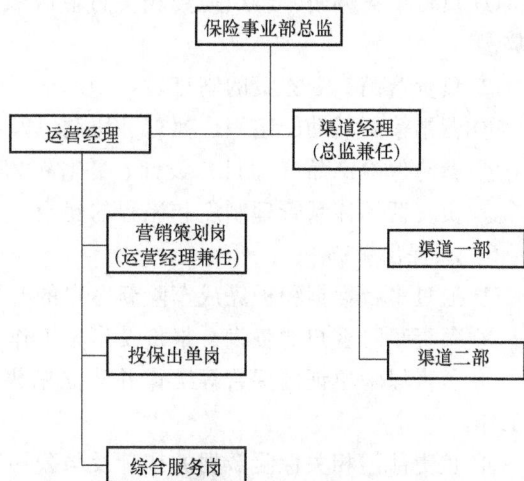

图7-2　某保险公司互联网车险事业部门架构

② 参与事业部整体策划，健全部门各项制度，完善部门运营管理。

③ 推动部门销售业务，组织完成部门整体业务计划。

④ 负责协调各部门工作，建立有效的团队协作机制。

⑤ 维持并开拓各方面的外部关系。

⑥ 管理并激励所属部门的工作绩效。

2）渠道经理：

① 根据市场发展和公司的战略规划，配合事业部总监制定销售战略、营销计划、销售目标，领导所辖部门的销售管理，确保营销计划及销售目标的有效实施。

② 在协调组织销售资源、费用合理分配的基础上分解销售目标，督导销售区域销售目标的完成情况。

③ 负责定期调研保险市场产品动态。

④ 负责互联网保险产品的设计，与保险公司展开商务合作谈判，拓展产品合作渠道。

3）运营经理：

① 对线上相关功能的调研、提案和完善。

② 根据渠道营销反馈制定面向客户的产品活动方案，并参与执行。

③ 负责部门日常业务运营管理，以及运营流程制订、优化工作。

④ 针对部门活动、线上功能优化及公司日常工作执行跨部门沟通与协调。

4）渠道一部、渠道二部：

① 负责平台各业务渠道的对接及维护。

② 积极拓展线下保险业务的合作渠道（集团客户、代理公司、车管所、代理人、汽修厂、4S店等），完成公司制定的销售目标。

③ 负责搜集代理人市场信息，提出营销意见。

④ 负责监督反馈各线下服务机构的服务质量及问题，及时传达政策信息并负责培训。

⑤ 协助完成线上功能讨论、部门活动方案执行等。

5）营销策划岗：

① 负责市场调研，组织搜集相关行业政策、竞争对手信息、客户信息，分析市场发展趋势。

② 负责营销策划方案的制订。

③ 营销策划活动的组织、执行、协调以及在执行过程中的监控和管理。

④ 参与保险产品（项目）设计、并对销售策略提出合理性建议。

⑤ 负责营销体系管理制度和流程的建设。

6）投保出单岗：

① 通过平台数据积极完成车险新客户的开发及续保业务等指标。

② 负责车险客户的咨询、报价及出单工作。

③ 负责保险单证的保管等工作并建立销售台账及客户档案，及时完成客户保险单的邮寄工作。

④ 负责部门相关保险数据的统计及与公司客服、财务等其他部门的对接工作。

7）综合服务岗：

① 负责业务咨询协助出单，给予客户建议并制定适合客户的车险服务。

② 负责协助处理日常事务，协调处理公司内部以及与保险公司之间的关系。

③ 协调与监督保险公司的理赔服务，负责及时解决客户在理赔过程中出现的问题。

④ 负责在各汽车论坛、微博等网络渠道宣传推广自家保险公司的汽车保险产品，及时处理网友点评和提问。

⑤ 积极回访理赔客户，保证客户满意度。

4. 互联网车险发展面临的挑战

新兴事物总是伴随着挑战，机遇与挑战往往并存，互联网车险在发展的过程中也存在着一些亟待解决的问题。

（1）保费变动快　由于我国正处在商业车险条款费率管理制度改革的背景下，相关政策还需要在探索中不断完善，企业也在摸索车险保费定价模式，保费定价频繁波动。例如，某试点地区新推出政策取消了保费定价系数的限制，也就意味着车险保费不再受到传统定价系数上下限的限制，给了保险公司根据实际经营情况自主调节保费的权利，保险公司能够根据市场反应情况动态调节费率。

（2）系统交易对接难　我国车险承保公司数量不在少数，市场竞争激烈，但是却缺乏统一的服务标准，保险公司的承保规则和各不同地区的标准都不尽相同，加大了第三方机构和中介公司的操作难度。

（3）缺乏创造性产品　部分保险公司只是简单地将互联网保险视为一种新的营销渠道，没有充分利用挖掘互联网平台的优势，产品单一化，缺乏创造性，相关营销服务体系还不够完善。中国目前的保险公司数量可观，但是盈利的却不占多数，市场竞争激烈，中小型保险企业市场份额占比小，保险市场被几大巨头垄断。由于大的保险公司资源技术雄厚，往往可以压缩成本，采取价格战，导致中小企业难以生存，但是单纯的价格战并不能促进行业的健康发展，消费者需要的不仅仅是相对低廉的价格，更需要优质的服务。企业的目光需要放得长远，利用新技术新平台整合相关资源，提高核心竞争力，只有良性竞争才能使行业健康发展。

（4）缺乏相关技术人才　网络营销与传统营销存在一定的差别，企业需要培养相关技术人才，加强员工业务能力的培训，才能充分利用互联网平台的优势，发挥其市场潜力。

7.2.3 互联网车险的网络营销

互联网车险的发展离不开网络营销的推动，我国保险电子商务起步较晚，在网络营销渠道还有很大的发展空间。随着网络经济的逐渐发展，网络营销的商务运作显得日益重要。

1. 车险网络营销概述

网络营销是指以现代营销理论为基础，借助网络、通信和数字媒体技术实现营销目标的商务活动，它是由科技进步、顾客价值变革、市场竞争等综合因素促成的，是信息化社会的必然产物。网络营销是企业整体营销战略的一个组成部分，是为实现企业总体经营目标所进行的、以互联网为基本手段、营造网络经营环境的各种活动，其本质是企业利用互联网技术整合多种媒体资源，实现营销传播目的的方法、策略与过程。网络营销同时也被称为线上营销或者电子营销，主要是通过互联网去发展的营销模式。

从广义的角度看，网络营销是指利用所有的互联网方式来实现营销目的，在实现营销目的的过程中，网络营销的方式是需要贯穿始终的，例如从保险产品开发的过程到客户的购买过程。从狭义的角度看，凡是以国际互联网为主要营销手段，为达到一定的营销目标而开展的营销活动，都被称为网络营销。网络营销兴起于 20 世纪 90 年代，随着互联网技术的发展和普及而逐渐被商家所广泛采用，随着互联网的影响面越来越广以及越来越多的网络营销成功案例被推广，网络营销已经被各行各业所接受，成为重要的营销方式之一。图 7-3 所示为某互联网公司车险营销流程图。

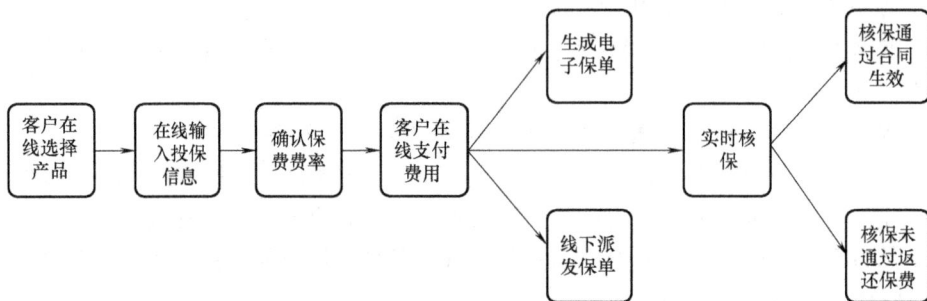

图 7-3　某互联网公司车险营销流程图

2. 网络营销认知误区

然而，部分中小企业仍对网络营销存在着一定的认知误区，具体表现在以下几个方面：

（1）网络营销就等于电子商务　部分企业认为网络营销就等于电子商务，其实不然，网络营销和电子商务有着概念上的明显区别。一般来说，电子商务的内涵更广，核心是电子化交易，强调的是交易的方式和过程中的各个环节，主要可分为交易前、交易中和交易后。而网络营销是作为电子商务中的一个重要环节而存在，主要起着信息传递的作用，即交易前的宣传和推广工作。

（2）认为网上营销和网下营销是分开的　实际上网络营销是公司整体营销的一部分，特别对于保险公司，线上和线下相辅相成。如果没有线下实体店对相关业务的拓展，客户在发生事故后定损索赔都会遇到诸多不便。营销只是保险企业服务的一部分，网络营销和线下营销不是相互割裂的，没有线下参与的保险网络营销也不是完整的网络营销。例如客户在网站上看到保险信息，可以选择进一步去线下实体店与销售人员做进一步咨询，继而进入到投保、核保等程序。只有充分结合线上、线下营销的优点，才能为客户创造更优质的服务，为商家创造更多的利润。

（3）网络营销能够速成　部分商家缺乏对网络营销的正确认识，单纯地认为网络营销就是一种比传统营销成本低、见效快的营销，通过承担较低的人才投资成本，就有可能创造出一个品牌神话。实际上，网络营销是一项系统的、完善的、精密的工程，涉及方方面面，需要结合商家自身的实际情况，找准消费群体，动态地进行需求分析，制订系统、周密、科学的计划，经过一定时间的"发酵"，才有可能取得成功，而不是在短时间内找几个业务能力较强的人就能达到预想的结果。一个全面的网络营销，需要从开展网站建设、企业信息发布，到制定推广预算，选择网络营销方法和产品，安排网络营销专职销售、客服等，各项工作有条不紊地完成并不断加以总结和改善调整，提高服务质量，培养并积累忠诚客户，才能最终取得理想的网络营销效果。

（4）网络营销就是单纯地将产品放在网上卖　网络营销不是简单地将商品放在网上进行销售，网上销售只是网络营销发展到一定程度后的一种自然而然的产物。

网络营销的过程与传统的营销过程有着很大的区别，具体表现在以下几个方面：

1）交易场景不同。网络营销的交易在商家的网络平台上进行，整个过程可以不要商家工作人员协助，类似于自助服务。

2）交易的形式不同。在网络营销的过程中，较多地运用了数字化技术，包括物流和货币，客户可以通过数字账户完成支付并且在网上查看商品的出库、运输等流程。

3）营销的媒介不同。传统的营销活动主要是依靠营销人员与顾客的直接接触来进行的，或者是通过广告的形式对顾客进行宣传，这样可能会让顾客被动接受，但是网络营销的方式不同，这种营销主要是以网络为基本平台，也可以通过计算机、手机或者电视机等网络终端的方式来为顾客提供服务，从而实现营销的目的。

7.3 车险电话营销

7.3.1 保险电话营销简述

电话营销是指通过使用电话、传真、短信等通信技术，来实现有计划、有组织，并且高效率地扩大客户群体、提升客户满意度、维护客户关系等市场行为的一种营销手段与营销模式。

以电话车险为例，保险公司可将支付给中间人或中介机构的佣金直接让利给车主，同时让客户足不出户，只需拨打全天候专线电话便可享受投保、咨询、理赔在内的可靠便捷一站式服务。

在展业模式上，保险电话营销主要有以下三种模式：

（1）单一直接营销模式。即在整个保险产品咨询及客户投保、核保等工作中，全程都是通过电话操作完成。

（2）混合电话销售以及后期追踪相结合的模式 在这一模式中，保险营销人员首先通过电话沟通等方式，与客户进行交流沟通，随后通过保险公司开展接下来的承保操作。

（3）外包合作模式 即保险公司与外包电话营销公司签订合同，在外包公司确定投保人投保意愿的基础上，由保险公司委派专门保险工作人员为客户进行相关保险产品的介绍，帮助客户完成投保操作以及后期各事项。

7.3.2 车险电话营销的发展

电话营销的销售方式起源于美国，是由电话订购、货到付款的购物方式演变而来的，进而发展成以电话询问的方式引导客户来购买商品的电话销售。电话营销模式的出现，不但迎合了消费者对于快捷获取保险商品信息的需求，而且能够最大化地降低保险产品的代理成本，全面提升了保险产品的覆盖程度范围。

电话营销业务从1999年开始广泛应用于拨入电话，2001年开始应用于外拨电话，业务方式以数据库清洗、市场调查、客户关怀及寻找潜在客户为主。2002年，友邦保险等具有外资背景的保险企业首次将电话营销应用于保险行业。2007年，原保监会出台《关于规范财产保险公司电话营销专用产品开发和管理的通知》，明确规定电话营销渠道可以销售经中国保监会批准或备案的保险产品或电销专用产品，为电销渠道专用产品的开发提供了政策支持。至此，我国保险电销渠道业务迎来了发展的新阶段。同年，我国的平安保险率先在车险领域开展电话营销，并获准使用车险电话销售专用产品，车险营销开启新纪元，电话营销也日益成为我国保险行业开展保险营销工作的主要营销方式之一。

7.3.3 车险电话营销的特点

1. 费用低

相比于需借助中介和代理机构形成分级销售网点的传统车险销售模式，车险电话营销模式节约了中间环节成本，因此经营车险的保险企业的保险基金相对增加，最终体现在对客户的保险费优惠力度将会更大，使得保险企业真正做到让利于民。同时，相对于没有实施车险电话营销的保险企业容易 形成价格优势，为保险企业带来更大的用户群和利润。

2. 投保快捷

对保险公司而言，电话销售的通话时间有限，电话销售人员需要在较短时间内引起客户对保险产品的注意力，因此必须根据电销产品特点进行产品的创新设计，使其保险产品核保简单、缴费灵活、易于被消费者接纳等。

对于消费者而言，只需致电保险公司的电话销售中心，便会有专人进行服务，客户甚至不需要自己填写投保单，只需在电话里核对相关车辆信息，由电话营销人员录入相关信息，在出单后可经由快递公司邮寄给客户签字，大大减少了客户的办理时间和步骤，使客户投保更加方便和简单。

3. 管理规范

区别于传统车险营销渠道，车险电话营销渠道的展业过程实现了由"非现场管理"向"现场管理"的转变，对于业务人员的考核由简单的"结果导向"延伸至"过程管理与结果导向相结合"的管理方式。保险公司对电话营销的业务流程制定了比较规范的操作标准，并对电话营销过程进行监控。这一方面有利于政府监管机构对保险公司的监管，另一方面有利于保护投保人和被保险人的合法利益。

4. 销售人员人均产能高

与个人营销渠道相比，保险电话销售虽然投保率低，但是电话营销的销售过程更快捷简便、单位时间接触客户数量多，每一位电话销售人员一天可以拨打上百通电话，综合比较，保险电话营销的人均产能反而远高于个人营销。

5. 有利于培养和提升客户忠诚度

通过电话营销模式，营销人员直接面对客户，减少中间环节，可以得到更加真实可靠的客户信息，为客户精准推荐和设计车险方案，对深入维护老客户和挖掘潜在顾客有非常重要的战略意义。

7.4 车联网与汽车保险

7.4.1 车联网及车联网保险概述

1. 车联网的概念

车联网（Internet of Vehicles）是汽车物联网的简称，概念引申自物联网（Internet of Things），根据行业背景不同，对车联网的定义也不尽相同。传统的车联网定义是指装载在车辆上的电子标签通过无线射频等识别技术，实现在信息网络平台上对所有车辆的属性信息和静、动态信息进行提取和有效利用，并根据不同的功能需求对所有车辆的运行状态进行有效的监管和提供综合服务的系统。

随着车联网技术与产业的发展，上述定义已经不能涵盖车联网的全部内容。根据车联网产业技术创新战略联盟的定义，车联网是以车内网、车际网和车载移动互联网为基础，按照约定的通信协议和数据交互标准，在车—X（X：车、路、行人及互联网等）之间，进行无线通信和信息交换的大统网络，是能够实现智能化交通、管理、智能动态信息服务和车辆智能化控制的一体化网络，是物联网技术在交通系统领域的典型应用。

2017年，国家制造强国建设领导小组下设立由工业和信息化部、国家发展改革委、科技部、财政部、公安部、交通运输部等20个部门和单位联合组成的车联网产业发展专委会，目的在于抓住新一代信息技术与传统产业加速融合的历史性机遇，大力发展车联网，促进汽车产业创新发展，构建汽车和交通服务的新模式和新业态，促进自动驾驶技术的创新和应用，提高交通效率、节省资源、减少污染、降低事故发生率、进一步解放生产力。车联网产业发展专委会是落实《中国制造2025》的重要举措，对推进供给结构性改革、培育经济发展新动能、建设制造强国和网络强国具有重要意义。车联网作为未来交通的发展趋势，承载着人们对于智能生活的诸多向往，在5G商用化的势头下，依靠车联网的系统功能集成化、数据海量化及高传输速率等优势，车联网汽车必将给相关产业链带来巨大的颠覆和革新。

2. 车联网保险的概念及其特点

如何确定汽车保险费率和对车险产品合理定价是保险公司盈利的关键一环，目前保险公司定价的方式主要分为保额定价、车型定价和使用定价（UBI）。保额定价主要是依据新车的购置价或者投保时车辆的实际价值，没有将驾驶人相关的风险因子和汽车自身的相关因素作为定价因子考虑进去；车型定价是根据汽车的品牌和安全性来定价，本质是以车型作为风险分组维度来厘定费率，主要是从车的类别角度来进行定价；使用定价是一种通过车联网收集用户驾驶数据，建立一种全新的基于驾驶习惯、出险情况与行驶环境等因素对保费进行定价的合理方式。

保险公司的基本职能就是承保各类风险。由于不同车主的驾驶习惯、行车环境和身体状况不同，发生事故的概率也不同。相关统计数据显示，90%以上的交通事故是由于驾驶人的因素导致的，然而保险公司对于保费的定价模式往往是一刀切，没有针对不同用户的风险程度进行差异化定价，车联网相关技术的出现给保险公司改进定价策略提供了技术支持。

所谓车联网保险，从广义上来讲就是基于车联网场景下的传统险种再改造。UBI（Usage Based Insurance）就是在这种背景下出现的基于车联网技术下的新型保险定价方式。所谓UBI，是一种基于驾驶行为的保险，通过车联网、智能手机和OBD等联网设备将驾驶人的驾驶习惯、驾驶技术、车辆信息和周围环境等数据综合起来，建立人、车、路（环境）多维度模型，通过对信息的处理和分析来实现对不同用户的差异化定价。当前我国车联网保险的主要产品形态就是UBI。

现代金融业的重要发展趋势之一就是与科技结合，车联网保险就是现代金融保险业与电子信息技术相结合的产物。车联网保险的关键在于对信息的处理、计算和分析，UBI车险保费根据用户的驾驶地点、实际驾驶时间、驾驶习惯、车辆状态以及驾驶人的驾驶环境等因素进行综合衡量，通过数据指标化将风险程度数据化，精确测算风险成本，从而确定保费和对服务的更新优化。在实际操作过程中，保险汽车内需安装一个小型车载远程通信设备，对车主的驾驶行为进行记录并关联理赔风险因子进行分析。在这一过程中，小型车载远程通信设备会自动记录相关信息，并传输给服务器并入保险公司的数据系统，系统经过对数据的检测计算分析来调整保费，让拥有优良驾驶习惯的车主可以获得更加优惠的价格。

UBI 的出现，对于保险业而言，不仅是一种保费计价方式的革新，即从车型定价转变为按里程定价，从车静态风险因子评估转变为按驾驶行为风险给予折扣，更为重要的是，它将物联网技术、大数据分析技术和传统精算技术充分融合，实现对单体车辆风险的刻画，促进了车险运营和服务模式的革新，从底层改善了客户体验，是保险科技的一个典型成功案例。

车联网技术的不断发展和成熟，给人们带来便利的同时也给车险行业注入了新的动力，为车险行业的发展打开了新的突破口。以下从不同的角度简要介绍车联网保险的特点。

（1）消费者的角度 从消费者的角度，车联网保险有以下特点：

1）节省保费。车联网保险可以通过对用户的驾驶行为进行风险定级来实现差异化定价。对于驾驶行为良好的用户，车联网保险可以帮助其降低保险费用，消费者也可以通过改善驾驶习惯来获得更大的保费折扣，打破了以往的车险"死板"定价模式。

2）增加了消费者选择权。车联网保险给消费者提供了一种新的定价模式，丰富了消费者的保险产品选择，同时消费者也可以基于网络获得更多的保险信息，使收费透明化，让消费者获得更多的选择自主权和知情权，方便消费者选择自己满意的保险服务产品。

（2）保险公司的角度 从保险公司的角度，车联网保险有以下特点：

1）优化用户服务体验，增强产品竞争力。车联网技术可以通过软硬件收集用户数据实现对客户的动态交互行为，基于实时数据可以对用户进行风险管理和干预，用户则可以通过应用获得自己行车的相关数据，帮助用户改善驾驶习惯，这些都是传统类型保险所不具备的。合理运用数据可以给用户提供更多的特色服务，在改善用户体验的同时增加了用户对产品的黏性。

2）扩展车险定价因子。随着政策的放开，保险公司具有了一定的自主定价权，未来的车险市场竞争离不开价格的竞争。如何精准定价，让产品具有市场竞争力的同时也保障保险公司的盈利能力是一个需要深入思考的问题。借助车联网技术，保险公司可以获得更多的有效数据，保险的定价因子更加丰富，能够针对不同驾驶风险做出更加精确的定价，加强了保险公司的风险识别能力。

3）减少赔案成本。车联网保险对于驾驶习惯良好的驾驶人会提供一定的保费优惠，虽然表面上会导致保费收入出现一定的减少，但是从宏观的角度看，这种做法会吸引大量的优质客户。由于这些客户的驾驶习惯良好，发生事故的概率相对较小，直接导致保险的赔付率降低，反而会使公司的盈利能力增强。

（3）社会的角度 从社会的角度，车联网保险有以下特点：

1）增加道路行车安全程度。车联网保险增加了驾驶人在定价过程中的影响力，在一定程度上是基于驾驶人的驾驶习惯，对驾驶人是一种变相奖惩制度，能够从侧面帮助用户改善驾驶习惯，降低交通事故发生率，增加道路行车安全程度。

2）推动产业服务模式转换。车联网保险实际上是新技术的发展和成熟带给保险行业的新事物，是行业发展的新契机。它可以实现保险行业的技术升级和服务创新，建立更加优良的商业模式，充分发挥市场在资源配置中的作用，将保险服务多元化，并能够与设备生产商、通信运营商等建立多元生态圈，促进行业更快更好地发展。

7.4.2 国内外车联网保险的发展现状

1. 国外车联网发展现状

国外车联网保险的发展相对于国内更加成熟，了解和学习国外车联网保险发展历程和现状对我国相关行业从业人员具有很好的启发性和参考价值。表 7-3 所示为美国和英国两国主要车联网保险产品。

表 7-3 美国和英国两国主要车联网保险产品

保险机构	国家	UBI 产品	设备类型	定价因子
前进保险公司 （Progressive）	美国	快照产品 （Snapshot）	OBD-Ⅱ	驾驶里程、制动频率、紧急制动次数等
州立农业保险公司 （State Farm）	美国	安全驾驶 （The Drive Safe&Save）	OBD-Ⅱ	驾驶里程数、制动频率、紧急制动频率、转弯次数、驾驶时间段、驾驶地区、高速驾驶的时间等因素
好事达保险公司 （Allstate）	美国	智慧驾驶 （Drive Wise）	OBD-Ⅱ	驾驶里程、紧急制动次数、长时间驾驶次数、夜间驾驶次数
保险箱保险公司 （Insure the Box）	英国	远程连接盒 （The in-tele-box）	CANBUS 总线设备	驾驶里程、驾驶时间段、驾驶路段、紧急制动频率、加速频率、高速公路行驶里程、出行次数
诺威治联合保险公司 （Norwich Union）	英国	按里程付费 （Pay As You Drive）	OBD-Ⅱ	驾驶里程、驾驶时间段、驾驶路段

（1）美国车联网保险概况　美国是世界上第一个推行车联网汽车保险的国家，也是汽车保有量最高的国家。据估计，美国国内的 UBI 保险市场规模高达 1700 亿美元。下面以美国车联网保险领导者之一的前进保险公司（Progressive）为例介绍其产品变更历程。

前进保险公司在 UBI 车险市场的主要产品是快照（Snapshot）产品，其发展历程大致分为以下三个阶段：

1）第一阶段　20 世纪 90 年代，前进保险公司率先在一些装载了 OnStar 的承保车辆中推行基于行驶里程计算车险保费的服务，通过低价给用户安装数据收集设备，收集驾驶人的驾驶数据，再由此制定相应的保费。这是一款具有创造性的服务，但是也面临着不小的挑战。首先是数据收集设备造价很高，推出时为了快速打开市场，进行推广，商家安装只收取少量费用，造成成本过高；再者是收集驾驶信息涉及用户隐私，不少客户对这种服务极其反感和不信任。这些原因都极大地影响了第一代产品的推行。

2）第二阶段。经过一段时间的调整，前进保险公司在 2003 年推出了基于第一代产品的改良版-TripSense，对于第一代产品的主要问题做了一些改进。首先是设备成本问题，随着科技不断发展，数据收集设备的造价成本不断降低，缓解了保险公司推行时由于成本问题所面临的经济压力。其次在隐私问题上，让用户自主选择是否将数据上传给保险公司，上传者可以享受相应的折扣优惠。

3）第三阶段。由于美国各州法律政策不同，自主选择上传数据并没有根本性地解决用户隐私问题，所以前进保险公司在 2010 年推出了新的保险产品—Snapshot。该产品设备是免费安装的，但是采集一定时间后会进行回收，通过回收再使用，节约了成本。对于隐私方面，该产品会在一定时间内收集数据，之后会进行删除，设备也不是永久安装在车上，一定程度上避开了法律政策的约束，是目前该公司的主流车联网保险产品。

（2）英国车联网保险概况　以英国的 Insure the Box 为例，公司免费给用户安装信息收集装置，主要基于用户驾驶里程来厘定费率，与其他基于驾驶里程厘定费率的车联网保险产品不同的是，它还分为保单里程、补充里程和奖励里程。用户可以根据保险公司提供的驾驶里程层次预估一个层次，根据预估里程制定费用，同时保险公司还会根据驾驶人的驾驶车速、平均行驶时间等因子给予用户一定的奖励里程。来年续保可以根据这些数据信息获得一定的优惠，奖励里程越大，优惠越高。如果用户用完这些里程，需要额外购买补充历程，不然会被公司列入黑名单，面临停止提供保险服务的后果。

2. 国内车联网保险的发展现状

我国车联网保险起步晚，目前还处于发展阶段。随着相关技术硬件（大数据、移动通信互联网产业等）的成熟和政策文件（《中国保监会关于深化商业车险条款费率管理制度改革的意见》）的落实，我国车联网保险的发展迎来了新的阶段。

2013 年，中国人保首次与第三方企业合作进行了 UBI 产品项目测试，中国保信成立了全国车险信息平台。随后几年，各保险公司陆续推出了各自的 UBI 产品，例如国泰产险推出了基于驾驶里程数和驾驶时段的 UBI 车险，和泰产险推出了以制动片厚度和行驶里程数为定价因子的 UBI 车险等。我国各车险公司正在不断地探索和尝试新的车联网保险产品，车险形态的升级和创新也得到了越来越多用户的认可。

随着车联网技术的不断更新，车联网的服务范围也将不断扩大，服务领域也将得到进一步延伸。车联网保险作为互联网与金融碰撞而生的新型智能网络服务方式，需做好与车联网服务场景的衔接及资源整合，结合自身金融领域的优势和车联网生态建设进行深度融合，创建一体化的智能交通服务体系。同时，保险公司还应把握住车联网保险的发展时机，加快车联网保险的前瞻性产品研发布局和客户服务体验升级，不断提高车险产品创新能力，减少产品同质化趋势，为客户提供全方位、多样化的新型车联网保险服务。从竞争的方向看，未来车险市场的竞争将日趋激烈，保险公司需要扩宽眼界，从增值服务、指导消费者养成良好驾驶习惯以及个人和家庭安全保障等方面细化市场，加强保险产品的核心竞争力。

7.4.3　车联网保险面临的挑战

（1）车主隐私问题　由于车联网保险是基于定价因子实现给用户的差异化定价，其中会收集用户的诸多驾驶信息，例如驾驶人的行驶里程、驾驶时间段、行车轨迹等，不可避免地涉及用户隐私问题。这给使用者带来了相当大的心理压力，因而受到许多用户的抵触，极大地影响车联网保险的推广，隐私问题已经成为横在车联网保险发展道路上的第一块顽石。

（2）成本投入大　车联网保险是基于大数据实现对用户的差异性定价，对数据的采集、储存、分析、处理都需要相关设备和平台，其中离不开软硬件的支持和人力、物力等成本的投入。现行车联网设备安装普及度不高，新装 OBD 设备对客户而言仍较为麻烦，而信息采集精准度与设备成本紧密相关，而且由于车联网保险涉及领域大，需要相关行业的人才种类也多，这些因素都大大增加了成本投入，导致车联网保险的门槛提高，对中小型汽车保险企业来说是个瓶颈。

（3）车联网产业链复杂，技术标准不统一　首先是车联网产业链庞大复杂，而且协同效率不够高。车联网涉及整车厂、车载导航厂商、地图服务商、电信运营商、OBD 等硬件提高商等，由于利益问题各方都想建立起以自己为主导的车联网平台，从而给企业带来接口优势，导致相关资源协调不畅，车联网数据片面化和碎片化。

其次是相关行业技术标准不统一。由于我国没有相关文件规定汽车一定要安装 OBD 接口硬件，同时也没有统一的 OBD 接口信息采集标准，市场上汽车的品种繁多，但是不是每种汽车都装有 OBD 接口，而且各种整车厂的 OBD 接口信息参数也没有统一，缺乏统一的数据指标标准，这些因素都给推行车联网保险带来了很大的障碍。

（4）受政策影响　商业车险改革后，保险公司在厘定费率方面有了一些自主权，为车联网保险提供了一定的政策支持。但是对于收集的用户数据如何使用和管理，我国还没有明确的规定，并且车联网的管理部门还未明确相关行业规范标准，管理方法尚无统一模式，未来车联网保险行业还需在政府的支持和引导下，进行健康、多元、高效化的发展。

7.5　保险公司车险信息管理系统

快速发展的汽车市场给汽车保险市场带来了巨大商机，汽车保险自 1988 年以来一直保持较高增长率，同时稳居财产保险的第一大险种，由此也给汽车保险公司的信息管理工作带来了巨大的机遇与挑战。

7.5.1　保险公司车险信息管理概述

信息管理（Information Management，IM），通俗地说，就是人对信息资源和信息活动的管理。信息管理的过程包括信息收集、信息传输、信息加工和信息储存。传统的汽车保险信息管理主要是通过手工记录，通过纸质档案记录存储。随着时代的发展，过去的信息管理已经满足不了现代信息社会的发展需求。传统的信息管理方式存在着诸多弊端，下面做简要介绍：

（1）人力成本高　传统的汽车保险业务中，一个保单的生成需要经过投保、审核、审批、缴费等一系列流程，需要多人经手，耗费过高的人力成本。

（2）信息储存不便且不易查找　在传统的汽车保险业务中，信息主要是通过纸质材料记录存储，一方面导致查找相关信息不方便，另一方面保存的过程中可能会出现纸质材料损坏甚至丢失，造成数据损失。

（3）效率低下　由于保单都是纸质运作和保存，在业务推进中，需要人工推进业务进度，人工传递信息的过程需要耗费大量时间，传递效率低。

（4）宣传业务渠道过窄　传统的汽车保险业务宣传往往是通过传单、代理人口头宣传、开展活动等方式进行的，推广程度和深度都有待提高，对潜在客户群体的宣传力度不够大，宣传渠道不够广，信息传输速度不够快。

（5）信息利用率不够高　客户信息是保险公司一笔非常重要的数字"财产"，客户带来的不仅仅是利润，还有更大的市场发展空间。合理利用客户信息，充分发掘数据价值，可以帮助保险公司更快更好地发展。客户信息管理技术就是这样随着市场需求应运而生的。传统的信息管理模式，客户信息往往储存在展业人员手中，信息存储得过于分散，不利于保险公司对数据进行统一分析和处理，并且对信息的利用率不够高，导致资源浪费。企业发展需要有更加多元高效的利益获取通道，合理利用信息可以有效提高企业竞争力。

随着科技的发展，保险行业也在发生变革，信息化是当今时代发展的大趋势，代表着先进生产力。电子信息科学技术广泛地渗透到社会生活的各个领域中，也给保险业带来了巨大的发展契机。现代化的车险信息系统应运而生，与传统信息管理方式不同的是，电子信息技术很好地克服了传统信息管理模式所面临的诸多问题，不仅能做到节约成本、查找便捷、信息存储量大且存储时间久等，还使得保险工作能够更加高效地进行，为保险业的发展插上新的"翅膀"。

7.5.2 车险信息管理系统的功能

车险信息管理系统主要是车险公司利用现代化信息技术，提升企业运营效率，优化客户服务体验，方便业务员扩展业务，实现保险业务信息化管理的一种新型服务平台。我国车险市场巨大，保险公司数量众多，随着互联网信息化的不断发展，越来越多的企业采用信息管理系统，不同公司的信息管理系统模块各有区别，下面简要介绍一些常见车险信息管理系统的功能：

(1) 客户信息管理 保险人对信息的收集和管理是业务工作非常重要的一环。客户信息管理模块的主要功能是填写、修改或删除基本信息单中的关系人信息、车辆信息和险种信息，该模块的主要作用是通过记录客户甚至是潜在客户的相关信息，诸如个人信息、车辆信息、保险信息等，形成基础数据库，再对记录下来的数据进行合理管理和有效利用。

(2) 在线业务咨询 在线业务咨询模块主要分为自主咨询和客服咨询两种，用户可以根据自身需要选择对应服务。该功能模块可以让用户跨越空间和时间，随时随地了解保险公司的相关信息，使用户获得信息的渠道扩大，同时优化了用户的服务体验，使产品服务信息透明化，方便用户了解业务，增强保险公司的竞争力。

(3) 核保管理 车险信息系统核保管理模块主要是保险公司对投保人的投保申请进行审查、核定、选择风险并生成投保单的过程。保险核保是保险承保的前提，是保险人处理业务的第一步，是保障保险公司稳定经营的必要条件。

(4) 出单流程管理 当保单审核通过后，便可由系统来对投保单进行缴费处理，生成正式保单，虽然主体审核和审批流程不变，但是中间的信息报送和缴费流程可由系统自动在网上操作完成，大幅提高业务效率，改善用户体验。

(5) 理赔信息管理 保险理赔是保险人在保险标的发生风险事故后，对被保险人提出的索赔请求进行处理的过程。保险理赔业务信息是管理工作中至关重要的组成部分，是保险理赔业务管理信息系统的处理对象。车险理赔信息管理模块可以为理赔业务建立一整套完善规范的操作平台，根据理赔流程（受理案件—现场查勘—确定保险责任—立案—定损核损—赔款理算—核赔—结案处理—支付赔款—案卷归档）间的逻辑顺序构建系统，理赔人员依托理赔系统进行业务的处理以及相关信息的录入，使理赔流程专业化、系统化和信息化。

汽车保险在我国的发展历时较短，相应的，保险公司的信息化管理发展也较晚，我国汽车保险信息管理与发达国家存在着一定的差距。随着国内保险业务的发展，对保险公司内部的精细化管理要求越来越高，承保、理赔、精算和财务等环节都对保险业务提出了更高的要求，因此，利用现代信息化技术发展保险业势在必行。汽车保险信息管理系统能使企业的客户信息得到长久的保存，查询起来比传统的手工归档方式更为方便，而且也更加快捷。企业可以充分利用客户信息管理系统进行资源的整合，使资源得到共享，同时客户与企业的关系也能得到更好的维护。设计企业客户管理系统的目的就是让企业实现企业管理工作自动化，充分利用计算机技术和信息化管理，达到规范化管理的目的。

巩固与思考

1. 简述对汽车保险网络营销的认识。
2. 汽车保险网络营销渠道与传统保险营销渠道相比有何特点？
3. 简述汽车保险电话营销的优点。
4. 什么是车联网保险？
5. 车联网保险实施的意义是什么？
6. 车联网保险有哪些特点？
7. 保险公司的汽车保险管理信息系统有哪些主要功能？

第8章

汽车保险欺诈与防范

学习目标:

掌握保险欺诈的概念和特征;熟悉保险欺诈的常见类型;熟悉一般汽车保险欺诈案件的成因;熟练掌握汽车保险欺诈的识别与防范。

8.1 概述

8.1.1 汽车保险欺诈概述

保险欺诈国际上一般也称保险犯罪。从内涵上看,保险欺诈较保险犯罪含义更广,保险关系的当事人双方都可能构成保险欺诈。凡投保人一方不遵守诚信原则,故意隐瞒有关保险标的真实情况,诱使保险人对其保险标的承保,或者利用保险合同内容故意制造或伪造保险事故造成保险公司损害,以谋取保险赔付金的,均属投保方欺诈。凡保险人在缺乏必要偿付能力或未经批准擅自经营业务,并利用拟订保险条款和保险费率的机会,夸大保险责任范围诱导、欺骗投保人和被保险人的,均属保险人欺诈。保险欺诈一经实施,必然造成危害的后果,有必要严加防范。

汽车保险欺诈行为是指保险关系中的投保人、被保险人或者受益人方以非法谋取保险赔款为目的,采取各种欺诈手段,骗取保险人赔款的违法犯罪行为。其法律特征是:

1)行为人在主观上有违法犯罪的意图,即有诈骗、非法获取保险赔偿的目的。

2)主体的特殊性,即实施诈骗行为的人必须是保险合同的投保人、被保险人或受益人。

3)行为人在客观上必须实施了利用保险合同进行欺骗的行为。

4)行为的结果侵害了受法律保护的金融保险秩序。

8.1.2 汽车保险欺诈的特征和类型

1. 汽车保险欺诈的特征

(1)极强的隐蔽性 汽车保险欺诈是一种隐蔽式犯罪,一般保险欺诈从表面上看不易被发现，保险交易的各个流程表面上看也都规范可靠，只有经验丰富的理赔人员经过专业调查才能发现其中端倪。保险欺诈具有隐蔽性主要有以下三点原因：

1）车险业务具有较高的信息不对称性，给保险合约各方提供了保险欺诈的机会，且不易被发现。

2）车险业务的运营主要是以合同的形式和各类投保、索赔单据为载体，通常对有预谋的欺诈、内部人欺诈、集团欺诈、软欺诈等形态，这些书面文件不易暴露问题。

3）对于保险关系的投保人一方，由于投保人往往不具有专业的汽车保险知识，当保险人、保险代理人等方实施保险欺诈，投保人很难辨识出来。

（2）实施主体的多样性 一般汽车保险欺诈行为的主体人往往都是投保人，实际上车险欺诈涉及的主体繁多，实施保险欺诈的主体人没有明确的范围，在保险交易流程或合约履行流程中起直接或间接作用的人或群体都有可能参与到保险欺诈的过程中，例如投保人、保险人、受益人、被保险人、财产评估人、车辆维修企业、保险事故鉴定人以及自然人等。

（3）欺诈形态的多样性、专业性、复杂性 纵观多起车险欺诈案例，车险欺诈涉及的主体繁多、手段复杂、形式多种，并且随着社会发展和汽车保险行业的壮大，保险欺诈的表现手法也多种多样，手段层出不穷。例如，故意制造交通事故，串通交警出示伪造交通事故责任认定书，设立虚假保险中介机构、投保时提供虚假信息，掩盖真实信息等，保险公司防不胜防，给保险公司造成了巨大损失。与此同时，从交警、医院寻找案源，然后专业造假或者买断案件，由专业的物损或者伤残评定机构出具"鉴定"，以"合法"途径获取非法利益的案例时有发生。欺诈手段从"个案偶发类"演变为"团伙蓄意类"，例如车险欺诈以传统修理厂为主体的"配件倒换""套用旧件制造事故"等常规方式，转化为多主体利用维修车辆资源进行事故拼凑、利用高价值二手车故意制造全损事故等方式。欺诈手段多样化，作案方式专业化，作案流程复杂化，已经成为汽车保险欺诈的重要特点之一。

（4）可控性 虽然汽车保险欺诈具有极强的隐蔽性，且欺诈的手段日益复杂，但是保险欺诈也不是不能治理和防范。随着刑侦手段的加强、反保险欺诈的专业从业人员的增加，以及保险公司、保险监管部门识别保险欺诈经验的不断丰富、保险行业协会等对保险欺诈的日益重视，汽车保险欺诈发生率可以被有效控制，事实上汽车保险欺诈也正在被减少和遏止。

（5）非法性 车险欺诈至少涉及合同法、刑法、侵权法及竞争法四个维度，车险欺诈是为上述四法所禁止的行为，具有非法性，例如违反了刑法第一百九十八条保险诈骗罪中所述情形：

1）投保人故意虚构保险标的，骗取保险金的。

2）投保人、被保险人或者受益人对发生的保险事故编造虚假的原因或者夸大损失的程度，骗取保险金的。

3）投保人、被保险人或者受益人编造未曾发生的保险事故，骗取保险金的。

4）投保人、被保险人故意造成财产损失的保险事故，骗取保险金的。

5）投保人、受益人故意造成被保险人死亡、伤残或者疾病，骗取保险金的。

面对保险欺诈行为，一方面汽车保险合同双方当事人应当履行如实告知义务，远离车险欺诈的风险因素，另一方面，汽车保险欺诈事故发生后，受害者有权拿起法律的武器，依法捍卫自身的正当权益。

2. 汽车保险欺诈的类型

汽车保险欺诈的种类多种多样，分类标准也不同。

1）按实施欺诈的主体人分类，可以将保险欺诈分为投保人欺诈、保险人欺诈和保险代理人欺诈。

投保人实施的欺诈是针对保险人的，保险人实施的欺诈是则是针对被保险人的。保险代理人主要是指保险合同当事人以外的其他与保险业务经营有关的个人和机构，如作为保险中介机构的代理人、经纪人等，以及汽车修理厂、医疗机构等与汽车保险经营有关的服务机构和个人等。

2）按欺诈的程度不同分类，可以将保险欺诈分为硬性保险欺诈、软性保险欺诈。

硬性保险欺诈是指欺诈者在保单承保的范围之内故意编造或制造保险事故。软性保险欺诈有时称之为机会欺诈，是指保单持有人或索赔人夸大合法的索赔金额。

3）按欺诈实施的方式不同分类，可以将保险欺诈分为保险金诈骗类、非法经营保险业务类和保险合同欺诈类。

保险金诈骗类包括：故意虚构保险标的，骗取保险金；编造未曾发生的保险事故、编造虚假的事故原因或者夸大损失程度，骗取保险金；故意造成保险事故，骗取保险金等行为。非法经营保险业务类包括：非法设立保险公司；非法设立保险机构；设立虚构的保险机构网站；假冒保险公司名义设立微博、发送短信开展业务；非法开展商业保险业务；非法经营保险中介业务；销售境外保险公司保单等行为。保险合同欺诈类包括：销售非法设立的保险公司的保单；假冒保险公司名义制售假保单；伪造或变造保险公司单证或印章等材料欺骗消费者；利用保险单证，以高息为诱饵的非法集资等行为。

4）按欺诈发生的环节不同可以将保险欺诈分为理赔欺诈和承保欺诈。

理赔欺诈是保险欺诈中最为常见的形式，也是承保欺诈的终结形式，其骗取的对象是保险人向被保险人或索赔权益人赔付的理赔金。承保欺诈是由投保人、被保险人在承保环节实施的欺诈，投保人、被保险人故意隐瞒保险标的真实情况，诱使保险人承保，骗取的对象既有不当的承保资格又有理赔保险金。

5）按欺诈实施是否存在预谋，可以将保险欺诈分为有蓄谋已久型欺诈和机会主义欺诈。

蓄谋已久型欺诈是指整个"事故"都是经过事先精心策划、人为造假炮制的。机会主义欺诈是指投保人在道路交通事故发生前没有实施保险欺诈的计划，但投保人发现保险公司的理赔管理存在漏洞，或在别人的劝说下实施了欺诈的行为。

6）按实施欺诈的主体数量不同，可以将保险欺诈分为单一主体欺诈和集团欺诈。

由投保人、代理人、经纪人、保险人等单独实施的欺诈，因欺诈行为的实施仅涉及单一主体，因而是单一主体欺诈。集团欺诈则是指两个以上主体联合实施的欺诈，如汽车损失保险中最常见的汽车修理厂与投保人共同实施的欺诈。集团欺诈的高级形式则是由集团内的主犯分别控制的汽车修理厂、医疗机构、律师等合作共同进行的保险诈骗。

7）按保险标的的不同，可以将保险欺诈分为汽车损失险中的欺诈、汽车责任险中的欺诈和汽车消费信贷保证险中的欺诈。

在我国，汽车保险按标的不同可分为两类：汽车损失险和汽车责任险。汽车消费信贷保证险属于保证保险范畴。不同国家的汽车保险具有不同的业务结构，按保险标的区分的汽车保险欺诈也不尽相同，如美国的私人汽车保险险种主要有五类，即体伤险、未保险驾驶人险、人伤险、汽车责任保险和医药费保险。

8）按实施主体隶属关系分类，可以将保险欺诈分为外部人欺诈和内部人欺诈。

外部人是指除保险公司以外所有与保险业务经营有关的单位和个人，内部人是指保险公司内部人员。

9）按欺诈的具体对象不同，可以将保险欺诈分为保费欺诈和赔付欺诈。

保费欺诈是指部分投保人为了骗取较低的保费，可能采用提高虚假的证明材料或者隐瞒交通事故记录的方法实施的欺诈行为。赔付欺诈则是以骗取较多赔付额为目的的欺诈，事故发生以后投保人常常采取虚增费用、扩大损失等方法人为抬高索赔额，以获取较多的赔付。

8.2 汽车保险欺诈的成因与影响

8.2.1 汽车保险欺诈的动机与成本

1. 欺诈的动机

1）将保险除外责任的损失转化为保险责任内的损失。

2）故意制造或扩大保险责任内的损失，谋取利益。

2. 欺诈的可行性

保险标的承保环节包括险种设定、保险标的检验、条款责任告知等。车险理赔业务环节包括发生事故、现场查勘、事故责任认定、车辆定损、修理、索赔等。在上述业务环节中，保险公司只能对少数环节进行控制，但当事人在上述各个环节都存在着作假欺诈的可行性。例如，保险标的出险后，部分事故未进行现场查勘或现场查勘环节未能完整取证，这就为投保人故意扩大损失留下了漏洞。

3. 欺诈的成本

欺诈行为的成本是多方面的，详见表8-1。

表8-1 欺诈行为的成本

个人形象	个人形象及名誉损失,心情沮丧,时间成本,经济赔偿
家庭影响	家人担忧,家属颜面,家庭破裂,身败名裂,生意破产,子女参军、入党、报考公务员等不能通过政审,影响其发展前途
保险影响	次年保费上浮,不能购买商业保险,保险行业黑名单
征信影响	银行信贷,购房贷款,出国,职业晋升,征信记录黑名单
犯罪成本	罚款,拘留,失去人身自由,留下案底,人生污点
行政处罚	公安机关处以15日以下拘留,5000元以下罚款,经济赔偿
刑事处罚	个人涉案1万元以上、单位5万元以上属数额较大,处以五年以下有期徒刑或者拘役,并处1万元以上10万元以下罚金和经济赔偿; 个人涉案5万元以上,单位25万元以上属数额巨大,处以五年以上十年以下有期徒刑,并处2万元以上20万元以下罚金和经济赔偿; 个人涉案20万元以上,单位100万元以上属数额特别巨大,处以十年以上有期徒刑,并处2万元以上20万元以下罚金或者没收财产,经济赔偿

8.2.2 汽车保险欺诈的成因

汽车保险欺诈现象是汽车保险行业发展始终存在的一大问题，具有不可估量的社会危害性。车险欺诈的主体多元化，形成因素复杂，从总体来看，车险欺诈的成因主要集中在以下三个方面：

1. 投保人或被保险人的原因

汽车保险之所以能够吸引投保人或被保险人做出违法行为，主要原因是当发生汽车保险责任范围内的事故时，被保险人一方可以获得数倍于保险费用的保险赔偿金。这样，在高额赔偿的诱惑下，某些不能坚守道德底线以及种种原因急切需要用钱的涉事人铤而走险，选择保险欺诈来套取高额赔偿金。

（1）部分投保人或被保险人法治观念淡薄 他们对保险法规不熟悉，对保险欺诈缺乏正确的认知，甚至有人认为交了保费，就该得到相应的赔偿，不然交的保险费就打了水漂，因此利用各种手段进行诈骗以期获得赔偿。

（2）投保人素质参差不齐 部分投保人没有坚守道德底线，妄想通过汽车保险套取高额赔偿，带有强烈主观意愿。因此，部分人会有预谋地购买车险，然后制造相关事故，企图瞒天过海获取赔偿，从而从中获利。

（3）外界随机风险因素的诱发 与部分投保人有预谋地购买车险并策划相关事故不同的是，有些投保人购买车险时并没有利用汽车保险进行欺诈的念头，而是在保险期间内由于某种偶然因素的诱发，在利益面前没有坚守道德底线，财迷心窍，抱着侥幸的心理产生了欺诈念头，这类人如果没有偶然因素影响，就不会产生欺诈行为。

2. 社会原因

（1）缺乏诚信体系和健全的监控机制 由于我国保险业仍在发展阶段，《保险法》相关知识的普及程度不够，一些人对保险欺诈行为没有建立起正确的认知，导致他们把保险欺诈看成是一种可以原谅的错误，甚至认为通过不正当手段从保险公司骗取保险金并非是违法的事，不会影响其社会声誉，也不会有严重的法律后果。

现阶段，我国没有建立一套健全的诚信考核体系以及相应的监控机制，导致汽车保险合同当事人无法接受公众的有效监督和社会的道德谴责，当事人在骗保过程中没有内心压力，不以为耻反以为荣，将骗保经历当作与保险公司"斗智斗勇"的过程，有些人甚至在网络上发布教程指导他人如何骗保，有恃无恐地进行违法活动。另一方面，对于涉案金额较小不足以立案的情况，保险公司往往只能拒赔，保险机构也没有进行强制教育惩治的权利，无法对投保人造成有效的惩戒效果，无形中助长了这一不良社会风气。面对汽车保险欺诈这一顽疾，保险公司方面需要摒弃竞争对抗的观念，采取合作共赢的先进思想，依托银保监局等平台建立完善的监控机制和诚信体系，从而对投保人或被保险人进行有效监控。投保人或被保险人一方也应积极了解车险相关知识，车险事故发生后要懂得合理正确地维权，降低保险欺诈发生率，净化保险行业体系。

（2）司法支持力度不够 我国缺乏专门的反对车险欺诈的法律法规，现有的涉及车险欺诈的法律主要分散在《保险法》《合同法》和《刑法》的部分条款中。例如，根据《刑法》有关条款规定，涉案金额不足一万元的不能够以保险诈骗罪立案，导致对保险欺诈相关参与人员的惩罚力度不够大，而且立案相关程序繁琐、落实有困难，当事人报警后警方需要对案发现场做进一步的侦查，但一般保险欺诈会避开第一事故现场，导致侦查人员无法第一时间获得相关信息，收集不到有效证据，加大了侦查难度，警方在没有有效证据的情况下无法破案，就不能定罪。同时，由于诉讼案从立案到结案通常需要半年左右，如果涉案金额不高，对于保险公司而言往往耗时费力，此类情况保险公司一般倾向于放弃起诉，客观上纵容了犯罪分子的违法行为。

3. 保险公司自身的原因

（1）对防范汽车保险欺诈的重视程度不够　很少有公司设计专门的保险反欺诈部门，同时对防范保险欺诈的人才队伍建设也不够。

（2）保险公司采集客户信息的手段单一　大部分风控信息通过面对面的人工沟通获得，在保险经营管理活动中，承保、理赔等各个环节的数据之间缺少必要的逻辑图谱搭建与交叉校验，同时保险公司之间因为市场竞争关系，缺乏有效信息交流，导致保险公司无法对客户进行全面、有效的风险管理。

（3）承保程序不够科学　例如，承保时没有实施"验车承保"，使得一些存在明显缺陷的汽车成功获得高额投保；事故发生后，保险公司没有及时派专人去现场查勘，反而等汽车修理好之后，凭发票予以赔付。种种不科学的承保程序给有心之人提供了可乘之机，从而侧面提高了保险欺诈发生率。

（4）相关行业没有明确的责任意识　从社会治理层面来说，一般认为保险诈骗是保险行业的事情，保险行业认为理赔是保险公司的事情，相关协会是辅助作用，保险公司认为反保险欺诈是理赔部门的事，是保险标的出险后的事物，警方又认为保险欺诈是金融诈骗案件，是刑警的工作范围。社会治理体系不够完善，行业责任感不够强，以上种种原因也给不法分子提供了可乘之机。

（5）保险公司对于部分欺诈行为的处罚力度不够　保险公司只想追回被骗保险金或者不承担相应赔偿责任，为了节约成本，没有追究相关人员的法律责任，也没有对欺诈相关参与人员进行严厉警示或者处罚，助长了不法人士的嚣张气焰，为再次违法犯罪埋下了种子。

（6）相关行业从业人员的素质参差不齐　由于从业人员的素质参差不齐，把握不紧理赔关，给了欺诈者可乘之机，甚至有些行业人员经受不住金钱的诱惑，与欺诈者同流合污，内外勾结，协同作案，共同诈取赔偿金。

（7）车险经营业务链较长　从发生道路交通事故造成车辆损伤、当事人进行保险索赔的角度来看，车险经营的业务链包括：发生交通事故→事故责任认定→车辆定损→修理→索赔。涉及道路交通事故造成人员伤亡的情况，其业务链包括：发生交通事故→事故责任认定→事故处理意见→伤亡人员救助→事故赔偿标准和数额的确定→事故赔偿→索赔。在这一系列的业务环节中，保险公司往往无法对每个环节和涉及的每个相关人员做到精准把控，从而给保险欺诈提供了可乘之机。

8.2.3　汽车保险欺诈的现状与影响

随着我国经济的不断发展，汽车已经逐渐走入千家万户，成为人们日常生活不可或缺之物。根据国家统计局数据显示，截至2018年底，我国民用车保有量约有2.32亿辆，作为现代运输和代步工具的汽车在为人们生活带来巨大便利的同时，也存在着潜在的风险（交通事故造成意外伤害事故的比例居高不下、交通事故的赔偿问题等），而汽车保险作为缓解和消除因使用汽车可能造成的对受害人及其家庭、社会的负面影响的重要市场制度，在建设和谐社会的历史进程中发挥着重要的作用。因此，我国汽车保险也得到了快速发展，并一跃成为财产保险中的第一大险种，机动车辆保费收入成为各财产险公司盈利的主要部分，机动车辆保险的经营状况直接影响到财产险公司的正常运营，与此同时，各家经营汽车保险的保险企业的车险事故赔付率却一直居高不下，成为制约广大保险企业发展的重要因素。其中，汽车保险理赔中的欺诈行为是导致这一结果的重要原因，也就是人们常说的车险骗保。根据我国有关部门统计资料显示，保险欺诈案件在 20 世纪 80 年代末占全部诈骗案件的 2%，1994 年，该比例上升到 6% 左右，2000 年上升至 9.1%，2015 年我国全年保险诈骗案件共 422 起，而这其中车险欺诈占据了绝大多数。骗保这一行为的泛滥，带来了巨大的负面影响，加重了投保人的经济负担，而且对车险企业的经营运作产生了冲击，具有多种危害，骗保一直是保险公司难以承受之"痛"。

图 8-1 和表 8-2 所示分别为国家统计局统计的 2011~2017 年我国汽车保险经营状况和汽车保险赔付率及欺诈金额，由图表数据可以看出，机动车保险保费呈逐年稳定增长态势，机动车辆保险赔款及给付也呈递增态势。其中，2017 年机动车辆保险保费比 2011 年增长了一倍以上，但在机动车辆保险保费呈高度增长的态势下，每年机动车辆的赔付率也居高不下，一直在行业公认的 55% 的安全线上下浮动，在这背后，保险欺诈是造成赔付率居高不下的重要因素之一。实际上，由于保险欺诈具有极强的隐蔽性，对保险欺诈的精确计量几乎不可能实现，现有的车险欺诈数据只能是根据相关信息进行推算。根据有关机构的数据估计，约有五分之一的车险理赔中存在保险欺诈，国内的保险欺诈形势严峻，日益猖獗的保险欺诈行为严重地损害了社会信用体系，侵犯了众多投保人的利益，阻碍了保险业健康持续地发展，并给企业经营带来了巨额损失。如何有效地防止汽车保险欺诈、打击保险欺诈行为、防控金融风险，是当下车险行业面临的一大重要战略课题。

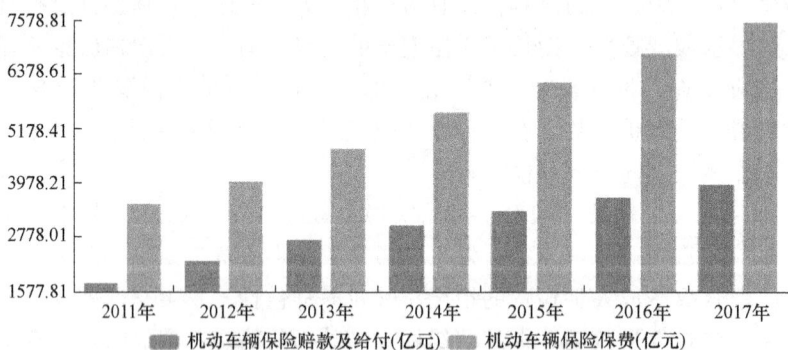

图 8-1 2011~2017 年我国汽车保险经营状况

表 8-2 2011~2017 年我国汽车保险赔付率及欺诈金额

指 标	2011 年	2012 年	2013 年	2014 年	2015 年	2016 年	2017 年
机动车辆保险赔款及给付(亿元)	1750.92	2247.57	2719.83	3026.74	3335.6	3648.1	3937.9
机动车辆保险保费(亿元)	3504.56	4005.17	4720.79	5515.93	6199	6834.22	7521.1

（续）

指 标	2011 年	2012 年	2013 年	2014 年	2015 年	2016 年	2017 年
赔付率	49.96%	56.12%	57.61%	54.87%	53.81%	53.38%	52.36%
欺诈金额占比（估值）	20%	20%	20%	20%	20%	20%	20%
欺诈金额（亿元）	350.184	449.514	543.966	605.348	667.12	729.62	787.58

由于保险欺诈的客观存在，保险行业不得不将其作为一种不可避免的风险因素考量，在经营过程中进行种种必要的规避，从而对保险行业也产生了一定的影响。

1）开发新险种时，保险公司往往不得不将道德风险作为风险因素考虑在内，如果没有成熟有效的应对保险欺诈的防范措施，一些市场急需的新险种往往不会被贸然推出。

2）保险公司是经营风险的公司，由于保险欺诈的客观存在，保险公司在厘定保险费率时，不得不将保险欺诈考虑在内，这样一来，无疑是将保险欺诈的风险成本转嫁给了消费者，一方面会增加遵纪守法客户的负担，另一方面如果保险公司单纯地通过增加保费的方式将保险欺诈的风险成本转嫁给消费者，将会导致保险公司业务的流失，给行业的健康持续发展带来负面影响。

3）保险欺诈的客观存在导致行业从业人员的工作量增加，理赔人员需要识别理赔案件的真假，查勘定损人员需要投入更多的时间和精力去查验现场等。

4）由于保险欺诈而导致的保险公司拒赔案件，让不明真相的被保险人主观上对保险行业产生了一定的负面印象，认为保险公司就是想尽办法让人投保，事故发生后理赔时又想尽办法拒赔，这给保险行业的声誉造成了巨大的损失，间接影响到了保险公司的经营发展，给保险公司带来了隐形损失。

5）保险欺诈是一种不符合诚信社会和社会主义核心价值观的行为，对社会风气也具有较大的影响，车险欺诈整体所传递出来的是投机主义和失信等负面价值观，与中华民族传统美德背道而驰，长此以往必将影响整个社会的健康发展。

6）在某些有预谋有策划的汽车保险欺诈案中，车险欺诈团体往往会事先锁定一些目标，故意去制造一些追尾、碰撞等事故去诈取保费，这样会导致一些无辜的受害者被牵连进来，甚至出现人员伤亡。

7）车险欺诈导致保费变得高额，使得部分消费者无力购买保险。保险的基本职能是在一定程度上帮助消费者规避风险，而风险事故的发生不受人的主观意志控制，一旦保险标的不幸发生交通事故而责任人又没有购买汽车保险，往往会给当事人带来巨大的财产损失，这对投保人的生活和社会治安都会带来负面影响。

8.3 汽车保险欺诈的主要形式

由于汽车保险欺诈的形态具有多样性和复杂性的特征，欺诈手段和表现形式也多种多样，下面按照汽车保险欺诈实施主体的不同分别阐述。

8.3.1 投保人欺诈

1. 出险在先，投保在后

在机动车辆已经发生损失事故的情况下，投保人对保险公司隐瞒事实真相进行投保，等汽车保险合同成立生效后再报案索赔，从而骗取保险赔偿金。这种欺诈手段具有以下典型特点：出险时间与保险起保日十分接近，且该情形下的汽车保险险种一般均保全、保足。这种欺诈的实施手段一般有两种，一种情况是伪造出险日期，通过内外勾结，让相关单位出具假证明，伪造、编造事故证明，单车事故肇事后保留现场，暂不报案，待投保后方按正常程序向保险人报案索赔。这类案例一般不经过深入调查难以发现。涉及人员伤亡时，则通过涂改病历、发票及医疗证明的相关日期以达到欺诈的目的。另外一种是伪造保险日期，投保人串通保险签单人员，内外勾结，利用"签倒单"的手法，将起保日期提前，有的车辆在到期脱保后要求保险人按上年保单终止日续保也属于此类。此类案件多为驾驶人在发生事故后通过通信手段联系到保险公司业务部或营业员，利用营销人员素质参差不齐和冲业绩的心理，进行内外勾结。此类案件只要保险公司加强审核力度、完善相关保险流程，即可有效预防。

案例 8-1

案情简介： 2017年底兰州交警接到一起报案，报案人张某称自己在与朋友吃完饭过后开着自己刚买的二手车回小区，倒车时不慎撞上一辆白色宝马车。查勘人员在现场发现白色宝马车的车头左侧大灯和保险杠都有一定程度的损坏，张某的车尾有损伤。张某的车购置有全险，保险公司对白色宝马车进行定损后，共计赔付五万余元。

案件疑点： 由于此案赔付金额巨大，且事故发生的时间与保险起保日十分接近，这些迹象引起了保险公司的重视。

案件真相： 经过警方的深入调查后，犯罪嫌疑人张某很快交代了事情真相。原来2017年底，张某认识了开汽车维修店的赵老板，得知对方要出手一辆二手比亚迪，只要30000元左右。心动不已的张某当即试驾了一下，感觉还不错，价格也不算贵，心想买了这车自己就算是有车一族了。一咬牙，他向多个朋友借钱，再加上自己的存款，凑了二千多元钱，经过与赵老板商量，车先给他用，等剩余的钱款全部付清后，再办理过户手续。

之后的某天凌晨，张某和朋友吃完饭后开车回到小区，一不小心，倒车的时候把路边一辆车给撞了。张某赶紧下车，发现被撞的是一辆宝马车，车头左侧的大灯和保险杠都坏了。这个时候肯定联系不上车主，张某就写了一张纸条，留下自己的名字和联系电话，然后放在了宝马车的刮水器下面。回到家的张某一夜没睡好，第二天天亮就给赵老板打了电话，说自己撞车了。可还没等他开口要保险单，对方直接告诉他，这辆二手比亚迪什么保险都没买，要是撞车了，只能他自己掏钱赔。听到这个消息，张某傻眼了，自己撞的是宝马，这车可不便宜，存款都拿来买车了，还欠了一屁股债，哪还有钱赔对方。张某当即开车到汽修铺找赵老板，让他帮忙想想办法。问清了事故发生的详细情况，赵老板分析，张某没有报警，宝马车主肯定也没报警，如果这个时候买保险，保险公司肯定不知情。一听说能让保险公司帮自己赔钱，张某二话没说，当天就到保险公司给比亚迪车买了全险。很快，宝马车主就联系了他，并要求赔偿。第二天，两人约定在保险公司见面。经过定损，宝马车损总共50000元钱。张某心想，虽然花了不少钱买保险，可有了理赔总算能"省"不少钱，却没曾意识到，自己已经走上了犯罪的道路。

案例点评：保险的职能之一就是转移投保人的风险，而保险学中所谓的风险是指未来损失的不确定性。案例中张某的车子已经发生碰撞事故，属于事实上的既有损失，不属于保险管理中的风险范畴，这种情况下企图购买保险转移车辆事故造成的损失属于保险诈骗的行为。案例中车辆损失赔付金额较大，且事故发生的时间与保险起保日十分接近，本身属于保险公司重点监控的情况，经过严格勘察后，张某不但最终得不到保险公司的赔偿，还会因为涉嫌保险欺诈触犯刑法承担相应的责任。因此，车辆事故中的任何相关人员都应具备一定的法律常识，不可因小失大。

2. 伪造事故

伪造事故是指投保人、被保险人或受益人在保险期限内以未发生的损失向保险公司提出索赔的行为，当事人常常通过制造虚假事故、主动将零件更换成报废品、将单方面事故伪造成双方事故、伪造证明、伪造医疗发票、医疗诊断证明等方式和手段，将车辆故意损坏后伪造交通事故以期获得赔偿，或者将保险车辆故意销毁或藏起来后谎称被盗抢等。

案例 8-2

案情简介：2018 年 3 月 10 号，某地交警大队接到报警电话称，在村口路段发生了一起轿车撞到路边树木的交通事故，据驾驶人高某交代，自己当时是为了紧急避让对向而来的一辆轿车才撞上了路边的树木，造成车子严重损坏。

查勘情况：交警接警后迅速出警，对案发现场进行了调查，发现轿车前照灯、保险杠等位置严重损坏，车内安全气囊已弹出。

案件疑点：交警通过仔细勘查现场发现，残留在地面的都是大的、整块的汽车碎片，汽车损坏较为严重，但是被撞树皮表皮只是轻微受损，不符合逻辑。通过调取高某的行车路段的监控发现，高某驾驶的小轿车在到达报警地点之前车身就有多处明显的损坏痕迹。

案件真相：在证据面前，高某终于承认了自己的造假行为，并且一五一十地向民警交代了事情真相。原来在 3 月 9 号晚，高某因为跟同村的几个好友一起吃饭的时候喝了小半斤白酒，当晚抱着侥幸的心理酒驾，在开车的途中向左侧超车撞上了一辆大挂车尾部，车辆严重受损。由于高某担心酒驾会被交警处罚便选择与挂车驾驶人私了，并赔付对方一千余元人民币。第二天高某将车运到修理店，检查发现修理汽车损失需要一万元人民币以上，高某为了减少损失决定铤而走险，伪造了一个单方面事故现场，然后报警，企图让交警出警后开具证明，然后再向保险公司索赔。

案例 8-3

案情简介：某年 4 月 13 日凌晨 1 时 30 分，某财产保险股份有限公司某分公司接到驾驶人李某报案，称他所驾驶的金杯面包车在行驶至某中学附近时，因避让一辆从侧面骑上公路的骑车人，不慎与前方迎面驶来的丰田面包车发生轻微碰撞，致使丰田面包车滑入路边的河中，要求分公司派人员查勘理赔。

经查，李某 39 岁，是某制造公司经理，其驾驶的金杯面包车是刚购数月的新车；丰田面包车车主张某 32 岁，系无业人员，其所驾车辆为多年使用的旧车。事故发生后，两人除向保险公司报案外，还分别向派出所和交警大队某中队报了案。

根据交警做出的交通事故责任认定，保险公司不仅要赔偿被撞坏的金杯面包车价值数千元的车辆损失，还要赔偿丰田面包车因整车进水需要更换的价值十多万元的配件费用及修理费。

随着负责调查本案的理赔查勘人员的深入调查，发现该起事故存在诸多疑点：①两车刮擦轻微，"肇事"的金杯面包车左侧倒车镜损坏，车身有明显的新擦痕，而丰田面包车仅倒车镜损坏，车上无任何新擦痕，这样的碰擦一般不会导致丰田车滑入路边河中的结果。②"事故"发生在深夜，事发地点位于一条偏僻的乡间公路，除两人的证词外，无任何目击证人，当事人提及的可以直接证明事故真伪的骑车人也无法找到。③丰田面包车刚刚变更过车主，4月20日零时才变更生效，4月20日凌晨1时48分就出险，不得不让人怀疑事发蹊跷。④两车车主并非"不打不相识"，而是事发前就很熟悉。⑤"受害"的丰田面包车车主张某在事发后的理赔"积极性"极高，与理赔人员交涉时咄咄逼人，而"肇事"后理应负全责的李某却很低调。面对理赔人员的例行调查，张某拒不提供丰田面包车的来源、保险单证情况。此外，张某对理赔人员到派出所等单位的调查活动异常关注。

保险公司通过间接调查还获悉，张某所驾的丰田面包车原属于某地的一家公司，该车被张某弄到手前，其资产折旧值已是零。

案件进展：虽然保险公司查勘人员调查中发现上述疑点，但仅凭这些疑点还很难认定该起事故不在理赔范围，如果贸然出具拒赔报告，有可能会引发诉讼，而且诉讼结果难以预料。4月29日，保险公司决定向警方报案，期盼警方能查清这些疑点背后的真相。

某分局经侦大队接到报案后迅速展开侦查，并于五月上旬依法对张某、李某两人同时进行了传讯。

案件真相：面对警方审查，张、李二人不得不交代两人合谋造假，企图骗取大额保险金的经过。原来，张某早就开始以倒卖废旧机动车辆作为自己谋生的手段。或许是觉得这样挣钱太慢太累，张某决定发挥自己熟知车险理赔各个环节的"优势"，冒险赌一把。经与李某商量，两人故意将两车左侧的倒车镜损坏，用砖头在丰田面包车侧面磨出擦痕，而后选择一僻静之处，用另一辆车将丰田面包车拖入河中。接着，两人孤注一掷，分别向公安部门和保险公司报案。

张某还交代，某年5月11日在某地境内发生的一起桑塔纳轿车撞击奥迪轿车交通"事故"，也与其有关。当事人为骗取车险赔款，故意伪造了一份警方的交通事故责任认定书。该保险公司分公司获悉后，立即要求承保桑塔纳轿车的某分公司进行调查，并收回已赔偿的保险金。

5月19日，该保险公司根据警方的调查结果出具拒赔报告，认为"本案是张某和李某事先预谋的行为，性质上涉嫌保险欺诈，故予以拒赔，并终止本公司所承保的金杯面包车的保险合同"。

3. 一险多赔

一险多赔分为一次事故多次索赔和一次事故向多个保险人索赔。

（1）一次事故多次索赔 一次事故多次索赔是指投保人出险后向保险公司报案获得赔

偿后并没有及时修理车辆，隔一段时间后，投保人挑选在其他的时间和地点，编造不同的意外事故经过，通过不同的时间差、不同的经办人和不同的事故地点重复索赔企图获得多次赔偿。

（2）一次事故向多个保险人索赔 一次事故向多个保险人索赔属于重复投保的情况。投保人向多个保险公司购买汽车保险，且向各保险公司隐瞒这一事实，当事故发生后向多个汽车保险公司分别索赔，从而多次获得索赔金。但是随着保险公司之间加强了信息交流，同时在银保监会的组织下建立起了信息沟通平台，这类案件的发生率得到了有效遏制。

案例 8-4

案情简介： 2016 年 8 月，四川雅安的某保险公司接到王某的报案，王某称自己的卡罗拉轿车在一个偏僻小巷子里停车后被其他车辆碰撞损坏。保险公司的工作人员在审核处理这起事故时发现了一些疑点，因为在三年前的 4 月份，也有一辆轿车在同样的地方撞上了这个电线杆，而且车主同为王某。当时工作人员存有一丝疑虑，就查询了近年来的理赔单，结果发现王某和三家修理厂的名字频繁地出现在公司的保单上，因此，保险公司及时报了警。

案件侦查： 警方在接案后迅速对此事展开了侦查，在调查的过程中民警发现问题并非像表面看上去那样简单，其一就是保险公司提供的这些保险单上修理厂的地址，三家修理厂的地址实则都是一个地方，只是在这三年里更换过名字，而这家修理厂竟然是王某本人开的。其二是理赔对象王某，每次发生事故的对象都是自己的亲属或者是朋友。这种种的证据都表明，王某涉嫌骗保。警方在发现这一情况后，很快将王某逮捕归案，经过审讯得知，王某发现保险公司不同地点的理赔员不同，同一辆车也可以在不同的公司投保，于是就动了伪造交通事故的想法，有时甚至还会利用同一处车损向不同的保险公司重复索赔。由于保险公司之间竞争激烈，各家公司之间为了不让信息泄露、客户流失，往往不将保险信息与同行交流共享，这一漏洞造成王某一伙人屡次得手。

案件分析： 选择车辆保险诈骗的犯罪嫌疑人往往是长期从事车辆维修、保险理赔的工作人员等，他们熟知各个环节。他们有的做伪证，有的提供虚假证明材料，有的实施事故欺诈，以假乱真，混淆公安机关办案视线。然而真相终有一天会被揭开，本案中王某团伙多次的保险索赔引起了保险公司的注意，经过警方的侦查后发现了王某一行人的不法犯罪事实，据悉王某这几年诈骗金额高达数百万元，已被依法逮捕。

---

4. 超额投保

投保人利用展业人员多收保费的心理，在承保时故意以高于车辆实际价值的金额投保，以期在保险事故发生时获取高于保险车辆实际价值的赔偿。这类情况中，投保人的车一般都接近报废，或者超额投保后故意制造保险标的全损事故，将车子坠毁或纵火焚烧等，故意毁坏车辆，利用出险时实际价值难以确定这一制约因素，通过谈判、诉讼手段，来诈取赔偿金。

案例 8-5

案情简介： 某年二月份，浙江温州警方接到温州市某保险公司提供的线索，报案人称，他们在梳理近阶段行业理赔信息时，发现在丽水市的一次汽车理赔中存在着许多反常现象。温州苍南县有四五辆汽车在丽水市遭遇了水淹事故，基本都是全损。事发当天，丽水发生了洪涝灾害，这几辆车几乎同时从温州苍南县出发，驱车 200km 前往丽水，最后同样因为车辆浸水导致报废，这几辆车在事发之前均购买了多份商业车险，每个车主最后都获得了十余万或数十万的大额赔偿。

调查情况： 温州市公安机关组织了相关警力对人、车进行了综合的排摸，研判后发现，这几位车主案发当天的行车轨迹非常可疑，几位车主中午都还在温州境内，下午就到丽水了，当时丽水水灾的消息已经发布出去，几位车主明知水灾严重，还要驱车数百公里赶赴灾区，这其中又有什么特殊的原因呢？警方对几位嫌疑人进行调查后，其中一名车主李某辩解道是听到了丽水灾情严重，想过去看看能不能帮上什么忙，以赈灾的名义过去。但是，当时丽水已经实行道路交通管制了，李某不顾市政工人的极力劝阻，趁别人不注意的时候把车开到街道漫水的地方去。警方调查其他几位车主得到的答复也跟李某如出一辙，警方进一步调查后发现，这一行人去丽水的途中，没有准备任何的赈灾工具或者物资，赈灾实乃无稽之谈，在进一步的追问下，李某改称自己是去做海鲜生意的，然而温州是沿海地带（不进海鲜），丽水作为山区，就更不进海鲜了，这一理由十分牵强。警方对李某的车做进一步摸查后发现，李某的车是二手的，买过来是 50 多万，却让对方故意把发票开到 90 多万，这一行为涉嫌虚开购车发票，超额投保，是一起有预谋的保险诈骗案。

5. 超损索赔

这类案件一般是投保人在事故发生后，贪图钱财，为了获得更高额的赔偿，进行二次破坏，扩大损失程度，或者是勾结定损人员或修理厂家，将不属于赔偿范围内的修理费用纳入保险损失等。

6. 非保险损失偷梁换柱变为保险损失

（1）除外责任事故伪造成保险责任内事故　车险保险合同中往往会规定除外责任，例如无证驾驶、酒驾等。投保人在事故发生后找代替驾驶人报案，或者没有投保自燃险的投保人在车辆自燃后伪造火灾现场以期获得赔偿等，将原不属于保险公司赔偿的范围"变成"赔偿范围内。

（2）顶替他人、冒充索赔　这类案件一般是指汽车出险后，造成了一定的财产损失或人身伤亡，但是由于某些原因，部分当事人是没有资格向保险公司索赔的，但他在索赔的时候却隐瞒了部分真实信息，替换成有资格向保险公司索取赔款的"理由"来诈取保险公司的赔付款。一般来说，有的驾驶人是发生事故时自己的汽车没有投保，为了减少损失伙同他人将已投保的汽车替换自己的车伪造事故骗取赔款，有的是普通伤亡者冒充保险第三事故伤亡者，企图向保险人诈取医疗费用等。

案例 8-6

案情简介： 2017 年 3 月 20 日 7 时许，中卫市交警支队接到报警称，在某农村道路发生无接触道路交通事故。白色轿车驾驶人称其驾驶车辆正常行驶到路口准备转弯时，对面雪佛兰轿车突然逆向行驶，白色轿车驾驶人为了避免与雪佛兰轿车发生正面碰撞猛打转向盘，导致其车辆侧翻到路边小树林，造成白色轿车严重受损。

双方驾驶人经过现场协商，雪佛兰轿车驾驶人自愿承担事故的全部责任。本来一起简单的交通事故，双方驾驶人已经协商达成一致并向保险公司提出快速理赔，但戏剧性的是白色轿车定损时因超过快速理赔的范围（宁夏地区单车损失1万元内、责任明确可以快速理赔）需要提供交警部门对该起事故的认定结果。同时，某保险公司也觉得此案疑点和巧合过多，便向交通事故现场勘查经验丰富的张某求助，希望得到帮助。也正是事故双方到交警队开具认定书时，张某发现了原来"案中有案"。

案件侦查： 依据事故处理程序规定，张某对双方驾驶人进行了简单的询问，查看了白色轿车驾驶人头部留下的痕迹。双方车辆驾驶人也陈述道，发生事故时两车上都只有1名驾驶人，无其他乘客，事故发生后两车没有移动，属原始现场。

从保险公司勘查人员提供的现场照片中可以清楚地看到，白色轿车侧翻后主副驾驶位安全气囊全部展开，其中主驾驶位安全气囊明显褶皱，副驾驶位安全气囊褶皱不明显但也不完全饱满。通常情况下，如果副驾驶位无人乘坐，车辆发生交通事故时安全气囊展开是非常平整、饱满的，如果无人为破坏安全气囊会以饱满的态势保持数月。主副驾驶位置安全带有使用过的痕迹且均已锁定，副驾驶位座椅向后放倒。从这些痕迹来看，事故发生时该位置有人乘坐，但白色轿车驾驶人在张某进行询问时说车辆上只有自己，他在帮同伴隐瞒什么呢？

唯一的解释就是事故发生后有人离开了现场，为此张某查看了自称是白色轿车驾驶人的左右两侧脖子，该驾驶人左侧脖子无明显痕迹，而右侧脖子有轻微勒痕。车辆在剧烈碰撞或翻滚后，只要乘坐人员使用安全带，安全带的保护作用也会显现出来，车辆安全带会突然锁定，在惯性的作用下乘坐人员会向安全带保护作用的相反方向运动，这样乘坐人员因乘坐位置不同而表现出受伤位置也有区别。通常情况下，驾驶人左肩和左侧脖子上会留下勒痕，副驾驶位乘坐人员的右肩和右侧脖子上会留下勒痕，车辆前排人员面部同样也会留下相应的痕迹。该案中，张某对白色轿车驾驶人的检查也恰好验证了这一点。张某发现了这些细节，让双方车辆驾驶人紧张了起来。

案件真相： 面对张某精准的分析和痕迹判断，双方车辆驾驶人也道出了实情。原来马某驾驶同学李某（副驾驶位乘坐）的车辆在去驾校途中，因操作不当车辆侧翻到路边树林里，造成车辆严重受损。而马某正在学科目三，还未取得机动车驾驶证，加上车辆未投保车损险，两人商量觉得农村道路没有监控视频，交警和保险公司勘查人员也不知道谁开的车，便信心百倍地由李某充当驾驶人，并叫另一名同学禹某驾驶保险较全的雪佛兰轿车到事故现场，精心"布置"了事故现场。

案例 8-7

案情简介： 2016年3月5日，驾驶人李某报警称，他当日驾驶白色SUV与骑电动自行车上班的刘某在318国道的一处三岔路汇合处发生了碰撞，伤者刘某当场倒地，随后被自己驾车送往当地卫生院，白色SUV车头轻微受损。

查勘情况： 停在卫生院的白色SUV车头有碰撞痕迹，车头和电动自行车发生碰撞摩擦的时候，伤者的腿夹在中间，碰撞痕迹不是很明显，无法做痕迹检测。

案情反转： 刘某来到派出所简单交代了事情的真正经过。原来事发当日李某与刘某在转弯途中发生了碰撞，由于李某当时驾驶的白色 SUV 没有办理保险，李某为了减轻自己的损失，想到自己堂弟的车子也是白色 SUV，与自己的车外形相似而且购买了保险，便与刘某商议承诺给其赔偿医疗费用和精神损失费等共计几万元，让其对交警和保险公司方面宣称当日是李某驾驶堂弟的车与他发生碰撞。事故发生后，由于车子形状相似，痕迹检测也无法做，现场人员对他们伪造的现场没有检测出来，保险公司便先期为其垫付了一万元医疗费用，后期费用正在准备理赔中。然而由于李某方面只给刘某付了一部分医疗费用，后续的钱迟迟没给，导致刘某产生了自己被骗的感觉，于是去派出所请求民警主持公道，这才真相大白。

案情分析：本案是一起典型的由交通事故引起的诈骗案件，肇事驾驶人李某是起组织和策划作用的，他的堂弟参与配合了这起保险诈骗。从伤者刘某事后到公安机关报案要求公安机关公正地处理这起交通事故的情况来看，他没有正确地认识到自己的行为构成了保险欺诈罪，他的一系列行为表明他的法律意识相对淡薄。虽然三方的想法不一样，但是共同构成了保险欺诈行为。从本案来看，李某一方面是没有购买保险，另一方面是无视法律企图投机取巧，导致了他用堂弟的车顶包的行为，所以身为驾驶人最好还是要购买一定的保险来规避风险，同时也要对法律心存足够的敬畏。

8.3.2　保险人欺诈

保险人欺诈可以分为保险公司经营管理问题和保险公司从业人员的欺诈两个层面。

1. 保险公司经营管理问题

随着保险业竞争的日益激烈，一些保险公司为了占取市场份额，进行虚假广告宣传，过于夸大保险赔付的范围和赔付金额等，诱导消费者选择自家保险公司进行投保；还有的保险公司私自提高手续费、恶性竞争等；部分保险公司为了降低赔付率会在投保人索赔的流程上动手脚，设置障碍，增加投保人的获赔条件，赔偿部分金额、拖延赔偿时间甚至拒不赔偿，严重影响保险公司的声誉。

2. 保险公司从业人员的欺诈

由于保险从业人员素质参差不齐，有些保险代理人利欲熏心，伪造虚假保单，骗取客户保费；还有的从业人员因为熟悉公司内部步骤流程，通过漏洞牟私利；部分业务员为了业绩采用欺诈客户的手段诱导客户投保甚至骗取用户保金。以上违法行为都极大地损害了保险公司和投保人的利益，造成了极其恶劣的社会影响。

8.3.3　保险代理人欺诈

保险代理人是指根据保险人委托，在保险人授权的范围内代为办理保险业务，并依法向保险人收取代理手续费的单位或个人。作为连接保险公司和投保人之间的桥梁，保险代理人一直扮演着一个关键性的角色。由于信息不对称，保险代理人通常可以通过隐瞒相关信息的手段进行欺诈，从而诈取利益，主要体现在以下几个方面：

1）为了取得更好的业绩从而获得更高的佣金，保险代理人往往只重视保单的数量，对保险公司隐瞒一些高风险信息，"劣质业务"使保险人承保高风险标的，潜在保险事故的发生概率增大，潜在的赔付率增加，影响到公司的整体利润。

2）由于保险代理人通常由汽车销售商和修理厂充当，所以当投保人将事故车辆送给修理厂商时，部分厂商会用低廉材料进行修理，却用高档材料的价格向保险公司索赔，通过双方信息不对称进行欺诈来赚取材料差价。

3）在投保人将车送往修理厂修理时，部分修理厂会隐瞒车主将车子进行二次损伤，增加车子的损伤程度，然后向保险公司索要更高额的赔偿。

案例 8-8

案情简介： 在保险业，内行坑外行的事情并不少见，仗着外行的认知不够深入从而获取某些利益，但这点在汽车维修上可谓是内行坑内行了。近日，某保险公司承保的车辆发生双车碰撞事故，车主在事发后将车辆送至汽车修理厂，车子在修理厂的几天内，其受损情况有了较大的改变。随后车主将车辆开到4S店去进行维修，但对于车辆碰撞以外的受损，4S店与保险公司无法达成一致。该保险公司委托某保险鉴定公司对车辆碰撞的受损程度进行了技术鉴定。

案件疑点与调查情况： 保险公司理赔员对投保车辆进行复勘时，该修理厂的工作人员却一反常态，拉下卷帘门拒绝查勘员对事故车辆进行检查，万般阻拦，态度恶劣。协商无果后，车主将车辆开至4S店，由第三方检测机构进行了调查鉴定。图 8-2 所示为投保车辆头部损毁情况。

图 8-2 投保车辆头部损毁情况

现场调查发现，该车车头前部受损，部分组件已被拆解，部分组件缺失未见。车头左侧纵梁变形，受力方向从外向内；车头内部左侧计算机控制板检见一固定脚破损，该计算机控制板为三固定脚三角形固定，计算机控制板保护外壳以及计算机控制板前方蓄电池均缺失未见，计算机控制板表面未见外力碰撞痕迹，检视其固定脚破损处，螺钉可见拆卸痕迹，固定脚为弯折破损，受力方向由内向外，计算机控制板安装支架未见破损或变形。在投保车辆发动机附近，三元催化器壳体、氧传感器、发电机上部壳体及管路、变速器下部壳体以及冷泵受损，出现多处机械外力撞击痕迹，且受力方向的多变令人生疑。

综合现场调查、同款车型比对、委托人提供的照片以及专业的痕迹分析，鉴定人员发现该投保车辆的破损并非只是双车碰撞那么简单。原因如下：

1）计算机控制板安装位置位于蓄电池后方，具有保护壳体，且受力方向由内向外，这与事故车辆前部受力的事实明显不符。电固定脚破损处的螺钉呈现出被拆卸的痕迹，更加深了鉴定人员对破损原因的怀疑。

2）车辆三元催化器前端为电子风扇，但三元催化器上出现的痕迹为尖锐硬物所致，区区风扇还没有这么大的本事，并且多处痕迹受力方向并不相同。

3）发电机冷泵、发电机以及变速器上的痕迹均没有相应的造痕客体，那么这些"莫名其妙"的受损痕迹从何而来？

诸多疑点最终让修理厂哑口无言，承认了自己欲图骗保获取利益的事实。

案例 8-9

案情简介：经常开车的人难免会有个磕磕碰碰，汽车修理厂对于广大车主来说并不陌生。家住武汉的王先生将车送往修理厂后却发现了一丝不对劲。原来王先生的车前段时间遭遇到了剐蹭，车头、车身上都有划痕，于是王先生将车送去了一家修理厂，想把划痕的地方做个喷漆。几天后王先生去提车的时候发现，车身上的划痕虽然被修复好了，但是车门却出了点问题，关门的时候关不严，仔细检查后王先生还发现车右侧大灯似乎被换掉了，这些情况的出现让王先生百思不得其解。于是，王先生次日便去找修理厂讨要说法。修理厂方面告知王先生这次的喷漆不要钱，修理厂已经帮他走了保险，费用由保险公司出，王先生进一步找保险公司要求查看修车的车辆定损单和照片，看到照片后，王先生惊讶地发现自己的车与一辆路虎撞在一起，他的车右侧车身严重变形，右侧车头灯受损严重。

案情分析：这是一起典型的汽修厂拿客户的车去私下制造事故，从而骗取保险赔偿赚取维修差价的骗保案。本案中修理厂老板拿自己的车，把好件拆下来装上旧件，和王先生的车故意发生剐蹭，制造事故。这样，定损的时候，保险公司就完全按照路虎的原厂价格来定损。

本案中，包括王先生的车灯、车门，路虎车的车灯等配件在内，保险公司都按照原价进行了定损。最终，王先生的车定损 6321 元，修理厂老板的路虎车定损 14575 元，两辆车保险公司共赔付了两万余元，这些钱都落进了修理厂老板的钱包。

8.4 汽车保险欺诈的防范管理和对策

风险控制是指在风险识别与风险衡量的基础上，通过对存在的风险运用积极的控制措施，将风险避免或控制到最低程度的过程。保险欺诈的表现形式多种多样，但其中也存在着关键性的风险特征，识别依据理赔人员的多年经验总结出的风险特征，加强对这些经验性特征的重视，并适时采取必要的措施，可以帮助保险公司更好地控制风险。

8.4.1 查勘环节的防范管理

查勘环节的防范管理分为客户因素、人员因素、管理因素和其他因素的防范管理，见表8-3、表8-4、表8-5和表8-6。

1. 客户因素

表 8-3 查勘环节—客户因素的防范管理

表现形式	风险特征	识别技巧	控制方法
出险在先，投保在后	1)投保时间与出险时间非常接近。 2)过户时间较短的车辆。 3)往往在假日、周末下班前不久或午饭前后等查勘力量相对薄弱时标的车出险，报案索赔。 4)多为单方肇事。 5)事故往往发生在偏远地区或高速等旁证较少地段。 6)未在案发第一现场报案。 7)客户对查勘定损的相关步骤流程和要求较为熟悉	1)损坏部位陈旧，损坏痕迹不清楚。 2)被保险人在赔偿金额上极易达成妥协。 3)客户拒绝现场查勘或在复勘时设置一定的障碍。 4)不能提供事故证明或所提供的事故证明有涂改现象。 5)对投保单证前后相连号码在时间上进行比较，推断是否先出险后投保	1)出险时间距投保时间较近，需要认真核实出险时间，对出险时间和报案时间进行对比，看是否超出 48 小时。了解车辆启程或返回的时间、行驶路线、委托运输单位的装卸货物时间、伤者住院治疗的时间等来核实时间。 2)对损坏部位陈旧的事故，询问当事人或目击者，必要时采取报案的方式来促使客户放弃索赔。 3)碰到没有第一事故现场的，需要对车辆受损部位和损失程度进行仔细查勘，判断事故的发生是否符合逻辑关系。 4)要求每个案件都必须对出险驾驶人进行询问并做好笔录
客户及修理厂制造事故现场骗取赔款	1)多为单方肇事，且事故损失程度不高，零配件损失较多。 2)车辆在一个保险年度内多次出险且多为单方事故。 3)老旧车型或稀有车型足额投保，报案及时且损失程度不高。 4)出险车辆缺乏动力，油箱中没有油，关键部位有生锈现象。 5)气囊非正常弹出，有人为切开痕迹	1)查勘第一现场，仔细检查有无拆解痕迹。 2)仔细查看受损零部件编号、成色，检查其是否为原车配件。 3)对现场痕迹物证进行分析对比，辨别事故场地残留物与车损是否相符	1)接到报案后尽快回收受损配件并统一处理。 2)查勘时要注意受损部件的安装是否牢固，周围成色是否相近，防止零部件被替换。 3)加强与相关部门和行业的信息交流，对该车的出险情况进行必要的了解。 4)跟踪车辆修复过程(含配件购置过程)，修复后验车理赔。 5)根据案件类型必要时可采取报案处理。 6)提高行业从业人员工作责任心和业务能力，强化其逻辑推理分析能力，增强其识假技能
重复索赔	1)事故原因简单，多是单方面事故。 2)历史上索赔频次较高，事故类型相似。 3)事故损失程度较轻。 4)客户对定损结果要求不高。 5)事故往往发生在偏远地区或高速等旁证较少地段。 6)要求不同查勘人员进行查勘。 7)汽车多出现尾部、车身后部或外附件损坏等	1)寻找事发在场目击者，调查事故发生的具体情况，对报案人所陈诉的出险经过的合理性、可能性进行分析判断。 2)做好询问笔录，对车主或驾驶人陈述的事故前后的活动分析核实，寻找证据。 3)查勘时观察地面有无车轮被撞与地面摩擦痕迹或其他非停放的碰撞证据。 4)仔细查看车辆受损部分的伤痕，辨别是否有维修痕迹。 5)客户往往会选择较低档次的修理厂。 6)加强与交管部门和同业的联系，调查是否有出险或索赔证据	1)查勘人员仔细核查相关部门证明(交警事故证明、小区管理部门证明等)，积极寻找旁证。 2)以承保特约方式约定此类事故处理方法，以防止客户逆选择。 3)建立风险客户"黑名单"，依托银保监组织建立的沟通平台交流行业数据。 4)查勘定损后第一时间回收或销毁所更换配件。 5)加强维修质量监督，不给有心之人以修代换甚至不修，意图再次报案重复索赔的机会。 6)修复后验车理赔

（续）

表现形式	风险特征	识别技巧	控制方法
车辆配置非原装配置，客户要求按原装件价格定损	1）承保车辆较为陈旧，且多为中低端车型，配件有更换痕迹。 2）冷门车型，且正副厂的配件价格相差很大。 3）多为单方事故。 4）客户与修理厂的关系不一般，或专门指定修理厂修理。 5）出险频次不正常	1）正副厂配件产品材质相差较大，质量区别明显。 2）损坏零件没有编码或编码模糊不清的是副厂件。 3）通过将损坏部件与原厂配件样品对比来识别真伪	1）明确告知客户按出险时受损配件的质量进行更换。 2）加强更换件审查，防止继续扩大损失。 3）加强事故车辆维修质量监督
加装件、改装件损坏后要求索赔	1）部分车主对投保车辆私自加装配件，出险损坏后要求赔偿。 2）部分车主对投保车私自进行改装，发生事故后改装配件损坏，车主要求赔偿。 3）发生事故后车上附加设备损坏，要求索赔	1）要求工作人员对车型熟悉，了解市面常见车型的配置。 2）通过寻求专业人士帮助确认是否加装、改装或者有附加设备。 3）审阅保单看客户是否投保新增设备附加险，并且遵照设备清单确定配件损失项目。 4）对保单进行查验，确认车辆型号与对应配置	1）企业加强对相关工作人员的各项工作技能培训，提高工作人员的专业水平。 2）车上升级配件等情况出险后一律按照投保时提供的配置标准进行定损。 3）严格查勘定损，加强环节监督
伪造理赔资料，骗取保险赔款	1）各种单证笔迹雷同或使用术语不规范、不标准。 2）各类印章模糊，相关发票号码连号或号码相近或有涂改、笔迹有轻有重等。 3）单证异常齐全，或罕见有大量证据，或拖着交证。 4）极其迫切地要求尽快处理赔案。 5）被保险人假托不计较赔多赔少现象。 6）医院的诊断证明与当事人、道路交通事故责任认定书中的叙述有严重的出入甚至矛盾。 7）被保险人年内频繁出险且都是在同一家医院接受治疗	1）监制保单要注意审查是否有中国银保监会指定的防伪标志（正本加印有浅褐色防伪底纹）。 2）加强人伤调查及医疗审核的跟进力度。 3）积极和交警部门沟通，跟进事故最新进展。 4）对客户提交的审核资料仔细审查，发现疑点。 5）对第一事故现场仔细勘察并且寻找目击证人还原事故真相	1）加强与相关部门的合作，公开案情，接受多渠道的社会监督。 2）严格执行大案跟踪和前置，跟踪案件最新进展。 3）坚持使用原始资料，提高对相关文件资料的审核力度，对重要资料和金额损失较大的案件进行追溯确认
专修厂价格定损，一般厂修理	1）定损地点不在车辆修理厂，客户要求到专修厂修理。 2）车辆虽然在特约维修厂定损，但是却不拆检。 3）一般为旧车，车辆各项性能指标都有所下降。 4）车辆是中低端普及车型	1）客户非常关注定损的配件价格。 2）定损时不让拆解。 3）客户要求一次定损，并且不提供修理发票	1）完善定损单要素，明确要求客户提供指定维修厂的修理发票。 2）建立定损中心，规范定损程序。 3）加大与修理厂的合作力度，给客户提供优质的修理服务。 4）跟踪修理车辆的修理过程

（续）

表现形式	风险特征	识别技巧	控制方法
客户无理取闹,强迫超标准超范围定损	1)客户无理取闹,与工作人员发生争执。 2)客户对工作人员谩骂威胁等,甚至采取过激行为,对公司的工作流程造成影响。 3)客户通过媒体、法律等程序影响公司声誉	1)客户把获取利益放在首位。 2)对相关工作人员的正常工作流程拒不配合,甚至伴有过激言语和行为。 3)事故对客户造成较大损失,但事故是属于责任免除范围	1)组织相关工作小组,明确分工,对客户的无理行为进行劝说和交涉,并且总结相关经验不断完善处理预案。 2)提高工作人员服务水平,稳定客户情绪,晓之以理动之以情,力求和平解决争端。 3)提升相关工作人员的沟通能力。 4)加强行业内信息交流,丰富相关案件的处理经验。 5)必要时可请评估机构来进行公估。 6)对于蛮不讲理且极大影响公司安全和秩序的客户可以进行报警,寻求警方的援助
第三者损失方不配合	1)第三者损失方不配合相关工作人员的正常工作,拒绝保险人对车辆损失的检查。 2)第三者损失方给保险人施压,使其不接受定损价格。 3)第三者损失方恶意刁难被保险人,使损失无法被正确判断。 4)第三者损失方要求高,难以确定定损。 5)协议赔付多,赔偿缺少有效单证和依据。 6)残值扣除和残余回收难度大	1)根据第三者损失方所提供的相关照片审核识别。 2)根据第三者损失方所提供的价格清单咨询识别。 3)结合照片和清单核对识别。 4)进行同业方案对比,案例对比。 5)积极和被保险人沟通,为被保险人提供鉴定技术支持。 6)协议赔付中赔款额明显增多	1)在投保之前将保险理赔原则和注意事项清楚告知客户。 2)通过与客户联系争取参与定损,维护公司正当权利。 3)加强与有关部门的联系合作,寻求有关部门的帮助,参与定损。 4)坚持"以我为主"的原则,及时、合理地出具定损、核损报告。 5)对残余物资进行回收,减少公司损失。 6)对于较大的项目,可实行招标修理
以次充好,扩大损失	1)客户或修理厂所提供的损失项目清单按工序罗列较为复杂。 2)客户或修理厂在查勘员到场后与查勘员攀关系,称在公司内部有熟人。 3)受损部位和项目跟本次事故明显不相关。 4)修理厂诱导客户更换尚可修理的钣金件。 5)修理厂把可以拆分的零配件,按总成更换或把总成件分项定损	1)认真核查现场碰撞痕迹,向查勘员了解第一现场的查勘情况,判断事故发生真实性、碰撞痕迹与现场是否吻合,必要时可以复勘。 2)对报损配件的安装螺钉进行检查,查看是否有拆装情况。 3)查看报损零件编码,将零件生产时间和汽车生产时间进行比对,判断是否为顶替零件。 4)对损坏零部件新旧程度、灰尘沙粒等附着物是否与周围一致和报损轮胎花纹与其他轮胎是一致做重点查验	1)对第一现场按照相关要求认真做好查勘工作,对高价值配件和已更换配件进行拍照保存。 2)定损前查勘卷宗,了解损失情况。 3)要求修理厂在有保险公司工作人员在场监督的情况下对车辆进行拆解,否则保险公司有权重新核定修理价格甚至拒赔。 4)对损余物资管理的相关规定严格执行,对可以更换的零配件及时更换,特别是价值较高的零配件

（续）

表现形式	风险特征	识别技巧	控制方法
酒后驾车或无证驾驶	1）出险时间集中在饭点或夜晚。 2）驾驶人对事故发生的经过描述不清，或前后矛盾逻辑混乱。 3）造成比较大的事故但驾驶人没有明显的受伤情况。 4）车辆内部有明显酒精味，但驾驶人及其他车上乘客没有喝酒。 5）驾驶人不是车主本人且拒绝在第一时间联系车主进行酒精测验等	1）对饭点等易出现酒后驾车时间段的事故，尽量在第一现场对驾驶人进行询问和记录，重点询问出险前的活动地点、相关参与人员和活动的内容。 2）非单方事故要调查第三方，询问第三方事故经过，交警参与处理的案件可以向办案交警了解案件情况。 3）肇事车辆内部有血迹等，而驾驶人及其他车内人员没有受伤。 4）肇事驾驶人对该车的情况不甚了解	1）对特殊时段的事故坚持第一现场查勘，加大对事故现场的调查力度。 2）加强对案件的跟踪深度，对肇事驾驶人事故发生前的活动和通话记录等进行深度调查。 3）一旦发现疑点，应对报案驾驶人加强说服教育并普及相关法律法规。 4）对车辆内部残留血迹血型与车内人员的血型进行核查比对。 5）尽快联系车主并确认其是否喝酒。 6）调查驾驶人和车主的关系，或通过与驾驶人沟通事故车辆基本性能、基本操作的谈话鉴别驾驶人的真伪
配件不影响使用，客户要求更换	1）客户和汽修厂串通，由修理厂出面认定某配件无法使用，要求更换。 2）某些配件部分损坏，简单维修后能正常使用，客户要求更换新件。 3）电子类配件表面无法判断是否损坏，修理厂认为不能提供质量保证，客户以内部损伤为由，要求更换	1）比对法：将受损配件和完好配件进行对比，通过测量主要参数进行比对来确定配件是否损坏。 2）检测法：用万用表等仪器对电器元件的主要参数进行测量。 3）代替法：对于无法准确判断的疑难配件，可以更换新件之后与使用原件进行对比来判断问题配件是否损坏。 4）拆下来的受损配件交由修理厂保管，或要求残值作价与被保险人，然后从被保险人手中以残值价回收受损配件	1）碰到可以修理的零部件时坚持只修不换的原则。弯曲变形的钣金件，一般修理；折弯变形的钣金件可以更换；热塑性材料以修为主；热固性塑料件损伤以换为主；受损的机械配件，若通过加工仍然无法达到装配要求，或通过矫正无法保证使用性能和安全要求，或断裂无法焊接或焊接后无法保证使用性能和安全的要求，原则上予以更换；电子元件，除开安全气囊电子元件、控制单元等安全性能要求极高的部件，其他电子元件受损必须有明显的受撞击痕迹和撞击产生的变形、损伤、烧蚀，才能更换，线路损伤都可以采用对接锡焊法进行修复。 2）与客户签订质量保证协议，打消客户的担忧。 3）碰到客户始终坚持更换配件的情况，可折价处理，由客户承担部分损失。 4）防止更换件调包，及时收回损余物资。 5）坚持配件价格与市场价保持一致。 6）全程跟踪修理过程

（续）

表现形式	风险特征	识别技巧	控制方法
套牌骗赔	1)车牌支架螺钉松动过或是活动牌照支架。 2)无行驶证、保险单等证明资料。 3)对定损的要求不高。 4)客户有意组织查勘人员和周围的人接触。 5)客户和查勘人员接触时表现得过分热情或紧张,甚至做出对查勘人员套近乎的举动。 6)客户对查勘人员核对发动机号或车架号等行为拒不配合甚至加以阻拦,火烧类车辆只让查勘人员核对镶嵌在驾驶室内的铭牌	1)仔细询问车辆出险经过,了解车上乘客情况,重点询问车辆使用年限、车辆状况、近期索赔情况等,对询问情况做好记录。 2)通过比对保险抄单,辨别车辆真假。 3)重点检查车辆牌照、铭牌的安装情况,判断是否有更改、更换等情况。 4)认真核对发动机号和车架号。 5)对于存在疑问的车辆,可以到车辆管理部门点查阅车辆档案	1)提高查勘定损人员的责任心,加大培训和考核力度,提高查勘人员的专业知识水平,加强其专业素养,提高查勘人员识别和防范风险的能力。 2)尽快到达第一现场,提高外围调查力度。非单方事故须向三者方求证事件经过。 3)公开案情,接受公众举报。 4)加强与相关部门的联系,调查车辆的详细资料。 5)加大对骗赔案件的打击力度
碰撞痕迹与报案信息不符	1)事故损失程度较小。 2)非第一现场报案。 3)报案时间一般选择在双休日或其他非正常工作日等查勘力量相对薄弱的时候	1)对事故发生的细节进行重点询问,驾驶人往往无法连续准确地作答。 2)核对碰撞部位、现场遗留的痕迹等。 3)分析碰撞力度和方向是否符合逻辑关系,损伤痕迹和碰撞物是否吻合。 4)了解车辆型号、使用年限和保额情况,严格审查老旧车型和高保额车辆	1)加大对第一现场的查勘力度,分析查验碰撞痕迹和案发现场碰撞物是否吻合。 2)对现场的周边人士进行走访调查。 3)严格遵守承保规定,放弃老旧淘汰车型的承保
虚假双方事故	1)债务沉重,财务困难。 2)只同意口头或电话与保险公司联系,拒绝形成文字记录。 3)事故发生时间多在夜晚,没有事故现场,没有出现人员伤亡,即便有人伤也放弃索赔。 4)本车承担事故的所有责任。 5)本车足额投保。 6)肇事双方互相认识。 7)出险时间和投保或终保时间比较接近。 8)赔偿的手续委托修理厂进行办理	1)对现场进行多次查勘。 2)根据掌握的信息对事故发生的真实性和碰撞可能性进行判别分析。 3)与三者车主及其投保的保险公司进行联系,了解保险公司是否已经对其进行过赔付。 4)三者受损车辆是否愿意到肇事车辆指定的修理厂进行修理,修理厂是否为"路边店"等较低档次修理店,了解双方是否串通	1)增强工作人员工作责任心,强化逻辑推理能力,增强识假技能。 2)查勘定损前了解掌握该车的历史出险信息和赔款情况。 3)索要交警事故证明或其他相关证明,减少骗赔事故成功率。 4)对事故发生的真实性和碰撞可能性进行分析,对于有疑点的案件,即使有交警证明,也要去交警部门进行求证核实,确认是否属第一现场处理,视情况可以继续上报交警上级单位,以防止少数的交警与客户串通人情单的情况,迫使客户放弃索赔;加强同业联系,及时发现并处理骗赔案件。 5)做好查勘跟踪工作,加强维修质量检查,防止以次充好等情况发生,骗取差价

2. 人员因素

表 8-4　查勘环节—人员因素的防范管理

表现形式	风险特征	识别技巧	控制方法
查勘定损人员没有到第一现场查勘	1）对事故责任和原因不能准确地判别。 2）没能及时准确地取得第一手信息，影响事故的处理进度，容易造成损失的进一步扩大。 3）客户对服务不满甚至投诉，影响公司声誉。 4）对第三者损失情况不能准确了解	1）电话回访的过程中客户反映查勘人员没有到第一现场进行查勘。 2）查勘定损审核人员对查勘影像资料进行检查，查看是否有第一现场照片。 3）缺少三者损失第一手资料。 4）客户的反馈和投诉	1）增加查勘定损人员数量，配备必要查勘定损设备。 2）加强对查勘定损人员的纪律管理，完善考核机制，严格要求责任人，发生问题严肃处理。 3）合理设置监控节点，要求查勘定损人员严格遵循流程监控拍摄照片，重点检查是否有第一现场照片。 4）通过合理调控查勘定损资源，制订紧急备案等方式确保现场查勘
查勘定损中重要证据收集不足	1）没有认真调查调度专线交代的任务。 2）关键重要信息没有当事人的签名确认。 3）现场查看的时候没有仔细对事故车辆的损失部件、外观件取证确认。 4）没有对驾驶人的调包、超载等行为进行调查取证。 5）没有对客户告知索赔须知和事故处理的注意事项	1）查勘重点不清，对关键问题的记录不完整。 2）现场照片记录不完整或对现场的事故反映不完整。 3）对重大事故和疑难事故的调查取证不够全面。 4）部分需要客户签名的重要单证没有客户签名。 5）没有对有疑问的案件重点追踪记录	1）重点加强对理赔人员的技能培训，提升职业技能水准。 2）推行奖惩措施，对于因工作不负责不认真造成关键证据损失或导致公司不必要损失的，或者因为取证得当为公司挽回损失的可以分别给予适当奖惩。 3）加强人才建设和资源配备，确保有足够的人才和设备进行现场取证。 4）规范查勘定损工作流程。 5）必要时可以聘请鉴定专家
查勘定损人员技能不高	1）对保险条款的内容了解不清，对出险原因是否构成保险责任判断不准，如车身划痕或雷击范围等。 2）不能对事故损失范围进行准确认定，无法合理地确定事故对车辆造成的实际损失。 3）不能够对事故损失部位做出准确识别，不能有效地甄别出重复索赔。 4）擅自做出承诺，给后续工作带来不必要的麻烦	1）客户投诉工作人员水平不高，常有误导现象发生。 2）对查勘定损工作的审核发现差错率高。 3）经常更换总成件。 4）案平均赔款较高	1）加大对基础知识培训的力度，要求工作人员熟悉车险条款、熟悉岗位职责，提高其工作能力和业务熟练度。 2）对专业知识和业务能力重点培训。 3）实行考核制度，合格上岗，不合格淘汰。 4）加强对工作人员的责任心教育，实行理赔质量考核。 5）定期举行查勘定损人员工作大会，分析学习典型案例，互相交流分享同事之间的优良经验，共同提高。 6）跟踪考核查勘定损质量

（续）

表现形式	风险特征	识别技巧	控制方法
查勘定损人员思想觉悟不高,出现违规违纪行为	1)责任心不强,工作不认真。 2)存在"吃、拿、卡、要"现象。 3)存在查勘定损人员和修理厂内外勾结,强迫客户定点修车的不良现象。 4)与客户内外勾结,制造假事故,恶意诈取赔款	1)通过赔案审核和管理的形式对查勘定损人员的工作质量进行审核。 2)通过回访、举报、抽查等形式发现违规行为。 3)加强对理赔指标的监控。 4)建立方便快捷的客户投诉渠道。 5)探索全员理赔格局,让越来越多的人关注理赔,发现查勘定损中存在的问题	1)建立合理有效的监督制衡机制。 2)严肃理赔纪律,发现问题从严处理。 3)建立奖励制度,对于员工交回的客户礼物由公司出面退还客户,并对员工进行一定的奖励。 4)认真组织晨训,要求员工严于律己,提高思想觉悟。 5)对表现较好的员工适当提高工资水平。 6)建立完善的个人贡献评价体系,培养员工良好的职业道德
责任心不强,定损质量不高	1)更换确定不合理。 2)没有在第一时间查勘定损,造成事故影响和损失扩大。 3)定损的过程中常出现搭车修理或项目遗漏等现象。 4)客户反映工作人员查勘定损工作质量不高,业务不熟练	1)案件的照片不齐全,反映的信息不完整。 2)审核时需严格按照规定审核现场照片,判断事故发生所造成的真实损失情况。 3)审核时,根据车辆的结构和案发现场的事故发生痕迹判定事故真实性。 4)常规工作的抽查质量较差。 5)个人案件平均赔付款较高	1)严格规范现场的拆建流程和标记流程。 2)规范定损时限,当日受理的案件尽量当日完成定损。 3)严格管理员工,对员工的工作情况进行量化考核。 4)加大对查勘定损案件的复勘和抽查力度

3. 管理因素

表 8-5　查勘环节—管理因素的防范管理

表现形式	风险特征	识别技巧	控制方法
客户提供虚假投保资料	1)营业性车辆按照非营业性标准投保。 2)大吨位车辆按照小吨位车辆标准投保。 3)假证件车辆造假投保	1)做好询问笔录工作,重点关注驾驶人送货还是自用,确定车辆的使用性质。 2)对驾驶证、行驶证件等认真核对,重点关注是否有超载行为发生。 3)对于无法现场提供相关证件原件的可以借助公安系统帮助网上核实身份	1)与承保部门加强联系,为其提供出险数据参考。 2)对车辆资料进行审核,发现车辆保险资料与实际情况不符合的要严格按照相关保险条款进行处理。 3)加大现场查勘力度,争取尽快取得有力证据,减少损失。 4)加强和有关部门的联系,加大对有疑点车辆的审查力度
委托案件处理质量不是很高	1)代查人员和承保方跟踪人员缺乏沟通,造成信息不对称,给客户骗保提供了可乘之机。 2)接受委托方定损不负责,导致理赔水分增加。 3)委托过于简单,不能真实反映需求,造成代理不能按承保方处理。 4)承保方对案件缺乏必要沟通,导致水分增加。 5)超过权限查勘定损	1)查勘描述的要素不全面。 2)定损标准和本地有很大差异。 3)定损项目与客户报案情况不相符。 4)残值、施救费用等与本地有差异。 5)系统处理的时候出现委托和实际不相符合的情况	1)加强和委托公司之间的沟通交流。 2)接报案电话中心需定期汇总委托案件的处理情况并上报。 3)承包地公司需和出险公司主动联系,实时跟踪案件进展情况并提出有效意见。 4)对委托案件处理办法严格执行

（续）

表现形式	风险特征	识别技巧	控制方法
内部管理制度不健全	1）缺乏查勘定损的规范操作标准。 2）缺少查勘定损的监督考核反馈机制。 3）查勘定损人员之间的业务能力相差较大。 4）工作人员的工作纪律差，员工时常有违规违纪的情况发生。 5）对损余物资的回收工作进行不及时，给修理厂提供了可乘之机	1）对照查勘定损权限检查赔案，检查是否有超权限行为发生。 2）检查是否有标准混乱的赔案。 3）对制度和考核办法的实施情况进行检查，判定管理制度是否健全，考核办法是否合理有效。 4）对职工的精神状态、工作纪律和劳动纪律进行必要的了解和检查	1）深入完善考核机制，根据技术能力差异分配定损权限。 2）做好对当地维修市场的重点调查工作并制定相应的本地工时费标准，统一量化定损尺度。 3）建立流程考核制度，合理分配各节点权限。 4）建立监督检查制度，严格按相关规定执行
对第三者损失管理不严	1）第三方损失鉴定中存在部分不实内容，如公估公司评估结果不合理。 2）诉讼渗漏，如因连带民事赔偿责任以第二被告的身份被起诉。 3）三者损失中的间接损失，如污染损失、三停损失	1）及时复勘现场，了解事故造成的损失。 2）事后总结分析事故原因，根据保险责任确定是否存在除外责任的损失金额。 3）事后跟踪了解	1）主要将保险公司的检验评估结果，第三方检验评估结果作为参考。 2）选择信誉良好、市场反应不错或有长期合作关系的第三方评估机构进行评估。 3）加强对重大、疑难案件的处理力度。 4）将高院司法解释和相关保险条款进行对比，明确告知客户三者财物损坏所造成的间接损失保险公司不予承担并视情况提前做好诉讼准备
案件流转不规范	1）大案上报不够及时，大案管理控制没有得到有效落实。 2）影像资料上传不规范，影响核损定价。 3）查勘定损人员系统录入效率低，影响整个案件的处理进度	1）在核损、编制等环节退回案件数较多。 2）赔案质量差。 3）案件相关资料手续不齐全，案件流转进度慢。 4）在系统流程管理中识别	1）建立完善职工监督检查机制，各节点员工互相监督互相评价。 2）检查工作日志并根据系统数据了解掌握工作人员的工作质量。 3）实施职工定期考核制度，根据各项数据科学合理地评价员工的业务能力和工作态度。 4）制定作业标准，如查勘标准、报价核价标准、残值标准等，合理规范管理

4. 其他因素

表 8-6　查勘环节—其他因素的防范管理

表现形式	风险特征	识别技巧	控制方法
修理厂方人为因素	1）修理厂私自更换部分完好零配件以扩大损失。 2）修理厂私自对事故车进行二次人为事故破坏并对车主隐瞒实情。 3）修理厂诱导客户向保险公司提出更换部分没有损坏的零配件。 4）修理厂在拆解事故车的过程中私自损坏完整配件	1）对固定螺钉进行检查，判断是否有拆解痕迹；对零部件编码与本车生产日期进行核查，判别本车零件是否有更换现象。 2）核查报案人是否为车主，必要时可以与车主沟通核实细节。 3）对碰撞受力点进行受力模拟分析仿真，判断是否存在扩大损失的情况	1）对合作修理厂的选择要慎重，建立定期考核制度，根据各项指标评价其信用等级。 2）现场查勘的照片重点留存拆解前照片、高价值零部件照片，方便日后对比核查。 3）坚持在有保险公司相关人员在场时对事故车辆进行拆解和定损。 4）外聘相关专家，提供专业支援。 5）对旧损零件进行回收和跟踪修理，按实际价值支付赔付金额

（续）

表现形式	风险特征	识别技巧	控制方法
车辆失盗，严重受损等重大事故存在的风险	1)发生全损、全车盗抢等重大事故的车辆是通过分期付款所购。 2)大货车发生盗抢险案件。 3)重大车辆事故施救时造成损失	1)分期付款所购车、大货车所发生的全损或盗窃案可能存在着逃避还款或变卖车辆的情况，要对车主的个人征信和家庭经济状况进行仔细调查，询问邻居或调查监控等。 2)对于重大车损事故，在施救时需对车身大体受损部位拍照留存，以防进行施救时损失扩大。 3)在车辆失窃案发现场观察是否有玻璃碎片、汽车被拖拉痕迹或零件等	1)内部加强承保环节控制。 2)外部建立与公安交警等部门的联席会议制度。 3)对于重大交通事故，在施救前对车体的大体受损情况进行确认，提前说明施救所产生的损失不由保险公司负责。 4)严格把控查勘定损环节，对重大事故车辆要全程追踪修理过程
相关法律产生的风险	1)客户伪造事故报案索赔并宣称按照交警要求离开第一现场。 2)借助当地交警部门出台的相关法规，对受损车辆制造虚假事故，并称双方已达成和解赔偿协议，要求保险公司迅速赔偿相关款项。 3)编造交通事故，将非交通事故住院算入交通事故住院，诈取交强险赔款。 4)当所发生事故非保险赔偿范围内时，谎报交通事故要求赔偿	1)对客户进行关键问题询问并将结果记录下来，与交警的记录进行对比。 2)提高查勘人员风险意识警觉性，如遇撞击点痕迹为旧痕等需了解该车的历史出险情况和受损部分，并与本次受伤部位进行比对。 3)对出险记录的合理性进行分析，判断事故真伪或者是否存在着私自更换部件扩大损失的情况。 4)事故车受损严重时需复勘第一现场；加强和同业的联系，了解当地在查勘定损等方面的法律规定	1)加强和公安部门及消防部门的联系，对报案记录进行调查，必要时可与公安刑侦部门联系立案调查。 2)加强和医疗部门的交流合作，充分发挥医疗调查和医疗审核的作用。 3)做好询问、复勘、走访等取证工作。 4)在法律许可的范围内尽量与客户沟通协商，避免诉讼。 5)加强和法院等的沟通，取得法院等部门的理解
人情定损	1)客户与内部职工相识或有交情。 2)没有转变"以赔促保"的观念。 3)夸大重要客户的要求	1)内部员工提前打招呼要求照顾。 2)客户在查勘定损时提出额外要求。 3)客户的修理要求高	1)理赔人员需提高服务水平，热情接待客户，向客户说明定损标准是可以让车保质保量地得到修复，使客户安心。 2)加强对员工骗保相关风险后果的教育以及面对人情定损时的处理方法等。 3)面对重要客户，派专员面对面沟通，争取得到理解。 4)加强对员工的素质教育，提高员工团队凝聚力。 5)探索全员参与理赔管理

（续）

表现形式	风险特征	识别技巧	控制方法
重要客户发生事故的风险	1）客户属于公司的重要客户。 2）不通过详细定损要求一次性赔偿。 3）扩大定损的范围或以换代修。 4）选择收费较高的修理厂	1）与客户的沟通工作进展不顺。 2）客户委托修理厂出面处理。 3）客户和修理厂之间存在着长期利益合作。 4）客户自行指定修理厂。 5）查勘定损工作人员在定损前有人对其提前"招呼"，要求放松定损标准	1）理赔人员要对案件过程全程监控，掌握实时动态，查清楚保险责任范围内的损失金额，按照条款严格处理。 2）工作人员需与客户之间建立相互理解的关系，通过提高服务质量赢得客户的信任。 3）建立重要客户专员对接制度，优先保证重要客户的服务体验。 4）提升服务效率，在理赔金额合理时尽快处理。 5）建立专案领导小组，针对特殊案件优先处理，提高遇到疑难案件时的处理效率和解决能力

8.4.2　配件及工时费防范管理

配件及工时费防范管理分为客户因素、修理厂因素、配件市场因素、流程因素、管理因素和报价员因素造成的风险管理，见表8-7、表8-8、表8-9、表8-10、表8-11和表8-12。

1. 客户因素造成的风险管理

表 8-7　配件及工时费环节—客户因素造成的风险管理

表现形式	风险特征	识别技巧	控制方法
降费投保	车主投保时为了降低保费故意隐瞒车辆实际价值，按低配置车型投保，定损时如果没能正确识别车型会造成零件报价的偏查	1）在保费厘定阶段需对车辆的 VIN 码、行驶证、车辆实物等仔细核查，确保与车主所述无误。 2）对于存在多种配置的车型需仔细核查其型号。 3）定损人员上报的价格与修理厂上报的价格差距过大	1）实行"验车承保"制度。 2）建立反馈制度，理赔保价人员需向承保部门及时反馈相关信息。 3）对于配件价格和车型不匹配的情况要及时核实处理。 4）对于没有足额投保的标的，需按照投保比例赔付。 5）稀涸或者老旧车型需重点标注并上报上一级报价员
混淆进口与国产配件价格差	按进口车的价格投保，出险后按进口车配件索赔，修理时用国产零件从中赚取差价	1）核实损坏的配件是进口件还是国产配件。 2）对于价格较高的配件需提供损坏配件照片	1）询报价时要求车主提供车型的配件编码、生产厂家等，核实是否为进口车。 2）必要时可要求客户或修理厂进一步提供配件进货发票
按 4S 店报价，在综合修理厂维修	1）定损时客户主观要求去 4S 店的意愿强烈。 2）客户坚持要求按照 4S 店的零配件价格定损	1）车辆使用时间已有两年以上。 2）标的属于中档车。 3）客户提供的 4S 店价格不是 4S 店官方价格	1）要求客户提供进 4S 店的维修凭证。 2）建立抽检制度，定期抽检，剔除非 4S 店维修的案件

2. 修理厂因素造成的风险管理

表8-8 配件及工时费环节—修理厂因素造成的风险管理

表现形式	风险特征	识别技巧	控制方法
以次充好	使用假冒或次品零配件修车	对拆卸下来的损坏件与更换件进行对比,通过对生产厂家、配件编码、光洁度等方面进行对比和检测来确定更换件的质量	1)加强对查勘定损人员识别配件方面能力的培训。 2)对维修的整个过程进行监控,一旦发现使用了廉价配件,需重新核价。 3)必要的时候要求修理厂提供进货发票
地区性垄断	本地只有一家或少数几家修理店,因而形成价格垄断,修理配件报价过高	配件价格超过其他地区平均价格的四分之一以上	1)跟4S店建立合作关系,获取优惠价格。 2)积极发展和建立配件供货渠道

3. 配件市场因素造成的风险管理

表8-9 配件及工时费环节—配件市场因素造成的风险管理

表现形式	风险特征	识别技巧	控制方法
配件市场因素	1)配件质量不同,价格也各不相同。 2)部分经销商居心不良,有价无货,恶意扰乱市场	通过配件编码和生产厂家,识别配件来源	1)通过对汽车配件市场展开调研来掌握配件价格。 2)建立和稳固与信誉良好商家之间的合作关系,获取价格的准确信息。 3)建立区域性报价信息平台,共享行业信息

4. 流程因素造成的风险管理

表8-10 配件及工时费环节—流程因素造成的风险管理

表现形式	风险特征	识别技巧	控制方法
询报价流程不完善	1)定损人员定损时,电话或邮件询问价格时存在较大的偏差。 2)保险公司的询报价流程不够完备,一般先和修理厂或客户签署维修协议,然后进行申报询价,如果中间意见没有达成一致就容易引发纠纷	1)定损人员上报的配件价格与市场价相差较大。 2)寻报价反复多次且皆有变化	1)完善询报价系统流程,先核价,再出定损单。 2)加强对定损人员的业务能力培训,增强其识别车型的能力,并依据定损人员的业务能力给予不同额度的授权。 3)完善设备装置,给现场定损人员配备车型识别装置,方便其远程报价
询报价系统不完善	保险公司没有完善询报价系统,对车型配件价格收集不全,或者配件价格更新不及时	1)重大案件的询报价耗费的周期长。 2)常收到客户或修理厂对询报价方面的投诉	1)完善询报价系统,完善系统内车型,及时对系统内配件价格进行更新。 2)做好询报价权限分配工作并提高工作效率。 3)做好配件本地化工作
价格来源不畅	保险公司在询报价方面的人员不足,配件信息的收集工作不够完善,供货渠道不够畅通	通过信息对比,将全国大型配件厂的集散地报价和当地报价进行比对,可以适当提高报价	建立区域性询报价中心,对配件价格定期采集并更新系统数据,及时维护配件价格系统

5. 管理因素造成的风险管理

表 8-11　配件及工时费环节—管理因素造成的风险管理

表现形式	风险特征	识别技巧	控制方法
验车与核保	1)承保的时候没有对车进行核验。 2)电子销售业务没有对车进行核验。 3)由业务人员对车进行核验	1)对验车流程进行抽查,对出现的问题及时修正。 2)对稀少老旧车型的承保要逐车验车	1)建立和完善验车承保制度。 2)加强对验车承保人员的技能培训。 3)建立理赔识别反馈机制。 4)针对验车承保、核保人员建立奖惩制度
理赔制度	制度不够完善,没有完善的询报价流程、考核措施和监督检查机制	定期对询报价流程和赔案进行抽检,判断是否有漏洞存在	进一步完善询报价流程、考核措施和监督检查机制
理赔权限	对理赔人员定损、报价的相关权限授予与其能力不相匹配,导致报价误差大	对理赔人员的核价、预估偏差进行定期抽检核查,判断其授权是否合理	1)加强对理赔人员的技能培训,帮助提高其业务能力。 2)根据理赔人员的业务能力和核价准度来调整其授权额度。 3)建立末位淘汰制度,对不称职的理赔人员进行淘汰。 4)审计赔案,对超权限理赔的机构和人员进行处罚
赔案询报价	1)定损车型年款选择错误。 2)配件名称选择错误,自定义配件的名称过多。 3)只需更换零件的更换了总成。 4)配件数量有误	1)对车架号、事故车照片,核实车型和配件名称。 2)对各车型的配件自定义率进行提取、分析和对比。 3)对新增设备进行核实。 4)核实汽车配件是否属于原车的配件	1)加强对查勘定损人员的技能培训,提升其业务能力。 2)提高核损核价人员的业务能力,加强其识别配件的准确率。 3)询报价人员参加重大案件定损时,对于高价值总成坚持审批更换制,并对旧件进行回收。 4)对自定义率超过1/3的机构,需认真分析,寻找问题的根本并且加以改善。 5)对案件定期抽查,监督自定义配件价格

6. 报价员因素造成的风险管理

表 8-12　配件及工时费环节—报价员因素造成的风险管理

表现形式	风险特征	识别技巧	控制方法
业务能力不强	报价工作人员业务能力不强,导致配件报价不准	通过系统数据对其询报价偏差进行统计,抽查其询报价案件的偏差率	1)聘任有相关工作经验、业务熟练的人员担当报价员。 2)通过培训考核提高报价人员专业水平
凭主观经验询报价	在业务繁忙的时候凭经验判断报价	不定时的对报价人员维护数据的周期进行抽查,若维护周期在三个月以上、维护价格和市场价格相差1/5以上,则说明报价员是按经验报价	1)定期对数据进行维护并增加考核机制。 2)科学合理地设立询报价岗位。 3)落实询报价人员深入市场调研的制度

8.4.3 人伤调查环节的管理

人伤调查环节的风险管理分为客户因素、调查人员因素和其他因素造成的风险管理，见表 8-13、表 8-14 和表 8-15。

1. 客户因素形成的风险管理

表 8-13 人伤调查环节—客户因素造成的风险管理

表现形式	风险特征	识别技巧	控制方法
伤者与承保车辆无关	1) 伤者受伤部位和伤情与事故经过不相符。伤者、被保险人及报案人员描述事件经过和受伤情况时含糊不清，对于事故细节的描述支支吾吾或直接闭口不谈。 2) 承保车辆没有明显的碰撞痕迹或碰撞痕迹与事故撞击点不符	1) 事故现场复勘：调查事故经过，查勘碰撞痕迹，拍摄现场照片，走访目击证人，做好询问笔录。 2) 医院查勘：对伤者的受伤部位、具体伤情是否与事故经过吻合进行核实调查，寻找疑点。 3) 事故处理部门调查：向经办人了解事故的发生真相。 4) 对标的车驾驶人、伤者及其家属进行单独询问调查，阐述利害关系和作伪证面临的法律后果，争取得到他们的配合	1) 通过及时复勘现场和伤者调查，与事故处理部门核实等手段还原事故真相。 2) 通过对现场照片复勘、碰撞痕迹、就诊记录、询问笔录及调查走访记录，还原伤者的真实受伤情况和地点
车上人员受伤报称为三者受伤	1) 伤者伤情较重，估损较大，车上人员责任险未投保或投保的保额较低，对交强险或者三责险投保保额较高。 2) 伤者受伤部位及车辆碰撞痕迹不吻合，伤者、被保险人及报案人员描述事件经过和受伤情况时含糊不清，对于事故细节的描述支支吾吾或直接闭口不谈	1) 事故现场复勘：调查事故经过，查勘碰撞痕迹，拍摄现场照片，走访目击证人，做好询问笔录。 2) 医院查勘：对伤者的受伤部位、具体伤情是否与事故经过吻合进行核实调查，寻找疑点。 3) 事故处理部门调查：向经办人了解事故的真相。 4) 对标的车驾驶人、伤者及其家属进行单独询问调查，阐述利害关系和作伪证面临的法律后果，争取得到他们的配合	1) 通过及时复勘现场和伤者调查，与事故处理部门核实等手段还原事故真相，确认伤者事故发生时的真实位置。 2) 通过对现场照片复勘、碰撞痕迹、就诊记录、询问笔录及调查走访记录，确认伤者的真实身份
伤者及其陪护人员情况失实	1) 伤者及其陪护人员口头阐述的工作单位与其衣饰、消费水平等不符。 2) 所提供的收入证明不是正规单位劳资部门出具，不具有权威性。 3) 高收入工资证明未附带工资条或无缴纳个税证明。 4) 所提供的收入证明非单位出具的因伤误工实际减少收入的证明	1) 到伤者及其陪护人员工作的单位和居住地分别进行调查，核实其职业的工作收入及有无工伤的情况。 2) 对伤者同病房的病人及其陪护人员进行咨询走访和调查，摸清伤者及其陪护单位人员工作的单位、职业工种和收入情况。 3) 对伤者家属的工作单位进行走访调查，摸清家属在伤者受伤期间的出勤状况、工作的单位、职业工种和收入情况	1) 通过调查，确认伤者及其陪护人员的真实身份、收入状况以及因伤误工和陪护伤者误工情况。 2) 建立和完善人伤调查和奖励制度，对责任人进行定期考核

（续）

表现形式	风险特征	识别技巧	控制方法
伤者存有既往病史	1）伤者出示的治疗费用清单与伤情不符。 2）伤者住院病历记载有既往病史	1）与医院相关人员沟通，查阅病史，了解伤者诊疗经过和既往病史。 2）对伤者每日的医疗费用及用药明细进行检查，查找是否有与本次车祸伤情无关的诊疗项目和治疗用药	如果通过人伤调查确认伤者有既往病史，应与客户沟通，明确告知客户与既往病史有关的诊疗费用保险公司是不予赔付的
死亡、伤残人员及其被抚养人情况失真	1）村委会或居委会出具的相关证明不够规范，法律效力不足。 2）户口本无法体现家庭人口数量	分别到事故死亡、伤残人员居住地和当地派出所进行调查，了解和核实死亡、伤残人员及其被抚养人的居民性质、年龄、家庭人口状况	通过调查走访，确认死亡、伤残人员及其被抚养人的居民性质、年龄和家庭人口状况等
伤者以伤养病，赖床不出院或挂床住院	1）伤者住院时间与伤情不符，住院时间不符合常情。 2）伤者存有既往病史，借住院治疗之机治疗其他疾病。 3）伤者住院期间时常外出，护士查床经常不在。 4）查勘时了解的护理标准与所交资料上的不一致	1）严格核查住院人伤案件，对伤情进行核实，对住院时间进行预估。 2）对于超过住院预估时间的案件需及时到医院复勘。 3）复勘需面见伤者本人，同时走访伤者同病房及其陪护人员，咨询医院相关人士伤者的实际住院情况	通过走访调查确认伤者是否有以伤养病、赖床不出院或挂床住院的情况，明确告知客户非因伤正常住院治疗的有关费用保险公司是不予赔付的
超范围治疗用药及搭车开药	1）治疗费用超出同等伤情水平。 2）治疗用药明显超出医保范围。 3）用药清单中出现明显的与事故无关的医疗用品及保健品甚至生活用品。 4）赔付营养费没有相关机构证明	1）对伤者的伤情进行核实并预估医疗花费。 2）向医生和护士咨询了解伤者的治疗和用药情况。 3）核对伤者的治疗用药清单，检查是否有超出医保范围的用药和搭车开药情况	1）医院查勘的时候需要被保险人向医生明确告知保险理赔的相关政策，告知保险赔偿项目、标准和依据，防止超出医保范围的用药和搭车开药情况的发生。 2）对超出医保范围的用药和搭车开药不予赔付

2. 调查人员因素形成的风险管理

表8-14　人伤调查环节—调查人员因素造成的风险管理

表现形式	风险特征	识别技巧	控制方法
人伤调查不及时、不仔细	1）没有认真落实人伤调查的环节，延误时机，对案件造成不可挽回的损失。 2）立案不准确，估损偏差较大。 3）调查内容不齐全，造成对伤者的治疗情况不能详尽掌握，补充调查难度大。 4）人伤调查目录不明确，细节不清楚，笔录不详细，证据缺乏法律效力	1）立案时无人伤调查资料和人伤调查信息。 2）调查人员反馈的信息与客户提交的索赔材料有明显出入。 3）现场查勘资料和人伤调查反馈的信息不足以判定案件疑点	1）强化查勘人员队伍建设，提高其责任心。 2）住院人伤案件的调查要求在一定期限内必须完成

（续）

表现形式	风险特征	识别技巧	控制方法
医学专业知识欠缺	缺乏具有丰富经验的专业人伤调查人员	1）查勘人员与医生、护士沟通困难。 2）查勘人员缺乏专业的医学背景知识。 3）查勘人员对伤情和损失的预估不准	1）实行不定期考核制度，对现有查勘技术人员的业务水准进行考核评定。 2）加强对现有查勘定损专业人员的业务能力的培训
对人伤调查不重视	1）人伤调查专业人员匮乏。 2）业务流程没有得到落实，调查时走过场、敷衍了事、态度消极的问题严重	1）核实公司人伤调查人员的配备情况。 2）对已结赔案中涉及人伤案件的查勘情况、查勘质量进行抽查	1）实行奖惩制度，调动员工的工作积极性，对于查勘的一线员工而言，提高业务质量方面的激励措施会对车险欺诈的防范起到直接的作用。 2）落实住院人伤案件每案必查的制度要求，提高人伤调查的重视度

3. 其他因素形成的风险管理

表 8-15　人伤调查环节—其他因素造成的风险管理

表现形式	风险特征	识别技巧	控制方法
医院医护人员提供虚假证明参与骗保	1）伤者伤情与检查情况不符。 2）检查项目多，异常结果少。 3）住院耗费的时间和金钱较多	1）根据事故情况和伤者检查报告评定伤者治疗的合理性。 2）查阅伤者的住院病历，对其用药与治疗的合理性进行审核。 3）发现疑点可向相关专业人士请教	1）强化查勘人员队伍建设，提高其业务水平，如发现疑点可尽快与专家核实并向医院医务部门反应，减少损失。 2）加强与人伤调查医院的沟通和联系，建立合作关系
评残鉴定不合理	1）伤残评定时间不符合标准或有违常理。 2）伤残等级评定明显不准确。 3）鉴定意见中误工时间和后期费用评定不合理	1）依据人伤调查信息和对伤者复勘的情况，对照《人体损伤致残程度分级》标准，逐条审核伤残鉴定结论的合理性。 2）依据人伤调查信息和对伤者复勘情况，对照《人身损害受伤人员误工损失日评定准则》（GA/T 521—2004）标准，对伤者误工时间和后期治疗费用的合理性进行评估	1）建立与评残机构的合作关系。 2）对于评残鉴定中的不合理之处要及时与伤者沟通，对人伤调查结果和复勘反馈的信息进行核验，找出问题所在

8.4.4　汽车保险欺诈的防范对策

保险欺诈不仅损坏了保险行业的利益，同时也破坏了社会风气、危害市场秩序。面对保险欺诈，我们必须采取有效手段，制定针对性措施和对策，不断在理论和实践中加强和完善保险反欺诈机制。如何做好保险欺诈防范，可以从以下几个方面着手：

1. 加强反保险欺诈宣传

我国保险业迅猛发展的同时，宣传教育没有跟进，导致部分民众对于保险欺诈没有一个基本的了解。为了有效防范化解保险欺诈风险，更好地建设社会诚信体系，反保险欺诈宣传就显得尤为重要。为此需要加大在行业内及社会上宣传普及保险欺诈相关知识的力度，通过开展反欺诈培训、组织专题教育和公益宣传活动使群众了解和熟悉保险欺诈的形态、危害及举报途径，营造诚信社会氛围，维持保险行业的健康发展，加强保险行业从业人员和社会民众对保险欺诈的认识，提高其反保险欺诈行为的警觉性，从思想源头上形成"不想做"和"不敢做"，进而减少保险欺诈发生的可能性。

2. 通报欺诈案件、发布风险信息

监管机构和行业协会应根据市场情况及时通报欺诈案件，发布风险信息。这样一方面可以对社会上一些图谋不轨且心存侥幸的人起到警示作用，另一方面可以普及民众对保险欺诈的相关认识，形成全民反欺诈意识。

3. 加强行业协作，建立反欺诈数据管理平台

由于保险业竞争激烈，部分公司不愿意共享相关数据给竞争对手，造成行业内信息封闭，交流不畅，给有心之人提供了可乘之机。某些保险欺诈团伙甚至专门在多家保险公司投保，恶意制造事故后利用各家保险公司信息不互通的特点获得多次索赔。保险欺诈存在的主要原因就是信息不对称，现在行业信息共享度不够高已经成为打击保险欺诈的一个难点问题。企业需要秉承合作共赢的思想，通过加强行业协作，建立行业共享的反欺诈数据管理平台，共享涉嫌保险欺诈案件线索，建立反欺诈警示名单及不良记录清单，有针对性地开展对重点业务、重点人群的风险排查，这样可以提高保险行业的风险防范能力，也能够对企图进行保险欺诈的团伙形成一定威慑，有效遏制惯犯继续犯罪，净化保险行业。

4. 加强内部制度建设

俗语说，打铁还需自身硬，面对保险欺诈，保险行业内部也要不断完善自身制度体系，加强风险评估，建立科学理赔流程，加强查勘定损工作，加大监管力度，加强人才队伍建设，树立保险行业诚信经营的良好形象。在一些保险诈骗案件高发地等重点区域，可以建立反保险诈骗工作组织，构建打击保险诈骗工作体系，强化行业抗风险能力，促进行业健康持久地发展。

5. 贯彻有法必依，违法必究

保险欺诈的行为非常多，但是我国在专门打击保险欺诈的法律法规领域还略显空白。根据我国的相关法律规定，保险欺诈属于公诉案件，是由检察机关提起公诉的。如果犯罪情节较轻、涉案金额没有满足一定数额，检察机关是不予起诉的，但是保险公司可以提起自诉，不过不涉及刑事案件，最终判罚不会很重，而且从申诉到结案历时良久，所以保险人往往会不作为，采取息事宁人的态度，这种态度往往助长了犯罪分子的嚣张气焰，使不正之风蔓延，这种消极态度也反映了部分保险公司目光短浅，只顾眼前利益，没有大局观。减少保险欺诈案件需要有法必依，违法必究，打击欺诈者，使他们受到应有的惩罚。

6. 加强风险评估，提高承保质量

由于保险市场竞争激烈，部分保险公司为了提高市场占有率，采取压价的手段，影响市场费率，部分保险代理人甚至为了获得更"好看"的业绩而对保险公司隐瞒一些高风险信息，承保质量降低导致保险人承保高风险标的，潜在保险事故的发生概率增大，潜在的赔付率增加，看似增加了营业额，却增加了赔付率。保险公司是经营风险的企业，风险评估尤为重要，保险公司需要加强风险评估，科学制定费率，提高承保质量，才能让公司持续稳定地发展。

7. 加强与国际反保险欺诈组织的沟通联络

学习借鉴国外反保险欺诈的优良经验，以美国、英国、日本等发达国家为首的防范保险欺诈模式已经在多年的实践和改进中逐渐成熟，其中的很多优良经验值得学习和借鉴。我国需继续加强国际合作，中国保险行业协会可在银保监会的指导下，建立健全国际交流与合作的框架体系，加强与国际反保险欺诈组织的沟通联络，在跨境委托调查、提供司法协助、交流互访等方面开展反欺诈合作，形成打击跨境保险欺诈的健康有效多元工作机制。

8. 实行奖励措施

保险欺诈在一定程度上客观存在，会造成企业利益损失，保险公司可以实行奖惩制度。对于举报、揭发欺诈行为的单位和个人，保险公司可以将挽回的损失分出一部分奖励给举报人或举报单位，只要比例合适，就可以科学有效地帮助企业减少损失，而且奖励制度也可以激发人们打击不良风气的积极性，在减少保险诈骗案发生率的同时提高案件的侦破率，促进行业健康持续发展。

巩固与思考

1. 简述何为保险欺诈，何为汽车保险欺诈。
2. 哪些因素会导致保险欺诈的发生？谈谈你的理解。
3. 保险欺诈有哪些特点？
4. 汽车保险欺诈的常见表现形式有哪些？
5. 如何预防和避免保险欺诈？
6. 汽车保险欺诈的典型特征有哪些？请简要列举五项。

参 考 文 献

[1] 吴祖谋. 法学概念 [M]. 11 版. 北京：法律出版社，2013.

[2] 刘志刚，付荣辉，沈清涛，等. 简明保险教程 [M]. 北京：清华大学出版社，2005.

[3] 裘红霞，高树棠，郭冬梅. 保险学 [M]. 北京：清华大学出版社，2011.

[4] 张代军. 保险学 [M]. 杭州：浙江大学出版社，2016.

[5] 任自力. 中国保险费率监管制度的改革与思考 [J]. 政法论丛，2019 (2)：34-36.

[6] 詹昊. 车型定价：市场重构的关键一步 [J]. 上海保险，2016 (6)：27-28.

[7] 许谨良. 保险学原理 [M]. 5 版. 上海：上海财经大学出版社，2017.

[8] 林瑞全，刘标胜. 保险学基础 [M]. 北京：中国人民大学出版社，2016.

[9] 赵颖悟，李峰，苏娜. 汽车保险与理赔 [M]. 北京：电子工业出版社，2017.

[10] 李景芝，赵长利. 汽车保险与理赔 [M]. 北京：国防工业出版社，2007.

[11] 安明华. 汽车保险与理赔 [M]. 北京：机械工业出版社，2016.

[12] 骆孟波，骆颖哲. 汽车保险与理赔 [M]. 北京：北京理工大学出版社，2017.

[13] 赵海宾. 汽车查勘定损 [M]. 北京：北京理工大学出版社，2017.

[14] 李景芝，赵长利. 汽车保险电信案例分析 [M]. 北京：国防工业出版社，2010.

[15] 王永盛. 车险理赔查勘与定损 [M]. 3 版. 北京：机械工业出版社，2014.

[16] 黄玮，高鲜萍. 汽车保险与理赔 [M]. 北京：清华大学出版社. 2014.

[17] 李文涛. 汽车保险与理赔 [M]. 北京：北京理工大学出版社，2017.

[18] 董恩国，张蕾. 汽车保险与理赔实务 [M]. 北京：机械工业出版社，2007.

[19] 李景芝，王志萍，马俊山. 汽车避水及施救措施 [J]. 汽车维护与修理，2005 (7)：33-34.

[20] 王文军，朱华. 汽车涉水行驶及其施救方法 [J]. 科技信息，2012 (8)：427.

[21] 赵长利，李景芝. 汽车保险与理赔 [M]. 3 版. 北京：国防工业出版社，2015.

[22] 汤沛，邬志军. 汽车保险与理赔 [M]. 长沙：中南大学出版社，2016.

[23] 鲁玺. 汽车保险与理赔 [M]. 北京：北京理工大学出版社，2017.

[24] 张艳芳. 汽车保险与理赔 [M]. 重庆：重庆大学出版社，2015.

[25] 卫新江. 汽车保险欺诈与反欺诈 [M]. 北京：中国财政经济出版社，2007.

[26] 黄晓红. 人保财险（PICC）车险业务信息管理系统的研究与分析 [D]. 昆明：云南大学，2015.

[27] 高鹏. 运用车联网技术促进车险转型发展——基于商业车险改革大框架的思考 [J]. 上海保险，2016 (6)：21-28.

[28] 彭鹏. 中国商业车险费率市场化改革及保险监管应对策略研究 [D]. 南昌：江西财经大学，2017.

[29] 马瑞. 平安车险网络营销对策研究 [D]. 兰州：兰州大学，2017.

[30] 王小韦. 提升反保险欺诈的认知 [N]. 中国保险报，2018-6-26 (3).

[31] 瞿娟娟. 车险营销渠道影响因素分析 [J]. 现代商贸工业，2016，37 (2)：73-75.

[32] 邵铖茵，王媛媛. 借鉴美国经验发展中国特色 UBI 车险 [J]. 上海保险，2018 (8)：48-53.